30 × Fotogeschichte(n)

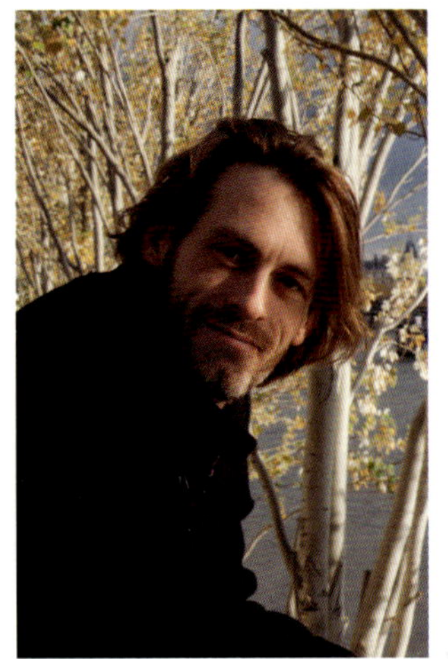

Dirk Primbs arbeitet für ein amerikanisches Softwareunternehmen und lebt mit seiner Familie in Frankfurt. Seine erste Kamera kaufte er 1996 im Alter von 20 Jahren. Das war der Beginn einer Leidenschaft, die ihn nicht mehr losließ und außerdem tief in die Geschichte des Mediums eintauchen ließ. Seit 2014 betreibt Dirk Primbs außerdem eine ganze Reihe unterschiedlicher Podcasts. So war es nur eine Frage der Zeit, bis sich auch ein Podcast über Fotogeschichte(n), der Podcast »Fotomenschen«, dazugesellte und unter anderem dann auch die Inspiration für dieses Buch lieferte. Wenn er nicht podcastet oder fotografiert, ist Dirk Primbs am liebsten auf Reisen oder unterwegs auf einem Fernwanderweg. Erfahren Sie mehr über den Autor auf seiner privaten Webseite (*https://dirkprimbs.de/*) oder im Fotomenschen-Podcast auf *https://fotomenschen.net/*.

Dirk Primbs

30 × Fotogeschichte(n)

Ein Lesebuch für alle, die Fotografie mögen, ob mit oder ohne Kamera

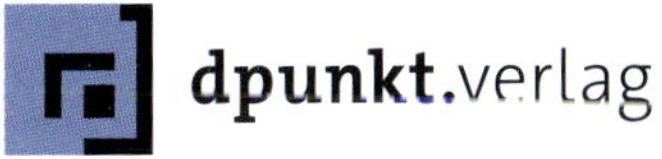

Dirk Primbs · *dirk@primbs.de*

Lektorat: Boris Karnikowski
Lektoratsassistenz: Anja Weimer
Copy-Editing: Alexander Reischert, *www.aluan.de*
Layout & Satz: Birgit Bäuerlein
Herstellung: Stefanie Weidner, Frank Heidt
Umschlaggestaltung: Helmut Kraus, *www.exclam.de*
Druck und Bindung: Schleunungdruck GmbH, Marktheidenfeld

Bibliografische Information der Deutschen Nationalbibliothek
Die Deutsche Nationalbibliothek verzeichnet diese Publikation in der Deutschen Nationalbibliografie; detaillierte bibliografische Daten sind im Internet über *http://dnb.d-nb.de* abrufbar.

ISBN:
Print 978-3-86490-949-8
PDF 978-3-96910-937-3
ePub 978-3-96910-938-0
mobi 978-3-96910-939-7

1. Auflage 2023
dpunkt.verlag GmbH
Wieblinger Weg 17 · 69123 Heidelberg

Hinweis:
Der Umwelt zuliebe verzichten wir auf die Einschweißfolie.

Schreiben Sie uns:
Falls Sie Anregungen, Wünsche und Kommentare haben, lassen Sie es uns wissen: *hallo@dpunkt.de*.

5 4 3 2 1 0

Inhalt

ANHANG

Wie alles anfing [1]

Die Geschichte der Fotografie wird gerne folgendermaßen erzählt: Da gab es zwei Franzosen, nämlich Joseph Nicéphore Niépce und Louis Daguerre. Die beiden schlossen sich zusammen, um gemeinsam das erste fotografische Verfahren zu entwickeln. Daguerre stellte ihr Ergebnis dann am 19. August 1839 der französischen Akademie der Wissenschaften vor, woraufhin Frankreich diese bahnbrechende Entdeckung der Welt zum Geschenk machte. Der Rest ist … nun ja … Geschichte.

Weil dieses Buch eine Sammlung von Geschichten über Fotografie ist, darf diese erste Begebenheit nicht unerzählt bleiben. Sie ist auch beinahe so passiert, nur lässt diese allgemein bekannte Version ein paar entscheidende Aspekte aus – und um die soll es nun gehen.

Alles fängt mit einem Erfinder und Bastler an, dem ehemaligen Militäroffizier Joseph Nicéphore Niépce. Er hatte schon einige Jahre nach einer Methode gesucht, das Nachdunkeln von mit Licht erzeugten Bildern aufzuhalten, als er Louis Daguerre kennenlernte.

Schon lange waren in der damaligen Wissenschaft diverse lichtempfindliche Substanzen bekannt, allerdings kein Weg, den Prozess des Nachdunkelns unter Lichteinfluss aufzuhalten. Und dazu der zeitliche Aufwand: Die Belichtungszeiten lagen bei vielen Stunden! Niépce jedoch war davon überzeugt, dass es einen Weg geben musste, den Prozess zu beschleunigen und das Ergebnis zu fixieren, damit es dem Tageslicht ohne nachzudunkeln standhielt. Als analytisch veranlagter Mensch experimentierte er ausdauernd und systematisch.

1826 gelang ihm dann, was als die erste Fotografie der Geschichte gilt: Er zeichnete über acht Stunden hinweg den Blick aus seinem Arbeitszimmerfenster auf eine in einer Camera obscura befestigten Teerplatte auf und fixierte das Bild mithilfe von Lavendel. Das Prinzip der Camera obscura war seit der Antike bekannt: In einem lichtdichten Kasten fällt durch ein kleines Loch in der Mitte der Frontwand ein auf dem Kopf stehendes Abbild der Szene vor dem Kasten auf das Innere der Rückwand. Findige Bastler hatten über die Jahrhunderte dafür diverse Apparaturen konstruiert, etwa um mithilfe einer halbdurchlässigen Rückwand Skizzen zu fertigen. Aber wäre es nicht großartig, wenn man diese Bilder ganz einfach direkt festhalten könnte?

Niépce war sich ganz sicher, kurz vor der Verwirklichung dieses Traums zu stehen. Er hatte entdeckt, dass seine Teermischung nicht überall gleichmäßig härtete, wenn sie dem Licht ausgesetzt wurde – Stellen mit stärkerem Lichteinfall härteten schneller. Der Lavendel wusch die weicheren Teile heraus und mit dem Ergebnis ließ sich dann ein Druck anfertigen. Das Ganze war nicht gerade das, was wir heute unter einem Foto verstehen, aber es bedeutete einen wichtigen Schritt, denn Niépce war es damit als Erstem gelungen, ein Bild zu fixieren, also dauerhaft zu machen.

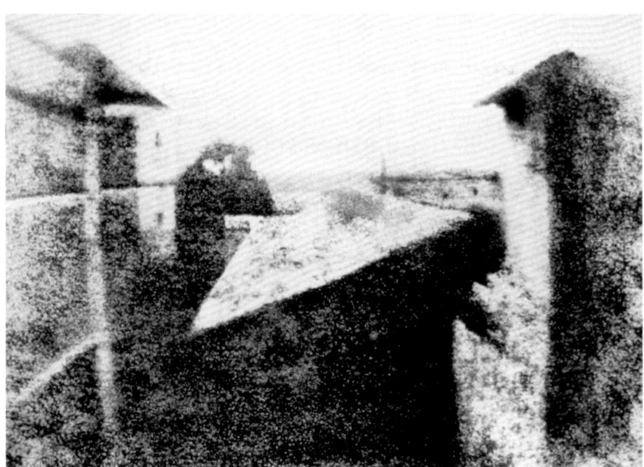

Blick aus dem Arbeitszimmer in Le Gras (Retuschierte Reproduktion aus dem Jahr 1952) (Quelle: Wikipedia)

Sonderlich praktikabel war die Methode zugegebenermaßen nicht. Es mangelte dem Ergebnis an Schärfe und Kontrast. Ja, nur wenn man wusste, was man vor sich hatte, ließ sich die Szene überhaupt identifizieren. Außerdem waren acht Stunden Belichtungszeit natürlich für die meisten Anwendungsfälle viel zu lang. Aber ein Anfang war gemacht!

Irgendwann im Laufe des Jahres 1829 lernte Niépce den Maler und Unternehmer Louis Daguerre kennen, der seinerseits ebenfalls nach einer Methode suchte, die Bilder einer Camera obscura einzufangen und zu fixieren. Er hatte von Niépces Arbeit erfahren und sich mit ihm in der Hoffnung auf Austausch in Verbindung gesetzt. Daguerre war nicht so methodisch und wissenschaftlich veranlagt wie Niépce. Er war eigentlich Maler und Unternehmer. Er betrieb Dioramen, also große Räume, die innen derart bemalt waren, dass Besucher den Eindruck haben konnten, selbst Teil der gezeigten Szenerie zu sein. Wäre es nicht fantastisch, wenn man diese Bilder nicht malen müsste, sondern gewissermaßen einfangen könnte? Er richtete sein

Augenmerk als Erstes auf die Belichtungszeiten. Sie mussten kürzer werden! Vielleicht wenn man ein geschliffenes Glas benutzte, um das einfallende Licht zu bündeln?

Nach und nach tastete er sich an eine praktikable Methode heran und erarbeite schließlich einen Prozess, den er nach sich selbst »Daguerreotypie« nannte. Hierbei belichtete er ein poliertes Silberplättchen in einer Kamera mit Objektiv und entwickelte es anschließend mithilfe von Quecksilberdämpfen. Als er außerdem feststellte, dass die Silberplatten das Bild bereits trugen, bevor es wirklich sichtbar wurde, konnte er die Belichtungszeit noch einmal deutlich verkürzen und aus Stunden wurden Minuten.

Die ersten Menschen, die seine Bilder zu Gesicht bekamen, waren wie vom Donner gerührt. Es mutete geradezu magisch an, ein direktes Abbild der Wirklichkeit, noch dazu in bisher nie gesehener Detailtreue, zu betrachten. Mit geeigneten Scannern lassen sich noch heute aus fachkundig erzeugten Daguerreotypien mehrere Hundert Megapixel an Bilddaten auslesen, und das, obwohl die Plättchen nur wenige Zentimeter breit und hoch waren.

Schnell wurde ein Termin gefunden, um diese bahnbrechende Erfindung der Französischen Akademie der Wissenschaften vorzustellen. Dort zeigte man sich begeistert! Es war sofort klar, dass die Daguerreotypie eine neue Ära der Wissenschaft und der Künste einläuten würde.

Das erste richtige, noch erhaltene Foto aus dieser Zeit zeigt eine Szene, die Daguerre aus dem Fenster seines Arbeitszimmers in Paris heraus fotografiert hatte – einen Straßenzug, der eigentlich belebt gewesen sein muss. Weil die Belichtungszeit aber immer noch über zehn Minuten lag, sieht man keine Fuhrwerke oder Passanten – mit einer Ausnahme. Relativ weit vorne steht ein Mann bei einem Schuhputzer. Er muss wohl einen Großteil der zehn Minuten dort ausgeharrt haben. Damit war diese Aufnahme nicht nur eine der ersten richtigen Fotografien überhaupt, sondern ist auch noch die erste Fotografie eines bzw. zweier Menschen!

Die Wissenschaftler, denen Daguerre sein Verfahren zuerst zeigte, waren nicht nur begeistert, sondern wurden über Nacht selbst zu enthusiastischen Daguerreotypisten. Von einigen wird berichtet, dass sie noch am gleichen Tag begonnen hätten, ähnliche Aufnahmen zu fertigen. Daguerre hatte einen Trend ausgelöst.

Außerdem war klar: Solch eine Entdeckung konnte man nicht für sich behalten! Frankreich würde sie der Welt zum Geschenk machen.

Wirklich der ganzen Welt? Na ja, beinahe. In England hatte Daguerre noch vor seiner Vorstellung in der Akademie der Wissenschaften am 19. August 1839 ein Patent eingereicht, wohl in der Absicht, später durch Lizenzgebühren Einnahmen erzielen zu können.

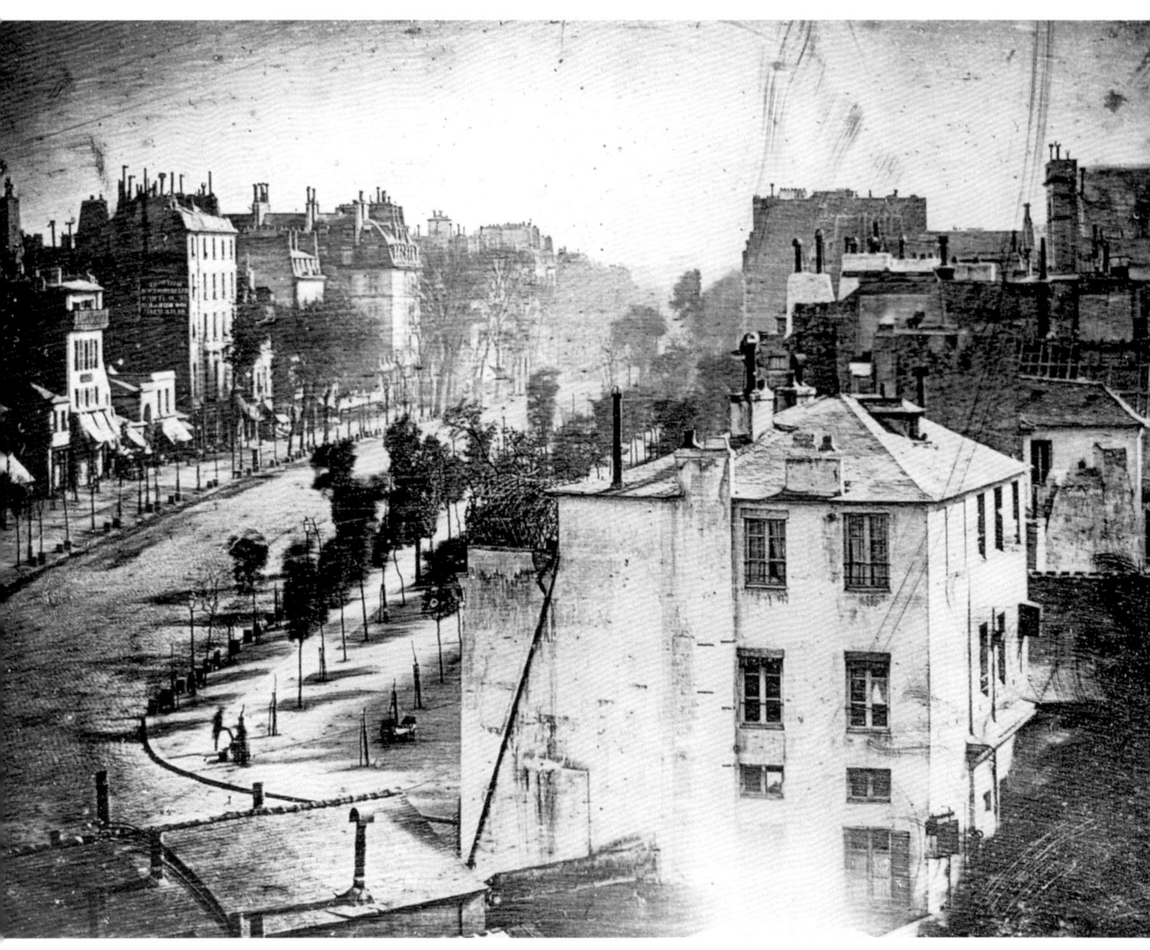

Boulevard du Temple in Paris, Daguerreotypie von Louis Daguerre, 1839 (Quelle: Wikipedia)

In Frankreich selbst war er nach der Veröffentlichung ein gemachter Mann. Aus Dankbarkeit gewährte Frankreich Daguerre und den Nachkommen des inzwischen verstorbenen Niépce eine lebenslange, großzügig bemessene Rente. Vielleicht hoffte Daguerre, England würde es Frankreich gleichtun und das Verfahren ebenso gegen eine Rente pauschal lizenzieren. Was immer seine Motivation der singulären Patenteinreichung gewesen sein mag: Ergebnis war, dass sein Verfahren überall auf der Welt umsonst angewendet werden durfte – außer eben in Großbritannien.

Aber die Briten brauchten sein Verfahren gar nicht, denn sie hatten ihre eigenen Väter und Mütter der Fotografie. In der Tat hatte dort beinahe zur selben Zeit ein Mann namens William Henry Fox Talbot mit sogenannten Fotogrammen experimentiert. Seine Bilder entstanden auf Papier und nach und nach gelangte er an einen ähnlichen Punkt wie Daguerre und Niépce. Heute lässt sich nicht mehr zweifelsfrei sagen, ob er nicht vielleicht sogar vor den beiden Franzosen Aufnahmen erzeugte, die wir heute als Fotografien bezeichnen würden. Er wusste nichts von den französischen Bemühungen, war aber etwa um dieselbe Zeit, zu der die Daguerreotypie bekannt wurde, darum bemüht, sich seinerseits in Position zu bringen. Denn sein Verfahren hatte gegenüber dem von Daguerre einen entscheidenden Vorteil: Man konnte die Bilder vervielfältigen!

Trotzdem war es zunächst die Daguerreotypie, die sich mit rasender Geschwindigkeit durchsetzte. Über mehrere Jahrzehnte hinweg stellte sie das dominante kommerzielle Verfahren der Fotografie auf der ganzen Welt dar – außer in England. Dort wiederum setzte man auf das Konkurrenzverfahren. Talbot hatte von seiner Regierung allerdings keine großzügige Rente erhalten und versuchte selbst, Geld aus seiner Entwicklung zu machen, indem er Studiolizenzen vergab. Als dann 30 Jahre später das erste wirklich lizenzfrei verfügbare Verfahren herauskam, lief es beiden Methoden den Rang ab: die sogenannte Kollodium-Nassplatte, auf die ich später im Buch noch ein paar Mal zurückkommen werde.

15 Jahre dauerte es jedenfalls in Europa – und immerhin noch drei bis vier Jahrzehnte in der sogenannten »Neuen Welt«, bis die Daguerreotypie abgelöst wurde. Danach waren es die Erfindungen aus Großbritannien, die letztlich den Grundstock dafür legten, wie wir bis ins Jahr 2005 hauptsächlich – d. h. analog – fotografierten, bevor die Digitalisierung auch die Fotografie erfasste und sie ein weiteres Mal revolutionierte.

2 Das erste Selfie der Geschichte

Das sogenannte Selfie ist aus der modernen Bildkultur nicht mehr wegzudenken. Millionen und Abermillionen Selfies werden regelmäßig auf den großen Social-Media-Kanälen veröffentlicht, moderne Smartphones haben selbstverständlich eine eigene Selfie-Linse und sogar ausgewachsene Kameras werden heute damit beworben, »Selfie-fähig« zu sein. Wie kam es zu alldem?

Das Wort »Selfie« wurde angeblich von einem Australier erfunden. Der hatte auf der Geburtstagsparty eines Freundes zu viel getrunken und war gestürzt, und zwar direkt auf sein Gesicht. Er lud ein Foto hoch, bei dem man die Lippe zum Glück nur unscharf sah (dafür war aber im Hintergrund die Steckdose knackscharf), und schrieb dazu, es täte ihm leid, dass der Fokus falsch säße, aber es sei ja nur ein »Selfie«. Und damit war das Wort in der Welt. Ja, in den Anfängen des Internets konnte man auch mit ganz kleinen Begebenheiten noch die Welt verändern. Wie sehr sich die Zeit doch gewandelt hat!

Nun stellt sich aber die viel wichtigere Frage: Was ist denn nun ein Selfie?

Das Wort an sich ist eine Abkürzung des englischen Begriffs »Self Portrait« und damit erscheint schon mal klar, worum es grundsätzlich geht: ein Porträt seiner selbst. Damit ist auch der Unterschied zum normalen Porträt geklärt: Für ein Selfie muss man schon selbst zur Kamera greifen und sich selbst porträtieren. Mancher wirft dazu noch ein, dass ein echtes Selfie eine Praxis ist, die erst mit den Smartphones aufkam, und darum echte Selfies unbedingt mit dem Handy gemacht sein sollten, aber die Übergänge sind sicherlich fließend.

Natürlich ist die Idee, ein Porträt von sich selbst zu fertigen, nicht erst von Menschen wie Kim Kardashian geboren worden, sondern existiert schon seit mehreren Jahrhunderten. Bereits im Mittelalter schmuggelten

Maler gelegentlich das eigene Gesicht in ihre Gemälde – und da saß der Künstler dann unter den Jüngern Jesu plötzlich schon mal selbst mit am Tisch.

Ab dem 15. Jahrhundert werden zunehmend auch Gemälde bekannt, in denen sich Künstler gezielt selbst verewigten. Man könnte daher Renaissance-Maler durchaus als die Urgroßeltern moderner Selfies bezeichnen, wir treten also in gewaltige Fußstapfen.

Nun mag man einwenden, dass gemalte Selbstporträts nicht fotografisch sind und daher nicht als Selfie gelten können. Allerdings sind auch da inzwischen die Übergänge fließend. Seit dem Erfolg der von Snapchat eingeführten Filter kann man sich in jeder Selfie-App, die etwas auf sich hält, künstliche Hüte aufsetzen, die Augen vergrößern, die Haut verjüngen – und das Ergebnis muss nicht einmal fotografisch authentisch sein.

Aber bei aller Haarspalterei: Sprechen wir heute von einem »Selfie«, dann sind trotzdem immer Fotos gemeint, und zwar solche, die wir von uns selbst angefertigt haben. Legen wir diese Definition zugrunde, dann wissen wir auch, wer als Vater des Selfies in die Geschichtsbücher eingehen sollte: ein Mann namens Hippolyte Bayard.

Wie die sogenannten »Väter der Fotografie« Louis Daguerre und sein Partner Nicéphore Niépce war auch Hippolyte Bayard Franzose. Und wie die beiden Erstgenannten hatte der Finanzbeamte und Justiziar jahrelang an einem fotografischen Verfahren gearbeitet – und etwa zur selben Zeit wie diese den Durchbruch geschafft. Anders als Daguerres Methode fixierte Bayard seine Fotografien auf Papier und er hatte auch nicht nur eine, sondern gleich mehrere Methoden entwickelt, sowohl Negative als auch Positive zu erzeugen.

Allerdings waren Daguerres Beziehungen zu einflussreichen wissenschaftlichen Institutionen deutlich besser, und so kam Bayard etwas zu spät, als er sein Verfahren der französischen Akademie der Wissenschaften vorstellen wollte. Daguerre hatte bereits erste Gespräche geführt und im Grunde war schon alles arrangiert. Bayard wurde daher mitgeteilt, dass er zu spät und seine Methode im Vergleich minderwertiger sei. Aus Angst, um seinen Verdienst gebracht zu werden, versuchte dieser daher Fakten zu schaffen, indem er auf eigene Kosten eine viel beachtete Ausstellung mit eigenen Arbeiten realisierte – die erste fotografische Ausstellung überhaupt! Trotzdem ließ sich der Triumphzug Daguerres nicht mehr aufhalten. Sein Verfahren war es, das Frankreich »der Welt zum Geschenk machte« – und ihm zum Dank eine lebenslange Rente einbrachte.

Bayard jedoch fühlte sich betrogen. Und um zu demonstrieren, zu welch hochwertigen Ergebnissen der von ihm erfundene Prozess führte, fertigte er eine fotografische Protestnote und schickte sie an die Französische Akademie der Wissenschaften. Sie zeigt ein Selbstbildnis Bayards. Doch statt

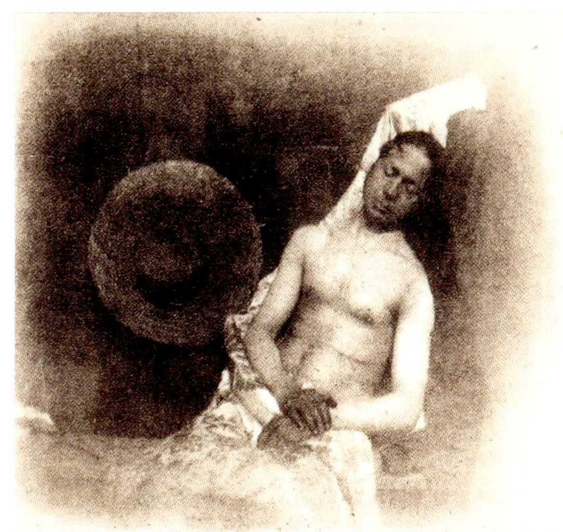

Hippolyte Bayards Selbstporträt als Ertrunkener, 1840 (Quelle: Wikipedia)

eines einfachen Selbstporträts hatte er sich dazu entschlossen, eine allegorische Aufnahme zu fertigen, die ihn als Ertrunkenen zeigte. Er inszenierte sich dazu wie eine der Leichen, die man in öffentlichen Leichenschauhäusern sehen konnte. Damals wurden jede Woche tote Menschen aus der Seine gefischt, und nicht immer war eine Identifikation sofort möglich. In solchen Fällen stellte man die Toten dann für eine vorgegebene Zeit aus. Um gegebenenfalls besondere Körpermerkmale besser erkennen zu können wurden, wurden die Leichen nackt in einer halb sitzenden Lage hinter Glasscheiben aufgebahrt und um sie herum die Habseligkeiten drapiert, die bei ihnen gefunden worden waren.

Bayard ging in seiner Inszenierung ziemlich weit: Er lichtete sich halb nackt, halb aufgerichtet und mit einem daneben platzierten Strohhut ab, den man von seinen anderen Arbeiten bereits kennen konnte. Er war viel im Freien unterwegs, sodass sein Gesicht und seine Hände brauner waren als der Rest des Körpers. Diese Farbunterschiede treten auch bei Wasserleichen oft auf und so verstärkte er damit den Effekt noch.

Auf der Rückseite stand folgender Text zu lesen:
»Die Leiche des Mannes, die Sie umseitig sehen, ist diejenige des Herrn Bayard … Die Akademie, der König und alle diejenigen, die diese Bilder gesehen haben, waren von Bewunderung erfüllt, wie Sie selber sie gegenwärtig bewundern, obwohl er selbst sie mangelhaft fand. Das hat ihm viel Ehre, aber keinen einzigen Centime eingebracht. Die Regierung, die Herrn Daguerre viel zu viel gegeben hatte, erklärte, nichts für Herrn Bayard tun zu können. Da hat sich der Unglückliche ertränkt.

H. B., 18. Oktober 1840«

Was aus heutiger Sicht ungewöhnlich melodramatisch wirkt, war für seine Zeitgenossen wohl sofort als Inszenierung erkennbar. Bayard hatte mit dem Bild nicht nur ein faktisches, sondern auch ein künstlerisches Statement abgegeben. Das Bild war die erste inszenierte Aufnahme überhaupt, die erste Aktaufnahme (wenn auch nur halb) und gleichzeitig eine Demonstration der technischen Fähigkeiten Bayards, den man inzwischen weithin kannte.

Trotzdem hatte Bayard auch mit dieser letzten Protestnote keinen Erfolg. Daguerres Verfahren trat seinen Siegeszug um die Welt an und der Erfinder selbst setzte sich, mit der großzügigen Rente des französischen Staates ausgestattet, zur Ruhe.

Hippolyte Bayard hingegen blieb der Fotografie treu. Er gründete einen der ersten Fotovereine der Welt, meisterte in den nächsten Jahrzehnten jedes neue aufkommende fotografische Verfahren und hinterließ ein beeindruckendes und richtungsweisendes fotografisches Werk.

All diese Verdienste jedoch verflüchtigten sich in der allgemeinen Wahrnehmung und es blieb allein seine Protestnote in Erinnerung, die heute meist als die erste Fotofälschung der Geschichte referenziert wird und ihn für viele wie einen schlechten Verlierer aussehen lässt.

Die erste Fotografin der Welt und das erste Fotobuch

3

Unsere Geschichte beginnt zunächst mit dem berühmten Astronomen John Herschel. Diesen Mann »Astronom« zu nennen, greift eigentlich viel zu kurz (nach ihm sind unter anderem eine Inselgruppe, ein Berg in der Antarktis und ein Mondkrater benannt). Er war ein Universalgelehrter mit einer Vorliebe für Astronomie, befasste sich aber mit allem, was die wissenschaftliche Welt dieser Zeit so umtrieb. Natürlich war ihm weder Daguerres Veröffentlichung noch die Arbeiten von Niépce entgangen, und so begann auch er mit lichtempfindlichen Substanzen zu experimentieren. Er wollte seine astronomischen Beobachtungen festhalten und suchte nach einer Möglichkeit, das Licht der Sterne auf Papier zu bannen. Das Ergebnis war eine Methode, die er »Cyanotypie« nannte, weil sie blau-grüne Ergebnisse in einer Farbe, die im Englischen »Cyan« genannt wird, produzierte. Dazu tauchte man ein Papier in Chemikalien, wodurch es lichtempfindlich wurde, und setzte es dann Licht aus. Es brauchte keine Kamera oder aufwendige Apparaturen, und das simple Waschen mit Wasser stoppte den Prozess und fixierte das Ergebnis. Sterne sind Lichtpunkte und würden daher Spuren auf diesem Papier hinterlassen, aber John Herschel kam auch schnell der Gedanke, andere Gegenstände auf dieses Papier zu legen und mithilfe des Sonnenlichts zu belichten.

Ergebnisse solcher und ähnlicher Versuche nannte man damals in der Regel »Photogenic Drawing« oder Lichtzeichnungen. Dieser Begriff erschien John Herschel aber unnötig sperrig und so war er derjenige der irgendwann von »Fotografien« zu sprechen begann – ein Begriff, der sich durchsetzte und bis heute in Gebrauch ist.

John Herschel war damals bereits ein weltberühmter Mann. Er gehörte einem erlauchten, hochaktiven Kreis von Wissenschaftlern an und befand sich in regem Austausch mit Gelehrten auf der ganzen Welt. Zu seinen engeren Freunden gehörte ein gewisser John Children, seines Zeichens Botaniker, unter anderem Vorsitzender der Botanischen Gesellschaft in London und Mitarbeiter des soeben frisch gegründeten British Museum. Und er hatte eine Tochter namens Anna.

Anna hatte ihre Mutter nie kennengelernt, da diese kurz nach der Geburt der Tochter gestorben war. Aber sie pflegte eine sehr enge Beziehung zu ihrem Vater, und der gab seine Faszination für Biologie und speziell Botanik an seine Tochter weiter. Und so lief schon die kleine Anna durch die Natur und katalogisierte Farne und Blumen. Wie damals üblich, waren Bleistift und Papier dafür ihre Hauptwerkzeuge. Als Joseph Nicéphore Niépce das erste Foto aufnahm, war Anna bereits 27 Jahre alt und seit einem Jahr verheiratet. Über ihren Vater kannte sie den britischen Fotopionier William Henry Fox Talbot und wusste daher bereits von den neuen Möglichkeiten. Talbot hatte einen fotografischen Prozess entwickelt, bei dem Papiernegative erzeugt wurden, die man anschließend beliebig oft zum Druck nutzen konnte. Anna und ihr Vater hatten sich von Anfang an gefragt, ob diese Methode nicht irgendwann die gängige Praxis wissenschaftlicher Zeichnungen ablösen würde.

Porträt von Anna Atkins am Neujahrstag 1861 (Quelle: Wikipedia)

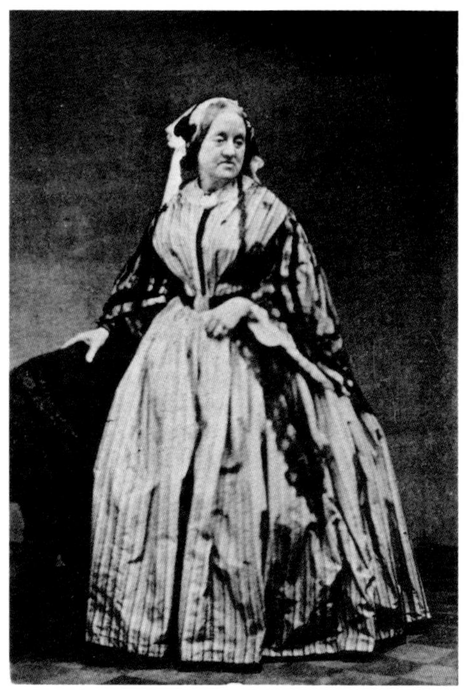

Letztlich entschieden sie sich aber nach einigen Experimenten nicht für Talbots Methode, sondern für jenen Prozess, den ihnen John Herschel zeigte. Ein paar Chemikalien, Wasser, Papier und Sonnenlicht war alles, was es brauchte, um kleine Kunstwerke in Blau-Grün zu schaffen.

Anna hatte zu der Zeit bereits an mehreren Buchprojekten ihres Vaters mitgewirkt und dafür zum Beispiel Zeichnungen von Pflanzen oder Muscheln gefertigt. Daher muss ihr sofort klar gewesen sein, welches Potenzial in der Cyanotypie steckte.

Manche Pflanzenteile waren teilweise lichtdurchlässig, und das sah man natürlich auch auf den Cyanotypien. Begeistert von ihren ersten Ergebnissen fing Anna an, systematisch Farne und Pflanzen in ihrer Umgebung zu sammeln, zu katalogisieren und Cyanotypien von ihnen zu fertigen. Sie sammelte die Bilder und begleitende Texte in eigenen Alben und begann diese regelmäßig herauszugeben. Zwischen 1843 und 1851 veröffentlichte sie davon 13 Teile, produzierte aber auch Schautafeln und Einzelveröffentlichungen. Manchen Quellen zufolge schuf sie in dieser Zeit mehrere Tausend beschrifteter Cyanotypien von Farnen und Algen, die sie eigens dafür sammelte und trocknete. Als sie ihre Arbeiten später in einer Gesamtausgabe zusammenfasste, hatte dieses erste fotografisch illustrierte Buch der Geschichte 14 Seiten Text und 389 Seiten, gefüllt mit Cyanotypien. Anna beschränkte sich aber nicht auf eine reine Darstellung der Pflanzen, es ging

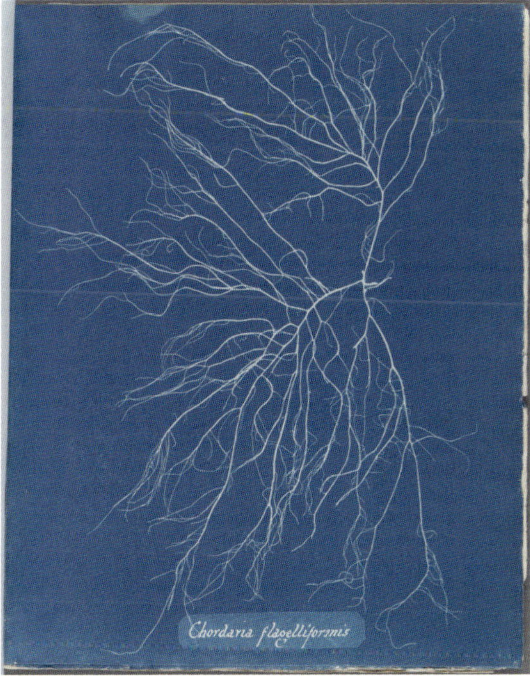

Atkins' Cyanotypie einer Braunalge (Chordaria flagelliformis) (Quelle: Spencer Collection, The New York Public Library, 1844)

ihr auch um die Ästhetik ihrer Arbeiten, und so brach sie mit einigen Konventionen der damaligen botanischen Wissenschaftswelt. Außerdem wendete sie eine eigene Katalogisierung und selbst entwickelte Typisierungen an und sortierte die Pflanzen nach einem eigenen System.

Damit nötigte sie ihren Zeitgenossen wissenschaftlich wie künstlerisch Respekt ab, auch weil es für die Zeit ungewöhnlich war, solche Beiträge von einer Frau zu sehen.

Viele der Cyanotypien sehen auch mit heutigen Augen immer noch fantastisch aus. Es ist keine Übertreibung zu sagen, dass Anna Atkins mit diesen ersten Alben nicht nur Wissenschaftsgeschichte geschrieben und Kunst geschaffen hat, sondern auch das Fotobuch als Medium erfand.

Anna Atkins blieb auch anschließend sehr produktiv. Sie schrieb mehrere Romane, eine über 300 Seiten lange Biografie ihres Vaters und gab gemeinsam mit einer Freundin noch weitere Alben mit Cyanotypien heraus. Über ihr eigenes Leben blieb leider vieles im Dunklen. Sie starb kinderlos und hinterließ wenig mehr als ihre Bücher. Als sich die Konventionen in wissenschaftlichen Arbeiten änderten, wurden ihre Alben weniger für den wissenschaftlichen Wert als vielmehr für die wundervollen Cyanotypien darin wertgeschätzt, und so ist es dieses fotografische Vermächtnis, das den nachhaltigsten Einfluss hatte.

4 Die Erfindung der künstlerischen Fotografie

Die 1850er-Jahre in England sind für die Fotografie eine enorm wichtige Zeit. Es bilden sich die ersten Kameraklubs – Amateurvereine, in denen Bilder besprochen werden. Außerdem tobt ein Streit um die Frage, ob Fotografie nun Kunst sei oder nicht.

Am heftigsten widersprechen vor allem die Maler. Denn erstens brauche es ja wohl kein Können, um einen Automaten zu bedienen. Zweitens halte der ja wohl in erster Linie nur ein Motiv fest, das schon vorhanden sei, statt es wie bei der Malerei komplett der Vorstellungskraft der Künstler entspringen zu lassen. Und drittens idealisiere die Fotografie nicht. Im Vergleich zu Gemälden wirkten Fotografien geradezu schockierend vulgär: Jedes Detail war sichtbar, auch solche, die störten oder als Imperfektion gesehen werden konnten, waren gnadenlos abgebildet.

Wir können uns heute gar nicht mehr ausmalen, was für einen Paradigmenwechsel gerade dieser letzte Aspekt bedeutete. Besonders die Malerei der viktorianischen Zeit war sehr idealisierend. Es wurden keine Fehler im Gemälde geduldet, außer sie waren Absicht oder Zeichen mangelnden Könnens. Eine Fotografie bildet aber die Wirklichkeit ab – und besonders die ersten Fotografinnen und Fotografen hatten ja oft einen akademischen und wissenschaftlichen Hintergrund und fotografierten daher auch möglichst naturgetreu.

Es war die Zeit des Kollodium-Nassplatten-Verfahrens. Damit gerieten die Bilder auch tatsächlich relativ scharf und detailreich. Für die Malerinnen und Maler der damaligen Zeit wirkten die Fotografien jedoch geradezu ordinär. Sie waren beeindruckend im Ergebnis und sehr nützlich, aber im Grunde eine Art Skizzenmaschine. Die Fotografie hatte also ein Imageproblem.

Da half es auch nicht, dass erste Fotografien auftauchten, die klassische Gemäldeszenen nachahmten. Bilder von Menschen, die in opulenten Gewändern vor Wandteppichen posierten und in denen jedes Utensil im Bild eine Bedeutung trug, fanden viele nicht überzeugend. Die Bilder wirkten nachgemacht. Es waren Fotos, die versuchten, wie Gemälde auszusehen – und war das nicht geradezu der Beweis dafür, dass es Fotografinnen und Fotografen an künstlerischer Originalität mangelte? Und dann noch folgendes Argument: Fotografien starten mit einer bestehenden Szene und man kann allenfalls noch etwas weglassen, während ein Maler oder eine Malerin sich eine Szene vorstellen und dann Schicht für Schicht Elemente hinzufügen kann, bis das Gemälde fertig ist.

Genau das ist das Argument, das Oscar Gustave Rejlander hört, als er einem Freund eine seiner ersten Fotografien zeigt. Rejlander kommt 1813 als Sohn eines schwedischen Steinmetzes auf die Welt. Er studiert Kunst in Rom und geht dann später nach England. Als mit der Daguerreotypie das erste kommerziell erfolgreiche fotografische Verfahren bekannt wird, ist Rejlander immerhin schon 26 Jahre alt und ausgebildeter Maler.

Nicht zuletzt, weil die Daguerreotypie in Großbritannien Lizenzgebühren kostete, ging die weitere Entwicklung der Fotografie hier einen völlig anderen Weg. Man entwickelte das Kollodium-Nassplatten-Verfahren – das erste wirklich frei verfügbare Verfahren, bei dem man auf Glasplatten Negative erzeugt, die dann beliebig oft in Drucke umgewandelt werden können.

Rejlander ist fasziniert von der Technik und lässt sie sich von einem damals schon etablierten Fotografen vorführen. Was andere sich in mehreren Wochen Praxis angeeignet hätten, lässt sich Rejlander in ungefähr drei Stunden erklären. Er wird später schreiben, dass er wünschte, etwas mehr Energie und Zeit darauf verwendet zu haben, das Verfahren wirklich von Grund auf zu lernen. So ist er später gezwungen, eigene Verfahren, Tricks und Kniffe zu entwickeln. Das mag ein Grund für seinen späteren Erfolg sein, andererseits hat es ihm das auch den Ruf eingebracht, in seiner Arbeit nicht immer die beste Qualität zu erreichen.

Anfangs sieht Rejlander die Malerei nach wie vor als überlegene Kunstform. Er ist Porträtmaler, er erstellt Porträtminiaturen. Und er nutzt die Fotografie, um Skizzen zu fertigen oder Posen, Faltenwurf und Gesichter zu studieren. Der oben erwähnte Freund bekommt nun also eine seiner ersten Fotografien zu Gesicht: eine Aufnahme, die zwei Personen zeigt.

Als die beiden Männer sich über das Bild beugen und darüber unterhalten, stellt der Freund abfällig fest, dass hier ganz offensichtlich werde, was der große Unterschied zwischen Malerei und Fotografie sei. Denn das Bild sei nicht perfekt – es fehle eine dritte Person, um die Komposition zu komplettieren. Als Maler würde man die einfach in die Mitte malen, die Fotografie hingegen wäre ja schon »fertig« und man könne zwar eine völlig neue Fotografie erzeugen, aber nicht nachträglich noch eine Person einfügen.

Rejlander ist elektrisiert. Er hat eine Idee. Wenige Tage später verabredet er sich mit demselben Freund und bringt ein neues Bild mit. Der wirft einen Blick darauf und traut seinen Augen nicht. Rejlander beweist ihm damit, was er für unmöglich gehalten hatte: Es handelt sich unzweifelhaft um dasselbe Bild, das er wenige Tage zuvor gesehen hat, aber jetzt mit einer dritten Person zwischen den beiden anderen. »Es geht eben doch«, sagt Rejlander triumphierend. »Auch Fotografen können Bilder im Kopf entstehen lassen.« Auch Fotografen steht völlig frei, wie sie die Technik nutzen, um das fertige Bild zu erzeugen.

Das Medium der Fotografie war damals noch ganz jung. Viele Fotografierende versuchten herauszufinden, in welche Richtung sich alles entwickeln könnte. Allerorten wurde von Respektspersonen festgelegt, wie denn Dinge »richtig« zu geschehen hätten: Was ist gute Fotografie, was schlechte? Welche Techniken funktionieren? Es bildete sich sehr schnell ein Katalog von Kriterien und Erwartungen, die »in der Szene« an gute Fotografie angelegt wurden. Oscar Rejlander war diesen Einflüssen noch nicht lange ausgesetzt. Er blickt noch völlig frei auf das Medium und ließ seinen Ideen freien Lauf.

Das Kollodium-Nassplatten-Verfahren kam ihm da prinzipbedingt entgegen. Für Nassplatten-Aufnahmen braucht man zunächst einmal eine Kamera, die mindestens so groß ist, dass sie das Bild in der gewünschten Zielgröße aufnehmen kann (man vergrößerte noch nicht, Aufnahmen wurden so groß gemacht, wie sie benötigt wurden). Stellen wir uns also eine Kiste vor, die hinten eine A4-große Kollodium-Nassplatte hat. Vorne befindet sich ein Objektiv und den ganzen Kasten kann man wie eine Ziehharmonika auseinander- und wieder zusammenschieben, um so auf die richtige Stelle im Bild zu fokussieren.

Beim Kollodium-Nassplatten-Verfahren wird eine Glasscheibe in einer Dunkelkammer zuerst mit Kollodium beschichtet und dann mit einer Silbernitratlösung lichtempfindlich gemacht. Die dann noch feuchte Glasscheibe muss in die Kamera eingelegt werden und wird nach erfolgter Belichtung in noch feuchtem Zustand fertigentwickelt.

Das Ergebnis ist ein Negativ auf der Glasplatte – also ein Bild, in dem alle hellen Teile der Szene schwarz dargestellt werden und alle dunklen Teile der Szene weiß. Weil das Trägermedium eine Glasplatte ist, ist das Negativ an den dunklen Stellen der Szene durchsichtig. Das brachte Rejlander auf die Idee, Bildbestandteile miteinander zu kombinieren. Denn diese durchsichtigen Stellen würden später im Druck schwarz, wodurch sich Nahtstellen zwischen montierten Bildbestandteilen leicht verbergen ließen.

Um nun aus dem Negativ ein Positiv, also ein fertiges Bild zu machen, nimmt man die Glasplatte mit dem Negativ, spannt sie mit einem lichtempfindlichen Papier zusammen und setzt beides der Sonne aus. Danach wird das Bild gewaschen, fixiert – und fertig ist das Positivbild. Denn all die Stellen, die im Negativ die Sonne blockieren, sind auf dem fertigen Bild ja dann weiß und jene, die die Sonne durchlassen, werden schwarz. Je länger man das Bild in der Sonne lässt, desto dunkler wird das Ergebnis.

Rejlander nimmt also verschiedene Bildbestandteile einzeln voneinander auf, sorgt dann dafür, dass sie von möglichst dunklen Szenenelementen umgeben sind (die im Negativ durchsichtig sind), und montiert sie anschließend für den endgültigen Druck gezielt zusammen.

Aber das ist nur der Anfang. Rejlander beginnt mit Vergrößerungen zu experimentieren, indem er, salopp formuliert, Positive mit entsprechender Vergrößerung noch mal abfotografiert. Er deckt Teile der Negative gezielt ab, malt hinein, spielt mit den verschiedensten Dunkelkammertechniken und montiert die Bilder zusammen – zum Teil mit verblüffenden Ergebnissen.

Immer mit dabei ist seine Frau Mary – als Technikerin zugleich seine wahrscheinlich wichtigste Mitarbeiterin. Schon als er noch Maler war, nahm sie ihm eine Menge administrativer Aufgaben ab. Jetzt als Fotograf ist sie seine Assistentin in der Dunkelkammer, sein häufigstes Fotomodell, Kundenbetreuerin und Geschäftsführerin im Hintergrund.

Längst nicht alle seine Fotografien sind Montagen, tatsächlich ist der hauptsächliche Kundenstamm ganz klassisch an Porträts interessiert. Rejlander hat außerdem ein persönliches Interesse an inszenierten Kinderporträts. Das ist ein Genre, das besonders im viktorianischen Zeitalter blühte und gedieh. Kinder wurden in allen möglichen Posen dargestellt und abfotografiert, oft in Gegenwart der Eltern. Das ist auch der Grund, warum aus dieser Zeit sehr viele Kinderporträts gerade auch von den großen Fotografinnen und Fotografen erhalten sind. Namen wie Julia Margaret Cameron sind untrennbar mit mal mehr, mal weniger inszenierten Kinder- und Säuglingsporträts verbunden.

Der Mathematiker, Schriftsteller und Fotograf Lewis Carroll (Autor von »Alice im Wunderland«) freundet sich mit Rejlander an und fängt an, dessen Kinderporträts zu sammeln. Später wird Lewis Carroll selbst Kinderporträts fotografieren und der Stil Rejlanders schlägt so stark durch, dass es manchmal nicht ganz klar ist, ob ein noch erhaltenes Bild eigentlich von Lewis Carroll oder von Rejlander stammt. Auch Julia Margaret Cameron wird mit zweifelsfrei von Oscar Rejlander inspirierten Gemälden berühmt. Beide verkehren in denselben Kreisen, sie kennen dieselben Leute, haben zum Teil die gleichen Freunde und fotografieren dieselben Berühmtheiten ihrer Zeit.

Aber obwohl Oscar Rejlander hauptsächlich Porträts macht, zeigen manche seiner Aufnahmen Dinge, die es zu jener Zeit eigentlich gar nicht geben dürfte. So erregt zum Beispiel das Bild »The Juggler« Aufsehen, weil dort ein Jongleur mit Bällen in der Luft zu sehen ist. Das konnte eigentlich nur eine optische Illusion sein, denn mit mehreren Sekunden Belichtungszeit lassen sich Bälle in Bewegung nun mal nicht einfangen – und doch sieht das Bild täuschend echt aus und erregt große Aufmerksamkeit.

Zu der Zeit traut man Rejlander allerdings schon fast alles zu. Heute nennt man ihn den Vater der künstlerischen und inszenierten Fotografie. Der Grund dafür ist ein Bild, das er 1857 macht und den Titel »Two Ways of Life« trägt.

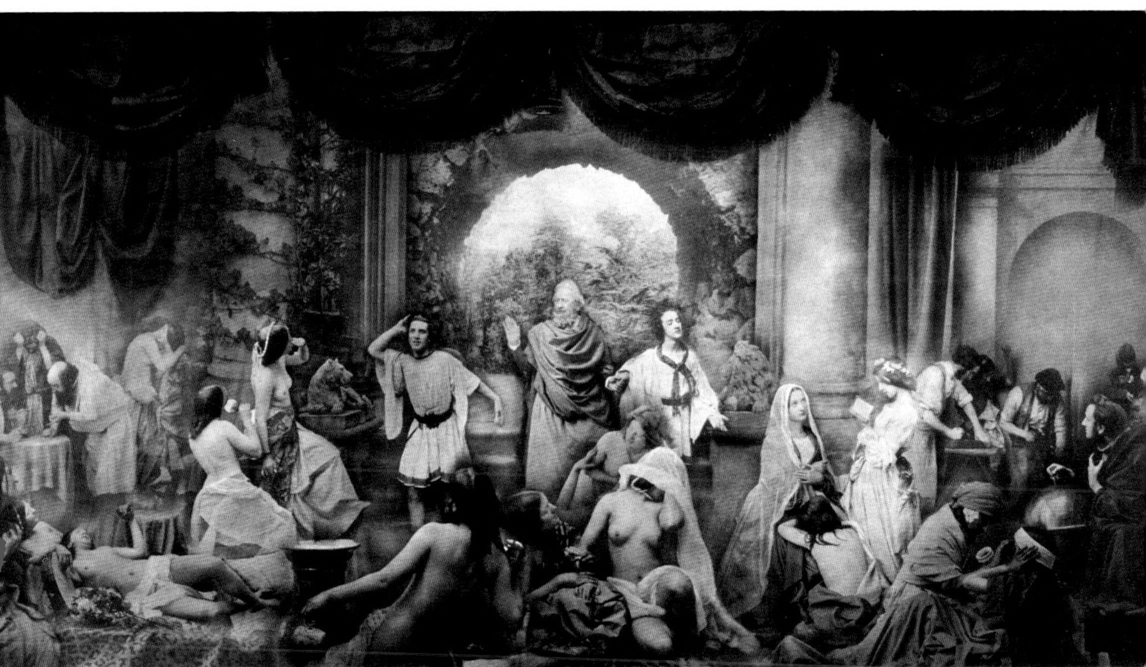

»Two Ways of Life« (Quelle: Wikipedia)

Wenn man dieses Bild zum ersten Mal sieht, kommt es einem wie ein barockes Gemälde vor. Es ist, zumindest im Aufbau, von einigen berühmten Malereien inspiriert, die der junge Rejlander wahrscheinlich im Original gesehen hat, als er in Rom Malerei studierte.

Das Bild hat Panoramaformat und war für die damalige Zeit ungewöhnlich groß. Mit über 80 cm Breite wussten Sachkundige sofort, dass es aus mehreren Bestandteilen bestehen musste, aber man konnte nicht erkennen, wo montiert worden war.

Was sehen wir? In der Mitte steht ein alter Mann. Er scheint einen Jüngling in die Szene hineinzubegleiten. Den Jüngling sieht man doppelt: einmal zu seiner Linken, einmal zu seiner Rechten. Damit ist die allgemeine Bildaufteilung auch schon klar definiert. Die linke Hälfte des Bildes zeigt eine Art Orgie, es werden insbesondere diverse Todsünden bildlich dargestellt und es gibt viel nacktes Fleisch vor zerbröckelnder Kulisse zu sehen. Von oben hängen Theatervorhänge ins Bild herab. Rechts geht es wesentlich gesitteter zu; dort geht es um die Pflege von Kranken und Gebrechlichen, um die Wissenschaften, im Hintergrund ein bisschen klassizistische Architektur … Damit ist auch klar, was das Bild darstellt, nämlich die Wahl, vor der der Jüngling steht: Will er ein lastervolles Leben oder eines in Tugend führen?

Das Bild strotzt nur so vor Symbolik. Allegorien, also bildliche Darstellungen abstrakter Konzepte wie etwa Tugend und Laster, spielten eine wichtige Rolle in der Malerei jener Zeit. Und natürlich durften sie in einem Foto, das es mit der Malerei als Kunst aufnehmen wollte, nicht fehlen.

Oscar Gustave Rejlander stellt dieses Bild aus. Seine Zeitgenossen sind begeistert und entsetzt zugleich. Begeistert deswegen, weil er etwas geschafft hat, was man bis dato für unmöglich hielt. Er hat Monate an diesem Bild gearbeitet und mindestens 32 Negative für jeden Druck dieses Bildes zusammenmontiert – trotzdem sieht es wie eine einzige Aufnahme aus. Dass das nicht der Fall sein konnte, war sehr offensichtlich, denn der Jüngling tauchte ja zweimal im Bild auf.

Allein den Druck zu fertigen, kostete mehrere Tage Arbeit, denn die einzelnen Bestandteile mussten zunächst vergrößert, dann zusammenmontiert und anschließend als ein großes Bild ausbelichtet werden. Rejlander fertigte jeden Druck neu an, das heißt, jedes Exemplar sah ein bisschen anders aus. In manchen war er selbst der alte Mann in der Mitte des Gemäldes, in anderen war es ein Schauspieler. Die Figuren variieren, es sind unterschiedliche Models und Szenen zu sehen. Im Netz fand ich mindestens drei verschiedene Varianten und es macht schon Spaß, die Unterschiede und Gemeinsamkeiten zu entdecken.

Diese Montage zu betrachten, war also beeindruckend. Doch wurde Fotografinnen und Fotografen damals das Künstlerische abgesprochen. Schließlich würden sie ja lediglich festhalten, was die Natur ihnen biete, und der Rest sei doch »nur« Technik. Rejlander nun gelang etwas, das nicht nur für unmöglich gehalten worden war, sondern von dem die Zeitgenossen erst mal auch nicht wussten, wie sie es nachmachen könnten. Zudem war das Bild zum Bersten mit Symbolik gefüllt und entkräftete so das Argument, Fotografie sei keine Kunst. Denn anders als Fotografie entstünde die Kunst zunächst im Kopf des Künstlers oder der Künstlerin, müsse eine Aussage haben, Ideen vermitteln, gelesen werden können und etwas vorher nicht Dagewesenes, neu Geschaffenes zeigen. Rejlanders Bild war eine Fotografie und genügte dennoch sehr offensichtlich diesen Kriterien.

Der schon erwähnte schockierende Detailreichtum kommt natürlich besonders in dem Teil des Bildes zum Tragen, in dem es um die Sünden und Laster geht. Es war diese Bildhälfte, die zu einem handfesten Skandal führte. Zwar hatte man in der viktorianischen Zeit kein Problem mit Nacktheit, Gemälde konnten Frauen gerne barbusig in allen möglichen Posen, auch mal lüstern darstellen. Aber sie dann sozusagen »in the Flesh« zu sehen und zu wissen, dass der Fotograf die Damen so im Studio gehabt hatte, erschien unerhört. Dazu kam noch, dass sich damals keine Frau von Tugend freiwillig vor einer Kamera nackt gezeigt hätte. Also waren die Frauen im Gemälde ganz offensichtlich Prostituierte!

In den Fotoklubs und Kunstzirkeln wurde heiß diskutiert und viele waren sich darüber einig, dass Oscar Rejlander zur Persona non grata erklärt werden müsse. Nur eine Persönlichkeit sah das damals anders, die von Anfang an begeisterte Fotografin war und deren Urteil nicht ignoriert werden konnte: Queen Victoria.

Sie hatte schon mit Einführung der Daguerreotypie Interesse an der Fotografie entwickelt und galt als eine erfahrene Hobbyfotografin. Sie und ihr Ehemann verfügten über eine gut ausgestattete Dunkelkammer, beschäftigten mehrere Hoffotografen und gingen dem Hobby in ihrer Freizeit selbst mit Begeisterung nach. Außerdem traten sie als Mäzene auf und kauften Werke, die sie bemerkenswert fanden – und genau das geschah mit Rejlanders schockierendem »Two Ways of Life«.

Queen Victoria erfuhr von dem Bild, sah es, war begeistert und beschloss, einen Druck dieses Werkes für ihren Mann als Geburtstagsgeschenk zu kaufen. Der war seinerseits ebenfalls derart begeistert davon, dass er es in seinem privaten Arbeitszimmer aufhing, wo es bis zu seinem Tod blieb. Was gut genug für Queen Victoria war, konnte natürlich für alle anderen Fotografierenden nicht schlecht sein. Die Königin hat sich zwar nie dazu geäußert, ob das Werk aus ihrer Sicht echte Kunst sei, aber »Schund« war nun natürlich völlig ausgeschlossen.

Rejlander markiert den Anfang einer Periode, die in der Fotografiegeschichte »Piktorialismus« genannt wird – ihre Vertreter versuchten Bilder zu schaffen, die möglichst gemalt aussehen oder wenigstens die Themen von Gemälden nachahmen. Im einfachsten Fall waren das inszenierte Fotografien wie »Two Ways of Life«, aber später wurden ausgefeilte Techniken angewandt, um die Drucke realistisch aussehen zu lassen, so als wären sie Kohlezeichnungen. Da wurde auf dem Material herumgekratzt, Sepia eingefärbt, es wurden Stellen gezielt scharf oder unscharf gemacht, um den Eindruck von Pinselstrichen zu vermitteln, und das Medium versuchte, stilistisch nicht nur in die Vergangenheit, sondern auch in die Zukunft zu schauen, zum Beispiel indem man so abstrakt arbeitete, dass Betrachtende nicht mehr genau wussten, was eigentlich dargestellt war.

Spannend ist die Beobachtung, dass all diese Diskussionen heute immer noch lebendig sind. Wir versuchen, mithilfe von Filtern Fotografien aussehen zu lassen, als wären sie vor 30 Jahren entstanden. Manche nehmen Software zu Hilfe und lassen komplette Gemäldesimulationen fertigen. Da wird die Fotografie zum Ölgemälde, das Fotoobjekt zum stilisierten Pinselstrich. Oder wir nutzen Photoshop und montieren fröhlich vor uns hin.

Und in jeder Generation entzündet sich ein Streit darüber, was nun als Kunst oder »nur« als Handwerk zu gelten habe. Wurde die Linie damals zwischen Malerei und Fotografie gezogen, zieht man sie heute zwischen Digital Artist und Content Creator. Ich glaube, Oscar Rejlander wäre stolz auf uns.

»Two Ways of Life« war sein beeindruckendstes und im Nachhinein sicherlich berühmtestes Bild, aber das kommerziell erfolgreichste war es nicht. Dafür erwies es sich einfach zu aufwendig und irgendwann stellte er die Produktion von Drucken für dieses Bild ein. Ständig mehrere Tage in der Dunkelkammer herumzumontieren, war einfach nicht mehr praktikabel.

Außerdem war er zu neuen Ufern aufgebrochen, denn der berühmte Forscher Charles Darwin hatte sich bei ihm gemeldet. Dieser untersuchte zu der Zeit die Emotionen von Tieren und Menschen. Es wollte dokumentieren, wie wir uns ausdrücken, welche Gesten und Grimassen wir je nach Befindlichkeit ziehen – das sollte in Fotografien festgehalten werden. Und dafür brauchte er einen Fotografen, der in der Lage war, die unterschiedlichste Mimik einzufangen. Er gab Rejlander praktisch eine Shotlist vor: wütend, traurig, fröhlich und so weiter.

Emotionen hatten damals auch schon andere berühmte Zeitgenossen einzufangen versucht, aber mit dem Kollodium-Nassplatten-Verfahren und mehreren Sekunden Belichtungszeit war das natürlich schwer, besonders wenn man das einigermaßen spontan aussehen lassen wollte.

Rejlander galt als jemand, der unvergleichlich gut darin war, genau diese spontanen Eindrücke festzuhalten. Nicht weil die Bilder so spontan gewesen wären, sondern weil er anscheinend ein Talent dafür hatte, mit seinen Models zielführend zu arbeiten. Er konnte lustig und charmant sein und viele seiner Bilder transportieren einen für Aufnahmen der damaligen Zeit ungewöhnlichen Humor. Es gibt Bilder, wo er mit seiner Frau Mary ganz offensichtlich herumalbert, und er war bekannt dafür, Kinder natürlich posieren zu lassen, ja, bei ihm waren die jungen Models sogar erkennbar gut gelaunt. Das ist ja gerade bei kleinen Kindern nicht unbedingt leicht, insbesondere dann nicht, wenn sie mehrere Sekunden in einer bestimmten Position verharren sollen. Die Fotografien von Julia Margaret Cameron zeigen auch oft Kinder, die allerdings auf den meisten Bildern ziemlich genervt schauen. Ich versuche mir dann immer auszumalen, wie diese Fotosessions wohl abliefen.

Rejlander war also ein Meister dieser Disziplin. Trotzdem muss er geschluckt haben, als er in der von Darwin überreichten Wunschliste den Eintrag »weinendes Kleinkind« las. Schon gut gelaunte Kleinkinder sind kaum mehrere Sekunden lang still zu halten. Wie soll das mit einem verärgerten oder unglücklichen Kind gelingen?

Aber Rejlander lässt sich nicht entmutigen und macht schließlich eine Aufnahme, die dann auch sein berühmtestes Bild werden wird. Sie zeigt ein sitzendes, inbrünstig weinendes Kleinkind. Nach einem populären satirischen Roman heißt es »Ginx's Baby« und kombiniert alles, was Rejlander an Fähigkeiten entwickelt hatte. Wie er das Baby zum Weinen gebracht hat, weiß man nicht, aber bekannt ist, dass er zu einer ganzen Reihe von Tricks griff, um diese Aufnahme überhaupt möglich zu machen. Er reduzierter die Aufnahmezeit, arbeitete mit Vergrößerungen und griff in der Dunkelkammer auf seine malerischen Fähigkeiten zurück, um Teile, die einfach nicht richtig scharf geworden waren, manuell nachzuschärfen. Wieder hatte er ein Bild geschaffen, von dem die damaligen Kollegen dachten, es wäre so eigentlich nicht möglich. Und Charles Darwin hatte seine vollständige Palette an Mimikfotos erhalten, die für sich übrigens auch schon sehenswert sind, zeigen sie doch Rejlander und seine Frau Mary in den unterschiedlichsten Grimassen, lachend über ärgerlich bis verzweifelt und wütend, alles dabei.

Während seiner 24 Jahre währenden Karriere als Fotograf schrieb Rejlander diverse Texte, unter anderem verteidigte er die Fotografie und ihren Anspruch als »Fine Art«. Er gilt als Vater der künstlerischen Fotografie – nicht nur weil er als einer der Ersten Aufnahmen inszenierte, die opulent, originell, oder allegorisch waren, die Gedanken transportierten, welche er zunächst in seinem Kopf und seinen Skizzenbüchern formte, bevor er sie als Fotograf festhielt, sondern auch weil er weiterdachte und die verschiedenen, ihm bekannten Medien auf bis dato ungewöhnliche Art und Weise kombinierte.

Trotz all des öffentlichen Wirbels ist es auch für Rejlander damals schwierig, als Fotograf kommerziell erfolgreich zu sein. Zwar hat er einen Druck an Queen Victoria verkauft und mehrere Aufnahmen produziert, die zu seinen Lebzeiten Berühmtheit erlangen – aber reich wird er damit nicht.

Als er 1875 im Alter von 62 Jahren stirbt, übernimmt seine Witwe Schulden und einen Laden, der nicht läuft. Der Fotoklub, in dem Rejlander Mitglied gewesen ist, die Royal Photographic Society of London, fühlt sich seiner Witwe und seinem Nachlass verpflichtet und kauft einige seiner Negative. Damit gehen viele Werke Rejlanders verloren oder in verschiedenen Sammlungen auf, und obwohl kaum ein Fotograf so einflussreich gewesen sein dürfte wie er, versinkt sein Name in Bedeutungslosigkeit und ist auch heute nur noch Experten ein Begriff.

Von Beruf Geisterfotograf

5

Fotografieren heißt »Schreiben mit Licht«. Denn das Grundprinzip der Fotografie besteht darin, dass Licht seine Spuren auf einem empfindlichen Medium hinterlässt. Das dazu verwendete Licht ist meistens sichtbar, aber nicht immer. Infrarot-, Ultraviolett-, Röntgenstrahlen – es gibt unzählige Strahlen aus dem elektromagnetischen Spektrum, die uns ohne die Fotografie sogar völlig verborgen blieben.

Und es gibt noch etwas, das wir durch Fotografieren sichtbar machen können: die Zeit. Abläufe, die so schnell sind, dass sie unseren Augen verborgen bleiben würden, lassen sich mit Hochgeschwindigkeitsaufnahmen festhalten. Und sind Abläufe zu langsam, um sie wahrzunehmen, greifen wir zur Zeitrafferaufnahme.

So muss es den Menschen als ein Wunder erschienen sein, als die Fotografie im 19. Jahrhundert entdeckt wurde und plötzlich Unsichtbares sichtbar machte. Weil es sich ja um ein technisches Verfahren handelte, konnte man die Ergebnisse kaum anzweifeln. Die Fotografie zeigte die Wirklichkeit so, wie sie nun mal war. Und so, wie die Fotografie bewiesen hatte, dass Pferde im Galopp alle Hufe in der Luft haben, so waren dann plötzlich auch Fotografien im Umlauf, in denen man die Geister Verstorbener sah. Warum bitte sollten ausgerechnet die nicht echt sein?

Damit man an Geister glauben kann, muss man eine Sache als gegeben annehmen, nämlich dass wir nicht nur aus Körper bestehen, sondern in uns eine Art Lebensenergie steckt. Eine Seele. Irgendetwas, das übrig bleiben kann, obwohl unser Körper gestorben ist.

Glaubt man daran, braucht es nur einen kleinen Schritt, um auch zu glauben, dass man Geister fotografieren können muss.

Aber warum sollten Geister fotografiert werden wollen? Damit sind wir bei einer der Kernthesen des sogenannten »Spiritualismus«. Das war eine quasi-religiöse Bewegung, die ab 1840 überwiegend in englischsprachigen Ländern auf dem Vormarsch war. Die Grundidee: Es gibt Geister, und sie wollen mit uns in Kontakt treten. Es wurden Bücher über das Thema geschrieben, es gab Fachmagazine und eine wachsende Szene an Dienstleistern.

Die 1860er sind die Zeit des Amerikanischen Bürgerkriegs. Es gab also auch eine wachsende Zahl an Toten, mit denen man hoffte, noch ein letztes Gespräch führen zu dürfen. Es ist auch eine Zeit faszinierender technologischer Entwicklungen. Die Elektrizität wird nutzbar gemacht, die Fotografie erfunden. Es wird also ganz normal, dass wir von für unsere bloßen Augen unsichtbaren Phänomenen umgeben sind, die plötzlich Auswirkungen auf unsere Realität haben können.

Der etwa 28-jährige Schmuckgraveur und Hobbyfotograf William H. Mumler versucht 1860 in Boston sein Fotostudio für den nächsten Porträtkunden herzurichten. Er richtet seine Kamera ein, drapiert einen Hintergrund, stellt einen Stuhl hin und macht eine Testaufnahme. Die damalige Kameratechnik ist langsam und benötigt relativ lange Belichtungszeiten. Er setzt sich also ungefähr zwei Sekunden auf den Stuhl, steht dann auf, deckt die Linse wieder ab, entnimmt die belichtete Glasplatte und geht mit ihr ins Labor.

Mumler fotografiert im zu jener Zeit sehr verbreiteten Kollodium-Nassplatten-Verfahren. Dabei wird eine Glasplatte mit einer Tinktur lichtempfindlich gemacht, dann noch im feuchten Zustand in einer Kamera belichtet und sofort entwickelt. Das Verfahren war im Vergleich zur Daguerreotypie deutlich preisgünstiger und hatte den Vorteil, dass man Negative erzeugte – also eine Vorlage, aus der man anschließend beliebig oft Abzüge auf Papier fertigen konnte.

Mumler geht also mit der belichteten Glasplatte in seine Dunkelkammer und entwickelt das Bild. Sehr zu seiner Überraschung ist im fertigen Ergebnis eine weitere Person zu sehen. Obwohl er eigentlich allein in seinem Studio gewesen ist, sieht man auf dem Bild nicht nur ihn, sondern auch noch den Umriss einer jungen Frau.

Mumler denkt zunächst an einen Entwicklungsfehler. So etwas kann nämlich durchaus passieren. Wenn die Glasplatte zum Beispiel mehrfach benutzt wurde, also das Vorgängerbild abgeschabt, aber bei der Reinigung nicht sorgfältig genug vorgegangen wurde. Oder wenn man versehentlich dieselbe Glasplatte zweimal benutzt hat. Dann entstehen unter Umständen solche Doppelbelichtungen.

Die Wendung tritt ein, als Mumler sich die Aufnahme noch einmal genauer ansieht und in der zusätzlichen Gestalt seine zwölf Jahre zuvor verstorbene Cousine erkennt.

Diese von Mumler selbst so wieder und wieder erzählte Anekdote ist deshalb so wichtig, weil die betreffende Aufnahme allgemein als die erste sogenannte »Geisterfotografie« überhaupt gilt. Mumler hatte an diesem denkwürdigen Tag ein ganzes Genre erfunden. Denn nachdem er seine Cousine in der Aufnahme erkannt hatte, gab es für ihn kein Halten mehr.

Mumler stand der spiritualistischen Szene relativ nahe, seine Frau war ein anerkanntes Medium und hielt regelmäßig Séancen oder nahm für Geld Kontakt zu Verstorbenen auf. Sie dürfte Mumler auch dazu ermutigt haben, ein spiritistisches Fotostudio zu eröffnen, in dem man eben nicht nur von sich, sondern auch noch von Verstorbenen Bilder anfertigen lassen könnte.

Und der Laden brummt.

Nicht nur, dass der Glaube an Geister weit verbreitet war. Auch das Bedürfnis, seine Lieben noch ein weiteres Mal sehen zu können und vielleicht sogar ein Erinnerungsfoto zu bekommen, sorgte dafür, dass der Dollar locker saß.

Mumler war sich der Nachfrage bewusst und nahm horrende Preise. 10 Dollar kostete damals so eine Porträtsitzung – mindestens. Auf heutige Verhältnisse umgerechnet, waren das über 300 Dollar! Seine Frau war immer mit anwesend, aber Mumler betonte, es wäre schon hauptsächlich seine Anwesenheit, die Geister auf die Glasplatten brachte.

Eine Sitzung begann immer mit einem ausführlichen Vorgespräch einige Tage vor dem eigentlichen Termin. Mumler muss gut darin gewesen zu sein, seinen Kundinnen und Kunden zusätzliche Informationen zu entlocken.

Er machte sich schnell einen Namen, und so fanden sich rasch auch prominente Kundinnen und Kunden bei ihm ein. Die spiritistische Fachpresse berichtete über seine Arbeit und auch andere Fotografen begannen, von eigenen Erfolgen in der Geisterfotografie zu berichten.

Allerdings gab es nicht nur Gläubige, sondern auch viele Skeptiker. Sogar Spiritisten hatten Zweifel und wollten sichergehen, dass hier kein Schwindler am Werk war. Mumler war sich seiner Arbeit so sicher, dass er auch Leuten vom Fach erlaubte, ihn dabei zu beobachten, wie er die Fotografien anfertigte. Aber auch die konnten nicht erklären, wie er die Geistererscheinungen festhielt.

Andere wiederum behaupteten, sie hätten in den sogenannten Geistern Menschen wiedererkannt, die ihnen gerade noch auf der Straße begegnet waren. Außerdem hielt sich der hartnäckige Verdacht, dass Geisterfotografen in die Wohnungen ihrer Kundinnen und Kunden einbrachen, um dort Bilder zu stehlen, die sie nachträglich als Geistererscheinungen montieren konnten. Außerdem wurden regelmäßig Geisterfotografen und Medien als Schwindler entlarvt.

P. T. Barnum, seines Zeichens Zirkuspionier, Politiker und Unternehmer, schreibt 1866 ein Buch mit dem Titel »Humbugs of the World – An account of humbugs, delusions, impositions, quackeries, deceits and deceivers«. Er gilt als Experte auf dem Gebiet: Mit seinen Freakshows, Zirkusdarbietungen und Entertainment-Shows hat er schließlich selbst das Publikum verblüfft und überrascht.

Der Geisterfotografie widmet er ein ganzes Kapitel. P. T. Barnum prangert vor allen Dingen an, dass hier mit der Leichtgläubigkeit von Trauernden Geld gemacht wird. William Mumler ist der Star der Szene, und so kauft Barnum von ihm mehrere Geisterbilder und stellt sie in einer Ausstellung zu seinem Buch den nachgemachten Geistbildern anderer Fotografen gegenüber. Unter anderem hängt da sogar eine Aufnahme von ihm selbst mit dem ihm über die Schulter blickenden Geist von Abraham Lincoln.

Etwa zur selben Zeit zieht Mumler von Boston nach New York City und eröffnet auch dort ein Fotostudio für Geisterfotografie. Er ist inzwischen über die Grenzen des Staates hinaus bekannt. Er verdient hervorragend mit seinen Geisterfotografien und hat inzwischen auch schon Coups mit prominenten Porträtierten und prominenten Geistern gelandet.

Seine vielleicht berühmteste Geisteraufnahme wirkt fast wie eine Antwort auf Barnums Bild von Lincoln. Mumler behauptete später, er hätte gar nicht gewusst, wer die Kundin war, die an jenem Tag im Jahr 1865 in Trauerkleidung seinen Laden betrat und eine Aufnahme mit sich und ihrem toten Ehemann anfragte. Dass er es mit der Witwe von Abraham Lincoln zu tun hatte und dass der Geist Abraham Lincoln sein sollte, sei ihm erst klar geworden, als er die Aufnahme in der Dunkelkammer entwickelte.

Ob William Mumler erst auf die Idee gekommen ist, auch mal Abraham Lincoln zu fotografieren, weil es P. T. Barnum vorgemacht hatte? Oder war diese Idee einfach so naheliegend, dass es sich von ganz allein ergab? Vielleicht war es auch ein Zufall, der Mary Todd Lincoln in Mumlers Studio trieb?

Die Aufnahme sorgt auf jeden Fall für Wirbel. Die Tagespresse ist von Mumler fasziniert und schreibt Artikel über das Phänomen der Geisterfotografie.

Als er schließlich 1869 verhaftet und vor Gericht gestellt wird, verfolgt nicht nur die ganze Stadt, sondern die gesamte englischsprachige Welt die Ereignisse. Alle fünf großen New Yorker Tageszeitungen drucken komplette Zeugenaussagen, Protokolle der Gerichtsverhandlungen und zusätzliche Hintergrundartikel ab. Die spiritistische Fachpresse beschäftigt sich währenddessen mit der Frage, ob Geister überhaupt fotografiert werden können. Und die fotografische Fachwelt setzt sich mit der Frage auseinander, mit welche Techniken man denn solche Fotos produzieren könnte.

Mumler wird vor ein Polizeigericht gestellt, das ohne Jury verurteilt. Der Prozess dauert drei Wochen und hat unter anderem – eine Sensation – P. T. Barnum persönlich als Experten und Zeugen der Anklage geladen.

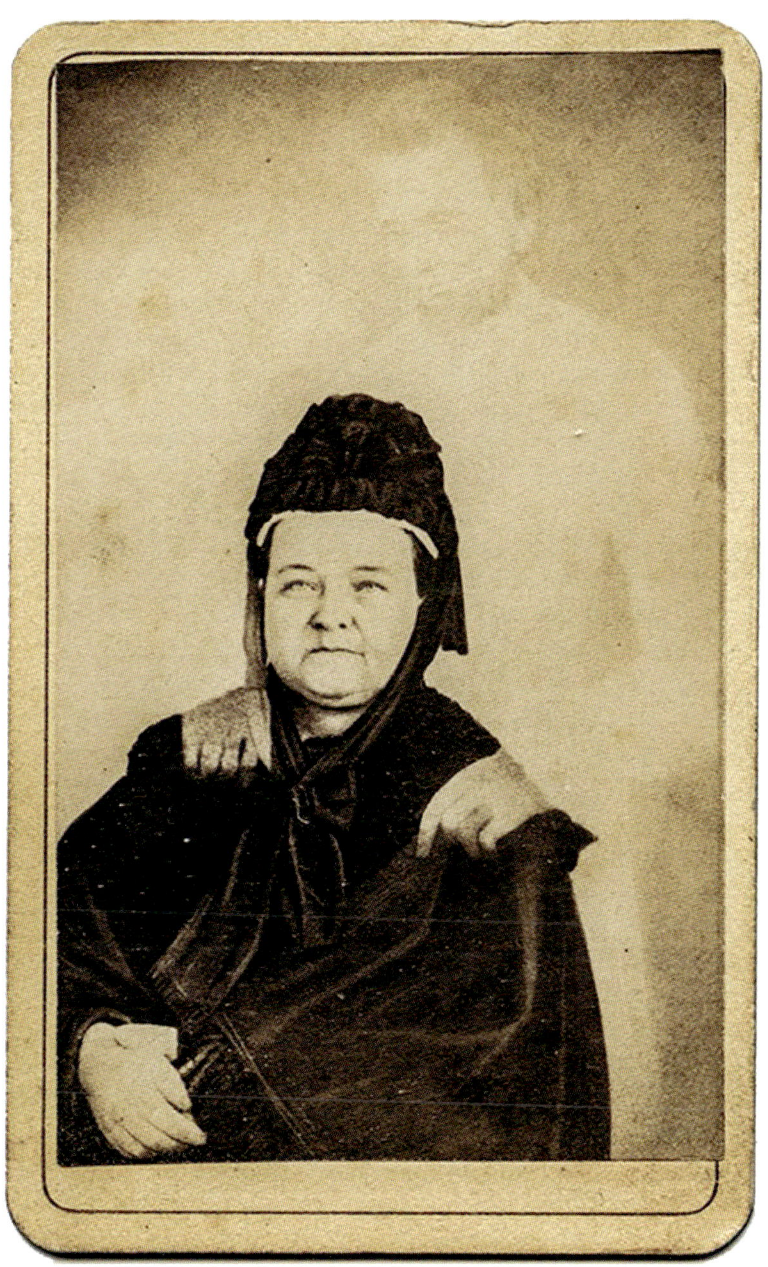

Mary Todd Lincoln mit dem »Geist« ihres ermordeten Ehemanns (Quelle: Wikipedia)

Die Anklage lautet auf Betrug. Die Anklage beschreibt neun verschiedene Methoden, mit denen Bilder mit Geistern auf Glasplatten erzeugt werden können, die alle nichts, aber auch gar nichts mit einem echten Kontakt zur Nachwelt zu tun haben, und vertritt die Ansicht, es könne sich nur um Betrug handeln.

P. T. Barnums Aussage ist dann der Höhepunkt des gesamten Prozesses. Seine Antworten sind schnippisch, unterhaltsam, es kommt zu viel Gelächter im Saal und er betont den Unterschied zwischen gut gemachtem Entertainment, bei dem das Publikum vielleicht manchmal nicht so genau weiß, was es sieht und wie es passiert, und Betrug, bei dem man Menschen zu ihrem Nachteil ausnutzt. Ein Argument, das vorgebracht wird, sind die horrenden Preise, die Mumler verlangt. Der wiederum argumentiert, dass Geister nun mal keine Lust darauf haben, zu einem Massengeschäft zu werden, und dass die hohen Preise sicherstellen, dass der Kundenkreis klein und überschaubar bleibt.

Der Prozess spielt sich von Anfang an auf mehreren Ebenen ab. Da ist zum einen der Vorwurf des Betrugs. Wenn man die Berichterstattung aus dem Gerichtssaal liest, wird schnell klar, dass wirklich niemand ernsthaft daran zweifelt, es bei Mumler mit einem Betrüger zu tun zu haben.

Trotzdem gibt es auch Zeugen, die fest daran glauben, dass William wirklich Geister fotografiert. Aber im Prozess selbst geht es schnell um eine ganz andere Frage, nämlich ob man ihm seinen Betrug ganz konkret nachweisen kann.

Die Verteidigung bringt Aussagen von Fotografen, die ihn beim Erstellen der Geisterfotos beobachtet hatten und nicht erklären konnten, wie er dies bewerkstelligt hatte.

Neben der Frage der Nachweisbarkeit ergibt sich zum anderen aber schnell noch eine weitere Ebene: Spiritismus ist im Kern eine religiöse Bewegung. Es geht um den Glauben an das Leben nach dem Tod, und die Bibel berichtet ganz eindeutig von Geistererscheinungen. Die Ankläger und Richter mussten sich fragen lassen, ob sie wirklich der Bibel infrage und damit ein Drittel aller Amerikaner vor den Kopf stoßen wollten, indem sie offiziell behaupteten, Geister existieren grundsätzlich nicht.

Mumler wird zur Überraschung vieler am Ende des drei Wochen dauernden Prozesses freigesprochen. Der Richter ist unglücklich mit dem Urteil, aber es fehle der zweifelsfreie Nachweis, dass erstens die Personen auf den Bildern eben keine Geister seien und zweitens William getrickst habe. Der Freispruch erfolgt also aus Mangel an Beweisen.

Seine Karriere ist allerdings nun nicht mehr zu retten. Er wendet sich von der Geisterfotografie ab und arbeitet wieder als herkömmlicher Porträtfotograf. Außerdem beschäftigt er sich mit verschiedenen fotografischen Verfahren zur leichteren Entwicklung und leistet mit dem nach ihm genannten »Mumler-Verfahren« einen echten Beitrag zur Fotografie.

Als er 1884 stirbt, findet die Geisterfotografie in der Grabrede und den Nachrufen kaum Erwähnung, auch wenn die Praxis weiterhin verbreitet war. Noch bis 1920 ließen sich ohne Probleme in jeder größeren Stadt Fotografen finden, bei denen man sich mit irgendwelchen verstorbenen Angehörigen fotografieren lassen konnte. Sir Arthur Conan Doyle, der Autor von »Sherlock Holmes«, schrieb noch Anfang des 20. Jahrhunderts ein ganzes Buch über Geisterfotografie und war einer der prominentesten Anhänger der Disziplin.

Auch heute machen immer wieder mal angebliche Geisteraufnahmen Schlagzeilen, aber die Zeiten, in denen man 300 Dollar dafür nehmen konnte, sind vorbei. Und es würde auch niemand mehr auf die Idee kommen, vor Gericht für deren Echtheit einstehen zu wollen.

Lincolns Kopf 6

Es gibt Themen in der Fotografie, über die seit jeher gestritten wird. Kann Fotografie zum Beispiel Kunst sein, wo sie doch nur festhält, was sowieso schon da ist? Ist das Manipulieren von Bildern, sei es per Ausschnitt oder Bildbearbeitung, eine Irreführung des Betrachters oder legitimes Ausdrucksmittel? Entsteht Fotografie im Kopf der Fotografierenden, in der Nachbearbeitung, im Moment der Aufnahme oder vielleicht sogar erst im Kopf der Betrachtenden?

Wer die Veröffentlichungen rund um das Thema »Fotografie« verfolgt, wird einen Trend zu mehr und mehr Bildnachbearbeitung bemerkt haben. Fotos, die ursprünglich mal in Schwarz-Weiß aufgenommen wurden, werden nachkoloriert; Lächeln wird in eigentlich ernst schauende Gesichter montiert; Elemente im Bild werden entfernt oder hinzugefügt, kurz: Fotografie war noch nie so bunt und gesättigt wie heute. Die Software wird dabei immer intelligenter. Kann man Bildern dann aber überhaupt noch so vertrauen wie früher?

Schauen wir uns dieses »Früher« mal ein bisschen näher an.

Die Königin der Bildbearbeitungsprogramme ist ganz eindeutig Photoshop. Die Geschichte begann 1988: Der Doktorand Thomas Knoll beschäftigte sich für sein Studium gerade mit bildverarbeitenden Systemen. Sein Bruder John arbeitete damals bei Industrial Light & Magic, die von George Lucas gegründete Special-Effects-Firma.

John führte bei Industrial Light & Magic mit modernster Hard- und Software kleine, dafür aber sehr teure Änderungen an Filmmaterial durch. Als sein Bruder Thomas ihm zeigte, was seine fürs Studium entwickelten Tools auf handelsüblicher Standard-Hardware zu leisten imstande waren, zeigte er sich tief beeindruckt. John erkannte sofort das Potenzial und überzeugte seinen Bruder Thomas, mit ihm zusammen eine Software-Schmiede zu gründen und die kleinen Werkzeuge in einer gemeinsamen Oberfläche zu integrieren.

Ein Name war auch schnell gefunden: »Image Pro« sollte es heißen. Leider hatte diesen Namen schon jemand anderes reserviert und so griffen die beiden zur zweiten Idee – »Photoshop«.

1988 kam die erste Version des Produkts auf den Markt und erregte von Anfang an Aufmerksamkeit durch seine bis dahin ungesehenen Möglichkeiten. Die damals noch junge Firma Adobe sah das Potenzial in der Lösung und kaufte die Rechte an Photoshop für 34,5 Mio. Dollar. Am 1. Februar 1990 kam Photoshop in der Version 1.0 für den Mac auf den Markt und kostete 300 Dollar. Verglichen mit der heutigen Version konnte sie so gut wie nichts, doch verglichen mit dem bis dato Existierenden war Photoshop revolutionär.

Noch im selben Jahr kamen bis heute verwendete Erweiterungen dazu wie ein Stift-Tool, um in der Software direkt malen zu können, außerdem Pfade, Unterstützung für Druckfarben und vieles andere mehr. Ab jetzt ging es Schlag auf Schlag. Photoshop wurde derart mächtig, dass es bis heute aus dem Werkzeugkasten professioneller Fotografen, Mediengestalter und Designer jeglicher Art absolut nicht mehr wegzudenken ist.

John und Tom Knoll wurden 2019 dafür sogar mit dem Oscar ausgezeichnet! Der Oscar wird nämlich von der Academy of Motion Picture Arts and Sciences verliehen.

Man könnte 1988 also als das Geburtsjahr modernen Bildmanipulation festlegen. Aber es war mitnichten das Jahr, in dem die Bildmanipulation erfunden worden wäre, denn in diesem Bereich waren schon seit Jahrzehnten andere Meister am Werk gewesen.

1903 schrieb Edward Steichen, eine der großen einflussreichen Gestalten der Fotogeschichte, dass Fotografien von Anfang bis Ende nur als Fälschung verstanden werden können.

Steichens große Leidenschaft galt der Fotografie als Kunst. Er organisierte Ausstellungen und war Herausgeber eines der einflussreichsten Fotomagazine aller Zeiten, »Camera Works«, ganz zu schweigen von seinen eigenen Arbeiten, für die er berühmt war und die regelmäßig in Ausstellungen gezeigt wurden. Beim Bearbeiten seiner Bilder war er jedenfalls nicht zimperlich.

Viele unterscheiden zwischen Fotos, wie sie in der Kamera entstanden sind, und später veränderten Bildern. Zugrunde liegt die Annahme, dass die Kamera ja nur aufzeichnen kann, was vor ihr ist, und daher das Ergebnis solch einer Aufzeichnung authentisch sei.

Dabei vergessen wir aber viele Schritte: Welche Kamera wird benutzt? Welches Objektiv? Welcher Ausschnitt und welche Einstellungen wurden gewählt? Früher stellten sich sogar noch weitere Fragen: Welchen Film hatte man verwendet? Welche Chemikalien wurden für die Entwicklung genutzt? Wie lange war der Film in welchen Chemikalien gebadet worden?

Welche Temperatur hatten die Flüssigkeiten? Die Antworten auf all diese Fragen hatten Einfluss darauf, wie körnig, hell, dunkel, scharf oder unscharf das Bild war.

Hatte man dann den Film fertig entwickelt, kam der nächste Arbeitsschritt: das Ausbelichten auf Fotopapier, heute würden wir den Druck oder die Veröffentlichung irgendwo im Netz hinzuzählen. Meister der Fotografie wie der berühmte Landschaftsfotograf Ansel Adams konnten hier ihre wahre Meisterschaft unter Beweis stellen. Adams hat nicht einfach nur das Negativ aus der Kamera genommen und ausbelichtet. Er entwickelte es zur Kunstform, mithilfe sogenannten »Abwedelns & Nachbelichtens« Teile seiner Bilder aufzuhellen bzw. abzudunkeln.

Ansel Adams' Kunst entstand also zu einem großen Teil in der Dunkelkammer durch gekonnte Bildmanipulation. Wenigstens haben sie nichts hinzugefügt oder weggenommen, könnte man einwerfen. Na ja …

Tatsächlich hatten schon die allerersten Landschaftsfotografen damit zu kämpfen, dass ihr eingesetztes Medium nicht in der Lage war, den Dynamikumfang ihres Motivs – heller Himmel und dunkle Landschaft – gleichermaßen detailreich abzubilden. Sie behalfen sich daher mit mehreren Aufnahmen. Sie fertigten zunächst eine Aufnahme des Himmels, in dem Wolken klar zu sehen, die Landschaft aber zu dunkel war, und kombinierten diese in der Dunkelkammer mit einer Aufnahme der ausreichend belichteten Landschaft, in der aber der Himmel zu hell geworden war.

Und wer in der Fotowelt zu Hause ist und mitangesehen hat, wie zuerst eine Software namens Luminar und dann Photoshop es ermöglicht haben, Himmel künstlich in Bilder hineinzumontieren, weiß nun, dass diese Funktion eine lange Vorgeschichte hat.

Die Bildmontage machte natürlich nicht bei Himmel und Landschaft halt. Es gibt Fotos, die tatsächlich erst kürzlich als Fotomontagen entlarvt wurden. Ein prominentes Beispiel ist der US-General Ulysses S. Grant, der im Bürgerkrieg die Truppen der Union gegen die konföderierten Südstaaten anführte. Ein Foto zeigt ihn angeblich, wie er 1865 auf einem Pferd seine Truppen inspiziert. Über ein Jahrhundert lang glaubte man, diese Aufnahme stamme von dem berühmten Bürgerkriegsfotografen Mathew Brady. Der hatte nach in seinem Testament die eigenen Negative seinem Neffen vermacht, der nach dem Tod es Onkels damit begann, Abzüge dieser Negative zu verkaufen. Heute wissen wir, dass das Foto von Ulysses S. Grant eigentlich eine Montage aus drei verschiedenen Aufnahmen ist und das gezeigte Ereignis so nie stattgefunden hat.

Kombiniert wurden drei Fotos: Das eines Armee-Zeltlagers im Bürgerkrieg, das eines Pferdes mit Reiter sowie ein Foto des Oberkörpers von Grant, das man einfach über den ursprünglichen Reiter auf dem zweiten Bild montierte. Das Resultat wird bis heute ohne einen Hinweis auf Manipulation in einer Unmenge von Büchern abgedruckt.

Ist das dann aber überhaupt noch Fotografie? Die Frage behalten wir im Hinterkopf.

Zurück zu Mathew Brady und einem weiteren Beispiel. Zur Zeit des Amerikanischen Bürgerkriegs betreibt er ein Fotostudio in New York. Es ist der Februar des Jahres 1860, als in diesem Studio eines der berühmtesten Porträts des späteren US-Präsidenten Abraham Lincoln entsteht. Der Politiker wird später sogar zu Protokoll geben, dass er seine gesamte Präsidentschaft eigentlich Mathew Brady verdanke.

In diesem Februar jedenfalls befindet sich Abraham Lincoln im Wahlkampf. Das Gerücht hat um sich gegriffen, er sei, nun ja, nicht besonders attraktiv. Die politischen Gegner beschreiben ihn als klein, gebeugt, gedrungen, er habe lange Finger und sähe aus wie ein Gnom. Die Beschreibungen verfangen und die Presse beschäftigt sich mehr mit seinem angeblich furchtbaren Äußeren als mit der Frage, ob er die noch junge Nation anführen könne. Abraham Lincoln weiß um die Macht solcher Beschreibungen und sucht nach einer Möglichkeit, den Gegenbeweis anzutreten.

Mathew Brady war bereits bekannt für seine herausragenden Porträts, und das bedeutete damals auch, dass er in der Lage war, seine Modelle vorteilhaft aussehen zu lassen – wenn notwendig, auch mithilfe ausgefeilter Dunkelkammertechniken. Lincoln beauftragte ihn also damit, ein Bild zu produzieren, das die Behauptungen der politischen Gegner widerlegen würde, und Mathew Brady schritt zur Tat. Er kürzte die Finger, sorgte dafür, dass der Porträtierte aufrechter wirkte, verlängerte den Hals und glättete einige der Falten in Abraham Lincolns Gesicht.

Es war ein hervorragendes Porträt, von dem ab jetzt Zeichnungen und Prints gefertigt wurden – und trat damit den Gegenbeweis an: Abraham Lincoln war gar nicht so hässlich! Der Präsidentschaftskandidat war mit dem Ergebnis zufrieden und wie wir wissen, wurde ihm sein Äußeres später auch nicht mehr angelastet. Lincoln wurde auch weiterhin viel fotografiert, aber kaum ein Bild von ihm blieb ohne Retusche.

So existiert eine andere berühmte Aufnahme Lincolns aus den 1860er-Jahren, auf der er neben einem Tisch steht. In diesem Bild ging der Fotograf jedoch noch weiter als Brady, denn er montierte kurzerhand Lincolns Kopf auf den Körper des US-Politikers John C. Calhoun. Letzterer sah sehr aufrecht und herrschaftlich aus – eine Wirkung, die sich Lincoln ebenfalls wünschte.

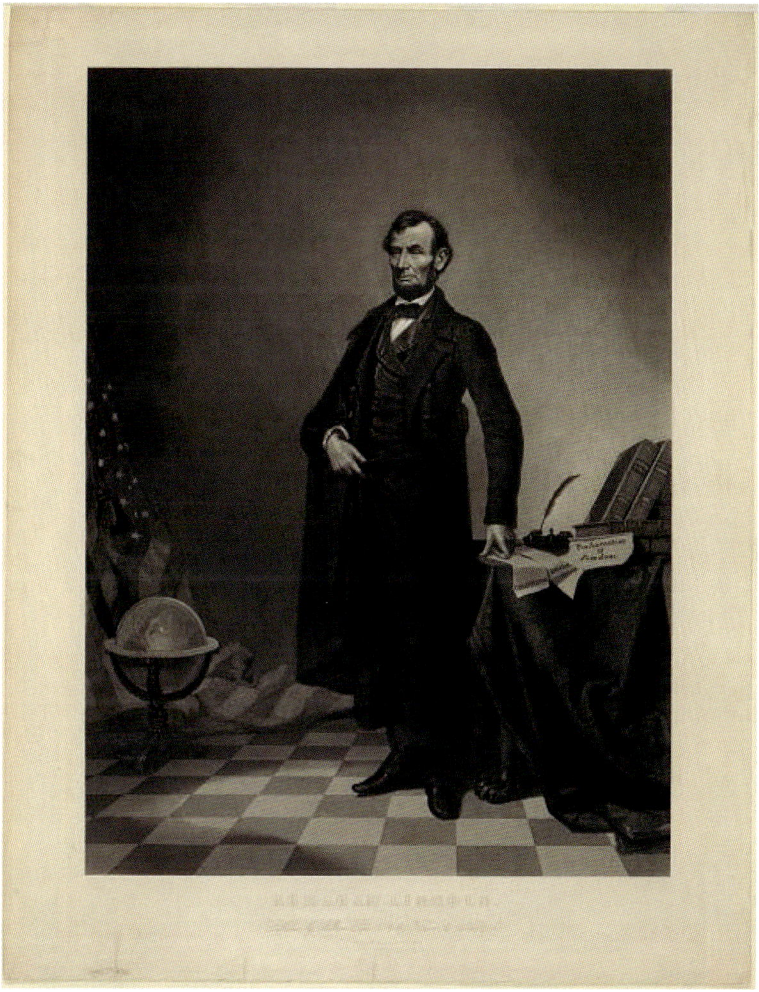

Porträt Lincolns mit montiertem Körper (Quelle: Library of Congress)

Jede Fotografie, egal wie authentisch sie auf uns wirkt, ist höchstens eine Interpretation der Wirklichkeit. Im Grunde manipulieren wir Licht, Schatten, Ausschnitt und manchmal noch viel mehr, um ein Ergebnis zu erzeugen, das wir und andere gut finden. Wir montieren heute Lächeln in Gesichter, ändern Farben oder stempeln störende Elemente aus Bildern heraus. Das konnten geschickte Bildbearbeiter seit über 100 Jahren ohne Weiteres auch schon, damals halt in der Dunkelkammer statt in Photoshop.

Fliegende Pferde – die Entstehung der Hochgeschwindigkeitsfotografie

7

FOTOGESCHICHTE(N)

Wir befinden uns im Kalifornien der 1850er-Jahre. Der Goldrausch hat das Land fest im Griff und das ursprünglich mal ziemlich provinzielle San Francisco ist innerhalb nur eines Jahrzehnts von knapp 400 auf über 55.000 Einwohner angewachsen.

Wer zu jener Zeit an die Westküste der Vereinigten Staaten zog, wollte weiter ins Nirgendwo, ans Ende der Welt in den echten »Wilden Westen«. Wer hierher kam, wollte sein Glück finden und, sollte dies ihm hold war, vielleicht auch ein wenig Gold.

Hier lebt der Buchhändler Eadweard Muybridge, oder wie er eigentlich mal bei seiner Geburt im Londoner Vorort Kingston hieß, Edward James Muggeridge. Er ist mit rund 21 Jahren nach Amerika ausgewandert und hat bei seinem ersten Stopp in New York einen Porträtfotografen kennengelernt. Der bringt ihm die Daguerreotypie und andere Verfahren nahe, bevor er sich auf den Weg an die Westküste macht. Zwei Jahr später folgt ihm Muybridge, besagter Freund betreibt inzwischen ein Porträtstudio. Muybridge eröffnet eine Buchhandlung, in der er neben Büchern auch Porträts und Landschaftsbilder verkauft. Die Geschäfte laufen gut und so holt er seine zwei Brüder nach. Die sollen sich um seine Geschäfte kümmern, während er sich seinerseits auf dem Weg nach Europa machen will, um dort Bücher einzukaufen. Für die Reise nach Europa gibt es zwei Optionen: das Schiff direkt ab San Francisco oder den Landweg nach St. Louis, dann die Bahn und schließlich ein Schiff ab New York.

Leider verpasst er sein Schiff in San Francisco und nimmt daher die Kutsche. Die Strecke nach St. Louis ist unwegsam und lang – und es kommt unterwegs zu einem folgenschweren Unfall. Als Muybridge wieder zu sich kommt, liegt er mit einer schweren Kopfverletzung neben der zerborstenen Kutsche auf der Straße. Die Verletzung ist so schwer, dass er noch monatelang mit Schwindelanfällen und eingeschränktem Sehvermögen zu kämpfen hat.

Dennoch beendet er wenige Wochen später seine Überfahrt nach London, wo er sich in ärztliche Behandlung begibt. Der Arzt empfiehlt ihm, möglichst viel Zeit an der frischen Luft zu verbringen, das sei gesund und heilsam. Und weil Muybridge nicht einfach nur in der Botanik unterwegs sein will, sucht er sich ein Hobby – und seine Wahl fällt auf die Landschaftsfotografie. Die Grundlagen der Fotografie hat ihm sein Freund seinerzeit in New York vermittelt, aber erst jetzt studiert er das Medium ausgiebig und wird in dieser Zeit in London zu einem versierten Landschaftsfotografen.

Im Jahre 1870 reichte es nicht, wenn Fotografen lediglich das Fotografieren beherrschten. Sie mussten vieles gleichzeitig sein: Künstler, Techniker, Bastler und Chemiker in einem. Man fotografierte damals überwiegend auf sogenannter »Nassplatte«. Dabei handelte es sich um Glasplatten, die mit einer chemischen Lösung bestrichen wurden, um lichtempfindliche Silberpartikel aufzubringen. Die wurden dann noch feucht in einer Kamera belichtet und anschließend innerhalb von wenigen Minuten durch entsprechende chemische Bäder entwickelt und fixiert. Der Vorgang an sich war zwar verhältnismäßig einfach, aber trotzdem aufwendig, zumal wenn man als Landschaftsfotograf unterwegs war – dann musste das Labor eben mit.

Als Muybridge 1867 – sieben Jahre nach seinem Unfall – nach San Francisco zurückkehrt, beherrscht er die Fotografie und sein Equipment gut genug, um sich als Fotograf selbstständig zu machen. Zu dieser Zeit findet man in der Geschichte der Fotografie zwei große Trends: In Europa werden große Prachtbauten und Straßenzüge fotografiert, in den USA entdeckt man die Wunder der Natur.

Bisher hauptsächlich von Malern dargestellt, zogen nun Fotografen los, um die überwiegend noch unerschlossenen Landschaften der Sierra Nevada und des späteren Yosemite-Nationalparks zu dokumentieren.

Muybridge fotografiert nun die gesamte Küste. Im Auftrag der unterschiedlichsten Institutionen bannt er nicht nur Landschaftswunder auf Nassplatte, sondern auch Schiffe, Leuchttürme, die Küstenlandschaft ganz allgemein und macht sich sogar einen Namen mit Stereoskopien, also 3-D-Ansichten.

Stereoskopien waren damals sehr erfolgreich. Sie wurden in riesigen Stückzahlen produziert und ihr damaliger Erfolg ist vergleichbar mit dem von Fernsehen und Film in unserer Zeit.

Muybridge wird durch seine Stereoskopien so bekannt, dass er den Auftrag erhält, an einer Expedition nach Alaska teilzunehmen. Er beginnt daher, sich als offizieller Fotograf der US-Regierung bzw. als »Leiter fotografischer Untersuchungen« der Pazifikküste zu bezeichnen. Ja, Bescheidenheit war nicht unbedingt seine große Stärke. Aber er hatte auch ganz unzweifelhaft ein Talent zur Selbstvermarktung.

Anfang der 1870er-Jahre lernt er in einem Fotostudio die damals 21-jährige Flora Downs kennen, die in erster Ehe unglücklich liiert ist. Er bezahlt ihre Scheidung und heiratet sie. Vier Jahre später bekommen die beiden einen Sohn. Im selben Jahr, in dem er seine Frau kennenlernt, begegnet er außerdem dem Eisenbahnunternehmer und Politiker Leland Stanford.

Stanford ist reicher Unternehmer, Gouverneur von Kalifornien und Namenspate der berühmten Universität gleichen Namens. Zudem gilt er als Pferdenarr und ist aktiv an einer damals die Gemüter erhitzenden Kontroverse unter Pferdeliebhabern beteiligt. Leidenschaftlich wird diskutiert, ob Pferde in vollem Galopp alle vier Hufe in der Luft hätten. Viele sind der Überzeugung, dass es so sein müsse, aber beweisen oder sehen kann das niemand. Galoppierende Pferde sind zu schnell unterwegs, um die Frage mit bloßem Auge zu klären, aber vielleicht könnte man die ja irgendwie fotografieren? Also gibt Stanford Muybridge den Auftrag, genau das zu versuchen.

Was heute ein Kinderspiel wäre, war damals gleich in mehrfacher Hinsicht schwierig. Erstens musste man für genügend Licht sorgen, um die Belichtungszeit von Minuten auf Millisekunden zu drücken, zweitens musste man im richtigen Moment auslösen und drittens überhaupt in der Lage sein, nur ein paar Millisekunden lang zu belichten. Kameras funktionierten zu dieser Zeit immer noch nach dem Prinzip, dass für die Belichtung ein Deckel vom Objekt genommen und nach der gewünschten Belichtungszeit wieder aufgesetzt wurde. Aber kein Mensch ist in der Lage, auf Millisekunden genau zu belichten. Es musste also ein Verschlussmechanismus konstruiert werden.

Stanford ist Eisenbahnunternehmer und verfügt daher über Ingenieure, die er Muybridge zur Seite stellt. Mit deren Hilfe konstruiert dieser den ersten elektrischen Zentralverschluss der Kamerageschichte und schießt ein heute leider verlorenes Bild von Stanfords Rennpferd Occident, auf dem tatsächlich – zwar verwaschen, aber letztlich zweifelsfrei – zu sehen ist, dass sich alle vier Hufe in der Luft befinden. Es wird übrigens behauptet, dass Stanford damit eine Wette um 25.000 Dollar gewonnen hätte, was sich aber nicht belegen lässt und vielleicht auch ein Mythos ist.

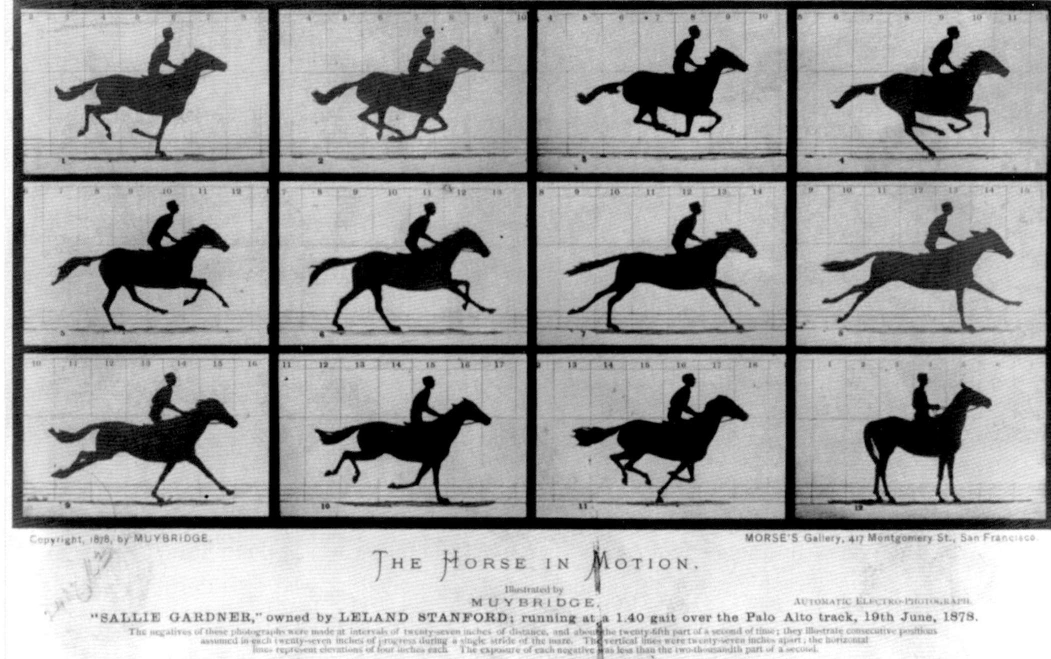

Das Pferd in Bewegung (Quelle: Wikipedia)

Muybridge jedenfalls will mehr. Er möchte nicht nur die Hufe in der Luft, sondern den gesamten Bewegungsablauf eines Pferdes festhalten. Er geht völlig in dieser Aufgabe auf und verbringt jede freie Minute mit ihrer Umsetzung.

Seine junge Frau hat dafür wenig Sinn. Sie geht ins Theater, in Konzerte, nimmt am gesellschaftlichen Leben teil und findet kreative Verwendung für Muybridges Geld. Dem ist das einerlei, aber ihm entgeht auch nicht, dass seine Frau gerne flirtet und diverse Verehrer hat. Einer davon, der ihm schon vorher unangenehm aufgefallen war und den er in seine Schranken verweisen musste, ist der Minenangestellte Harry Larkyns.

Als er kurz nach der Geburt seines Sohnes ein Bild von diesem findet, auf dem hinten mit der Handschrift seiner Frau »Little Harry« geschrieben steht, kommen ihm Zweifel an seiner Vaterschaft. Er wendet sich an die Hebamme seiner Frau, die die Affäre bestätigt. Daraufhin nimmt Muybridge seinen Revolver und macht sich auf den Weg zu Larkyns.

Diese Reise dauerte vermutlich mehrere Stunden. Muybridge muss erst eine Fähre, dann einen Zug und schließlich eine Kutsche nehmen. Die ganze Fahrt über reinigt er den Revolver und gibt mehrere Testschüsse ab. Es darf also davon ausgegangen werden, dass er seine Tat im Vollbesitz seiner geistigen Kräfte plante.

Am Ziel angekommen, trifft Muybridge seinen Nebenbuhler beim nächtlichen Kartenspiel an und erschießt ihn. Anschließend lässt er sich widerstandslos abführen und gibt bei seiner Festnahme ein umfassendes Geständnis ab.

Vier Monate sitzt er in Untersuchungshaft, bevor er vor Gericht gestellt wird. Seine Frau hat zwischenzeitlich die Scheidung eingereicht und ist der Meinung, dass die Höchststrafe angemessen sei. In Kalifornien heißt das zur damaligen Zeit: Tod durch Erhängen.

Einer seiner Verteidiger versucht, Muybridge vor dem Strang zu bewahren, indem er ihn als mental instabil darstellt. Aufgrund der Nachwirkungen des Kutschenunfalls sei er verwirrt, manchmal gewalttätig, aufbrausend. Auch wenn Muybridge für all dies bekannt ist, so ist sein Auftreten vor Gericht trotzdem derart beeindruckend, dass kein Zweifel an seiner Zurechnungsfähigkeit herrschen kann. Ohnehin hätte eine Verurteilung wegen geistiger Unzurechnungsfähigkeit dazu geführt, dass man ihn in die Psychiatrie gesteckt hätte. Muybridges Aussichten sind also so oder so schlecht.

Es kommt zum Schlussplädoyer des Verteidigers, das in der führenden Zeitung der Stadt als eines der eloquentesten beschrieben wird, das man je in Kalifornien gehört habe. Die Jury zeigt sich davon überzeugt – und überrascht alle, als sie statt der Todesstrafe wegen Mordes oder der Einweisung wegen Unzurechnungsfähigkeit entscheidet, Muybridge wegen sogenannten »entschuldbaren Totschlags« freizusprechen. Mit anderen Worten: Man gibt Muybridge im Grunde recht und zeigt Verständnis dafür, dass er den Liebhaber seiner Frau erschossen hat.

Damit geht Muybridge als der letzte Fall in die kalifornische Geschichte ein, in dem jemand trotz eines zugegebenen und zweifelsfrei festgestellten Mordes freigesprochen wurde.

Muybridge ist also wieder auf freiem Fuß, aber sein Leben zerstört. Seine junge Frau stirbt wenige Monate später. Sein Sohn, von dem er nicht sicher weiß, ob es überhaupt sein leiblicher Sohn ist, kommt ins Waisenhaus. Muybridge verkauft sein Geschäft, um sich auf den Weg nach Zentralamerika zu machen. Dort will er Plantagenarbeiten fotografieren.

Seine Fotos aus dieser Zeit haben eine sehr beunruhigende Bildsprache. Manche davon sehen unheimlich aus, auch wenn an den Motiven selbst eigentlich nichts auszusetzen ist. Aber er versteht sein Handwerk, er weiß, wie man fotografiert. Die Erlebnisse stecken ihm noch in den Knochen, und das sieht man seinen Bildern auch an.

Er fotografiert nun im Auftrag der Pacific Mail Steamship Company. Seit die erste transkontinentale Eisenbahnverbindung eröffnet wurde, ist die

Company von der Sorge getrieben, dass ihr Handelsmonopol fallen könnte, und so nutzen sie Muybridges Fotografien als Marketingkampagne.

Nach einer Weile findet Muybridge wieder zu sich, veröffentlicht über 400 Fotos unter dem Namen »Eduardo Santiago Muybridge« und vermarktet diese nach seiner Rückkehr nach San Francisco. Die Aufnahmen sind so gut, dass sie ihm mehrere Ehrungen und unter anderem eine Goldmedaille einbringen.

Er knüpft also nach ein paar dunklen Jahren endlich wieder an frühere Erfolge an. Es sieht gut aus in seinem Leben und mit seinen Geschäften – also Zeit, wieder zu den Pferden zurückzukehren. Denn Muybridge war – anders als Stanford – unzufrieden mit dem Ergebnis gewesen. Das verwaschene Bild eines Pferdes in vollem Galopp ist toll, aber eigentlich will er Serienaufnahmen, also mehrere scharfe, einzelne Bilder produzieren, auf denen man die verschiedenen Stadien des Bewegungsablaufs eindeutig und klar sehen kann.

Auch Stanford ist bei dem Projekt weiterhin an Bord. Auf seinem Gelände wird eigens dafür eine Anlage konstruiert. Der Boden und die Rückwand, an der die Pferde vorbeigaloppieren, wird extra hell getüncht, damit möglichst viel Licht in Richtung Kamera geworfen wird. Außerdem wird ein Serienauslöser konstruiert: Über die Galoppstrecke gespannte Schnüre lösen insgesamt 24 Kameras nacheinander aus. Und die Rechnung geht auf. Muybridge macht mehrere Testläufe, und als er sicher ist, dass es funktionieren wird, lädt er am 15. Juni 1878 eine Reihe von Journalisten ein, vor deren Augen er erfolgreich ein Pferd im Galopp fotografiert. Die versammelten Augenzeugen sind hin und weg. Sie vergleichen Muybridges Leistung mit der Erfindung des Telefons.

Muybridge hielt später in seinem Leben Vorträge, in denen er berühmte Kunstwerke zeigte und die Fehler der in ihnen dargestellten Bewegungsabläufe aufdeckte. Damit hat er sich vermutlich nicht nur Freunde gemacht, aber man konnte auch nicht abstreiten, dass er recht hatte. Seine Erfindung der Hochgeschwindigkeitsserienaufnahme hatte eine Analyse überhaupt erst möglich gemacht – und die heutigen Macher von Filmen wie »Matrix« nutzen im Grunde bei dem Effekt, der uns als »Bullet Time« bekannt ist, immer noch dieselben Funktionsprinzipien.

Muybridge ist immer schon ein hervorragender Entertainer und weiß, wie man sich selbst vermarktet. Mit seinen Bewegungsstudien beginnt er daher eine Reise um die Welt und stellt vor jedem verfügbaren Publikum seine Erkenntnisse vor.

Damit diese Darstellung besser zur Geltung kommt, entwickelt er ein Gerät, mit dem sich der fotografierte Bewegungsablauf wie eine Animation an die Wand projizieren lässt: das sogenannte »Zoopraxiscope«. Es ist nicht übertrieben, Muybridge deswegen als den Vater des modernen Films, besonders der Stop-Motion-Filme und Tricktechnik, zu bezeichnen.

Muybridge ist allerdings nicht der Einzige mit Geschäftssinn. Stanford möchte auch ein Stück vom Ruhm ernten und veröffentlicht Bücher, in denen er sich als der eigentliche Kopf hinter den Bilderserien ausgibt. Mit einem Mal steht Muybridge nicht mehr als Urheber seiner Bilder da. Doch die Universität von Pennsylvania kommt ihm zur Hilfe und beauftragt ihn mit Bewegungsstudien.

Muybridge hat bisher eigentlich nicht wissenschaftlich gearbeitet. Er ist mit seinen Fähigkeiten etwas zwischen Fotograf, Bastler, Künstler und Entertainer. Die Universität von Pennsylvania will das ändern.

Muybridge erhält detaillierte Vorgaben. Die Bewegungsstudien sollen vor einem definierten Hintergrund stattfinden und die Bewegungen sind genau vorgegeben. Muybridge arbeitet ab jetzt mit einem sorgfältig konstruierten Apparat vor einem Raster in einem eigens errichteten Studio. Innerhalb von zwei Jahren entstehen so über 20.000 Aufnahmen: Tiere im Lauf, Menschen beim Sport, Alltagshandlungen vor der Kamera. Am Anfang steht er meist noch selbst Modell, irgendwann beginnt er aber andere Menschen zu fotografieren. Mit der Zeit stehen auch immer häufiger gut aussehende nackte junge Damen in seinem Studio, deren einzelne Bewegungsschritte er dann als einzelne Drucke nebeneinander und untereinander wie in einem Raster anordnet. Die Arbeit an diesen Studien sichert ihm endgültig seinen Ruf als fotografisches Ausnahmetalent und auf der Chicago World's Columbian Exposition stellt man ihm 1893 eine ganze Halle als Ausstellungsfläche für seine Arbeiten zur Verfügung.

Das Bild im Auge des Mordopfers

8

Es ist ein kalter und winterlicher Februarabend im Chicago des Jahres 1914, als sich die 20-jährige Theresa Hollaender auf den Heimweg macht. Zusammen mit einem Freund und einer Freundin nimmt sie erst die Straßenbahn und geht dann allein ein kurzes Stück über den Friedhof Richtung Elternhaus. Es ist dunkel und kalt und deswegen außer ihr auch niemand unterwegs, daher gibt es für die nachfolgenden Geschehnisse keine Zeugen. Als ihre Tochter nicht zu Hause ankommt, beginnen sich ihre Eltern Sorgen zu machen. Der Vater macht auf, um nach seiner Tochter zu suchen, und geht den Weg ab, den sie normalerweise einschlagen würde. Er findet sie zu seinem Entsetzen tot auf. Theresa Hollaender wurde mit einem Holzknüppel zu Tode geprügelt. Außer ihrer Leiche und dem Knüppel finden sich aber keine weiteren Hinweise. Weil Theresa Hollaender mit weit aufgerissenen Augen gefunden worden ist, macht der ortsansässige Augenoptiker einen ungewöhnlich klingenden Vorschlag. Es gäbe nämlich die Theorie, so teilt er den Behörden mit, dass sich das, was das Opfer im Moment seines Todes gesehen hätte, in die Netzhaut einbrenne und man mit fotografischen Verfahren dieses Bild wieder zum Vorschein bringen könne. Im Fall von Theresa Hollaender ist man sich ziemlich sicher, dass sie vermutlich als Letztes ihren Mörder gesehen haben muss. Deswegen genehmigt es die Staatsanwaltschaft, das Auge des Opfers zu öffnen und eine Aufnahme anzufertigen – in der Hoffnung darauf, so Hinweise auf den Mörder finden zu können.

Ein Bild wird gemacht. Und als es anschließend zu ersten Festnahmen und dann zum Prozessauftakt kommt, wird viel über dieses Bild gemunkelt. Man habe darauf den Mörder gesehen oder doch zumindest genügend Hinweise, um den Angeklagten, den mit Theresa Hollaender befreundeten Anthony Patras, verurteilen zu können.

Anthony Petras wird nicht nur einmal, sondern gleich zweimal angeklagt und beide Male freigesprochen. Als dann später ähnliche Morde geschehen, für die Petras ein Alibi hat, ist der Verdacht gegen ihn endgültig ausgeräumt.

Das Foto war wirklich gemacht worden, zeigte aber leider überhaupt nichts Verwertbares. Es zeigte jedoch »etwas« – und das ist jetzt vielleicht die große Überraschung: Denn ganz aus der Luft gegriffen war die Idee nicht! Unsere Augen funktionieren fotochemisch und die Netzhaut lässt sich fixieren und damit das letzte festgehaltene Motiv sichtbar machen. Und im Jahr 1914, als Theresa Hollaender erschlagen wurde, war dieses Wissen tatsächlich schon ein relativ alter Hut.

Die Geschichte der sogenannten »Optografie«, so nennt man diese Disziplin, beginnt im Jahr 1878 mit dem deutschen Forscher Wilhelm Friedrich Kühne. Der Physiologe forschte in Heidelberg und hatte sich auf Enzyme spezialisiert. Das brachte ihn 1877 dazu, sich mit der chemischen Beschaffenheit der Retina auseinanderzusetzen.

Ein Jahr zuvor hatte ein anderer Physiologe namens Franz Boll die These aufgestellt, dass es ein Sehpigment gäbe, das unter Einfluss von Licht verblasse. Boll war der Überzeugung, dass dieser Prozess nur bei lebenden Organismen beobachtbar sei und bei Eintritt des Todes zum Erliegen käme. Wilhelm Kühne nun wollte diese These überprüfen und experimentierte zu dem Zweck mit von Hasen entnommenen Retinae.

Er fixierte die Köpfe der Versuchstiere und zwang sie, auf ein Fenster in seinem Labor zu sehen, bevor er sie tötete und die Retina untersuchte. Dabei stellte er fest, dass sich tatsächlich das Bild dieses Fensters in der Netz-

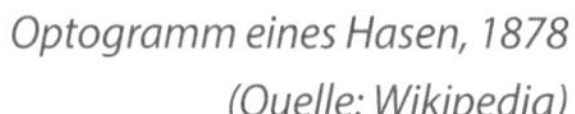

Optogramm eines Hasen, 1878 (Quelle: Wikipedia)

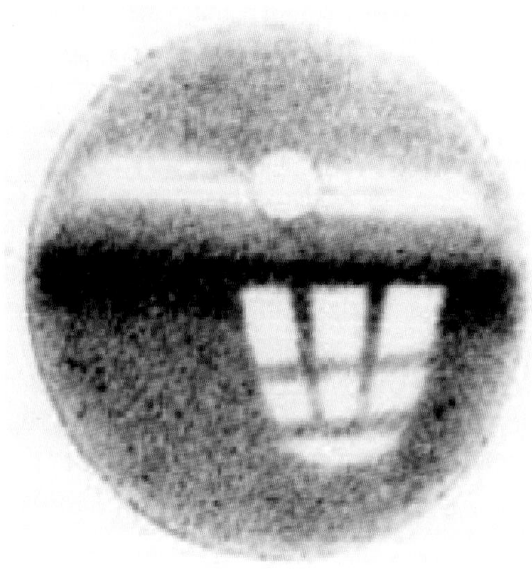

haut eingebrannt hatte. Der sogenannte »Sehpurpur« zerfällt unter Lichteinfall und benötigt dann eine gewisse Zeit, um sich wieder aufzubauen.

Wilhelm Kühne ging es eigentlich nicht ums Fotografieren oder um das Festhalten von Bildern in toten Augen, er versuchte, den Mechanismus des Sehens an sich zu verstehen. Aber die Fantasie der Menschen war natürlich sofort angeregt. Kühne wandte sich dann anderen Themen zu und beschäftigte sich etwa mit dem Verdauungstrakt oder mit Diabetes. Aber seine Erkenntnisse aus den Experimenten mit der Hasen-Retina zogen Kreise und so dauert es nicht lange, bis man die Frage stellte, ob man nicht auf der Netzhaut von Mordopfern ein Abbild der Täter sehen könnte.

Wilhelm Kühne war diesbezüglich sehr skeptisch, denn die notwendige Belichtungszeit war eigentlich zu lang, um brauchbare Ergebnisse zu erzielen. In anderen Worten: Sehpurpur ist lichtempfindlich und baut sich erst nach einiger Zeit wieder auf – und natürlich kann man das nutzen, um ein Bild zu fixieren. Aber man müsste seinen Mörder schon erstaunlich lange ruhig anschauen, während sich dieser ebenso ruhig verhält. Außerdem müsste das Auge idealerweise innerhalb weniger Minuten entnommen und untersucht werden.

Trotzdem gaben Kriminalisten die Hoffnung noch nicht auf, denn es war nicht klar, um welche Zeiträume es wirklich ging. Schließlich konnte man ja schlecht irgendwelche Leute umbringen, um anschließend deren Augen zu entnehmen und zu untersuchen. Außer … man hat es mit zum Tode Verurteilten zu tun.

Es kommt also, wie es kommen muss: Findige Forscher beschließen die Frage nach der fixierbaren Retina ein für alle Mal zu klären und wenden sich zu dem Zweck an die Justiz. Am 16. November 1880 ist es dann so weit: Als der 31-jährige, wegen Kindsmord verurteilte Ehrhard Gustav Reif zur Guillotine geführt wird, ist das nicht nur irgendeine Hinrichtung, sondern zugleich ein wissenschaftliches Experiment!

Die Wissenschaftler schreiten direkt nach der Hinrichtung zur Tat und finden Folgendes heraus: Die Augen halten zwar einen Eindruck fest, den man für ungefähr fünf Minuten auch fixieren kann. Allerdings ist selbst unter idealen Bedingungen zu wenig erkennbar, um daraus irgendeinen praktikablen Nutzen zu ziehen.

Allerdings war dies auch die Zeit dramatischer Erkenntnisse und Entwicklungen. Die Industrialisierung brachte praktisch jeden Tag ein neues »Wunder« hervor und deswegen wurde man von solchen Erkenntnissen auch nicht entmutigt. Immer wieder kam es zu teils spektakulären Fällen, in denen die Hoffnung auf verwertbare Ergebnisse dazu führte, dass Augen entnommen und untersucht wurden. Der populärste Fall dieser Art waren die Ermittlungen im Fall »Jack the Ripper«.

Wie wir wissen, hat auch das nicht viel gebracht. Was diese Beispiele allerdings zeigen, ist, dass das Verfahren an sich für möglich gehalten wurde. Theresa Hollaender und Jack the Ripper sind nur zwei prominente Beispiele für eine ganze Reihe von Fällen, in denen man versucht hat, auf diese Weise an Indizien zu gelangen. Dass hier wissenschaftliche Erkenntnis und Wunschdenken schwer zu unterscheiden sind, hinderte weder die Presse noch die Kriminalistik, noch weniger die fantastische Literatur der damaligen Zeit, wild mit der Idee zu spielen. Auch heute taucht sie immer wieder in Filmen und Büchern auf. Was seinerzeit bei Jules Verne begann, setzt heute »Doctor Who« fort, freilich nun auf Basis gesicherter Erkenntnisse.

1975 wird nämlich der Augenarzt Evangelos Alexandridis von der Augenklinik der Heidelberger Universität von Kriminologen gebeten, das Ganze doch noch einmal systematisch und konkret zu untersuchen. Der Arzt entwickelt dann auch ein Verfahren, wie man Bilder der Iris tatsächlich fixieren kann – es ist also tatsächlich »etwas« zu erkennen. Und ja, dieses »etwas« hängt davon ab, was die- oder derjenige als Letztes gesehen hat. Allerdings tritt Alexandridis gleichzeitig auch den (hoffentlich nun) letzten Beweis dafür an, dass dieses »etwas« nie ausreichend sein wird, um forensische Untersuchungen durchzuführen. Damit irgendetwas auf der Retina wirklich ausreichend sichtbar gemacht werden kann, muss es kontraststark, möglichst hell und möglichst über einen längeren Zeitraum unbewegt sein. Für Mordfälle oder eigentlich jede Art der praktischen Anwendung ist das Verfahren der Optografie leider – oder Gott sei Dank – völlig ungeeignet.

Die Erfindung der Kriminalfotografie

9

In einer Welt, in der jeder und jede von uns Fotograf sein kann und garantiert auch schon fotografiert hat, ist es schwierig, die rein professionellen Nischen ausfindig zu machen, in denen Fotografie ausschließlich als Mittel zum Zweck dient. Die sogenannte »forensische Fotografie« ist so ein Bereich.

Vom Beginn der Fotografie an war eines völlig klar: Es boten sich unendlich viele Anwendungsfälle dieser neuen Kulturtechnik. Schon die Väter der Fotografie (sie alle waren Väter: Niépce, Daguerre, Talbot, Herschel und Frederick Scott Archer, der Erfinder der Kollodium-Nassplatte) schlugen unterschiedlichste Richtungen ein. Es gab die wissenschaftliche Anwendung, also das systematische Dokumentieren wie im Fall der von Muybridge dokumentierten Bewegungsabläufe (siehe Seite 42), ebenso gab es den Versuch, Aufnahmen zu schaffen, die wie klassische Gemälde aussahen – Oscar Rejlander war ein prominenter Vertreter (siehe Seite 19). Selbstverständlich gab es auch von Anfang an Aktfotos, Pornos – und natürlich kam sehr schnell jemand auf die Idee, mithilfe fotografischer Verfahren Geld zu fälschen.

Wie so oft herrscht bei der Einführung einer neuen Technologie zunächst eine gewisse Gesetzlosigkeit, und die wird zunächst von den Menschen der Gesellschaft ausgenutzt, die sich unter Missachtung der Gesetze Vorteile verschaffen. Ihnen möglichst dicht auf der Spur: die Polizeiarbeit.

Als die Fotografie entdeckt wird, ist die Polizeiarbeit allerdings noch sehr, sehr jung. 1839, als die Daguerreotypie, also das erste kommerziell erfolgreiche fotografische Verfahren, bekannt wird, ist die erste Polizeistation in London gerade mal zehn und die ganze Disziplin der Kriminalistik insgesamt nur 40 Jahre alt.

Die erste Polizeidienststelle überhaupt geht auf einen Parlamentsbeschluss der Stadt Glasgow aus dem Jahr 1800 zurück. Man hatte sich eingestanden, dass das bisherige System von Freiwilligen, unbezahlten Konstablern oder Söldnern nicht dazu geeignet war, Recht und Ordnung durchzusetzen. Also beschloss man, einen neuen Berufsstand zu schaffen, und das funktionierte so gut, dass es überall nachgemacht wurde.

Von Anfang an hatten alle Polizeidienststellen zwei Probleme gemeinsam: Erstens mussten sie in der Lage zu sein, Menschen zu finden, und zweitens mussten sie zur Aufklärung von Verbrechen Beweise dokumentieren und Hinweise festhalten können.

Die ersten Kriminalisten versuchten es mit einem Karteikartensystem. Diese waren gerne mal abwechselnd alphabetisch nach Tatort, nach Jahreszahl, nach Namen der Verdächtigen oder anderen Kriterien sortiert. Und in dem Berg an Daten, den ein durchschnittlicher Polizeialltag produziert, waren die gesuchten Informationen dann so gut wie nicht mehr auffindbar. Wenn es um die Fahndung nach Menschen ging, kam noch dazu, dass die Beschreibung von Personen nicht standardisiert war. Man blickte also recht früh hoffnungsfroh auf die ersten fotografischen Aufnahme- und Druckverfahren.

Die Daguerreotypie erwies sich dafür relativ unhandlich, denn sie produzierte Einzelstücke auf Metall, die noch dazu empfindlich waren und gut gelagert werden mussten. Trotzdem fingen vor allen Dingen in den USA früh Porträtstudios damit an, ihre Dienste auch in der Nähe von Polizeistationen anzubieten.

Als Mitte der 1850er papierbasierte Negativverfahren die Fotografie eroberten, mit denen sich Abzüge beliebig oft herstellen ließen, nahm auch die Zusammenarbeit zwischen Fotografen und Polizeidienststellen zu. So begann man zum Beispiel in den USA Alben von Tatverdächtigen anzulegen.

Zunächst wurden diese polizeilichen Alben ganz ähnlich angelegt wie ihre privaten Gegenstücke. Erst nach und nach bürgerten sich bestimmte Konventionen ein. Zu dem anfangs fast ausschließlichen Frontalporträts kam ein von der Seite aufgenommenes Foto hinzu, manche der Verdächtigen hielten Schilder mit weiteren Informationen hoch oder man achtete darauf, dass die Hände im Bild zu sehen waren, weil man glaubte, Verdächtige auch mithilfe ihrer Hände identifizieren zu können.

Verdächtige zu fotografieren war eine Sache, aber was war mit der Tatortfotografie? Die gab es anfangs nicht. Als sie dann langsam aufkam, wurden die ersten Tatortfotos auch nicht von Polizisten gemacht, sondern von Privatleuten oder Reportern. Die Polizei konzentrierte sich auf das schriftliche Festhalten der Beobachtungen. Zum Teil lag das daran, weil die Gerichte der damaligen Zeit Fotografien als Beweise eher skeptisch gegenüberstanden.

Das sollte sich allerdings mit einem Ereignis ändern, das die Welt erschütterte.

Am 14. April 1865 wird der 16. Präsident der Vereinigten Staaten, Abraham Lincoln, bei einem Theaterbesuch von einem bekannten Schauspieler von hinten in den Kopf geschossen. Es stellt sich schnell raus: Das Ganze war eine Verschwörung und eine landesweite Suche nach den Hintermännern kommt in Gang.

Für uns ist dieser Moment deswegen wichtig, weil die Behörden unter seinem Eindruck zum ersten Mal verfügten, dass nicht nur die Verdächtigen mit Fotografien gesucht, sondern gleichzeitig der Tatort und später auch die Hinrichtung der Täter fotografisch festgehalten werden sollten. Hatte man bisher die Fotografie nur gelegentlich als eines von vielen Werkzeugen in der Polizeiarbeit genutzt, war es von nun an ein Standardwerkzeug – immer noch sehr unterschiedlich eingesetzt, aber sowohl im Polizeialltag als auch später vor Gericht deutlich akzeptierter als vorher. Schließlich hatte man jetzt weltweit beobachten können, dass die Fotografie eine wichtige Rolle bei der Aufklärung dieses Verbrechens gespielt hatte.

Ob Alphonse Bertillon von der Ermordung Lincolns und den anschließenden Ermittlungen gehört hatte, darüber kann ich nur spekulieren. Er war zu dem Zeitpunkt gerade mal zwölf Jahre alt und der mittlere Sohn in einem Akademikerhaushalt, sein Vater ein anerkannter Arzt, Statistiker und Präsident der Pariser Gesellschaft für Anthropologie. Wäre Bertillon nicht Sohn einer solchen Familie mit Beziehungen und Geld gewesen, wahrscheinlich hätten wir nie von ihm gehört. Schon in seiner Jugend hatte er sich wegen seines hitzigen Temperaments viel Ärger eingehandelt. Außerdem galt er als faul und starrsinnig und brachte einen Schulverweis nach dem anderen nach Hause.

Trotzdem schafft er es irgendwann, seinen Abschluss zu machen, und nach einem kleinen Zwischenspiel als Sprachlehrer in England vermittelte ihm sein Vater eine Stelle als kleiner Schreibtischbeamter bei der Polizei in Paris.

In dieser Position hat er es nun mit dem oben erwähnten Karteikartensystem zu tun, mit dem die Pariser Polizei ihre Fälle zu dokumentieren versucht. Dieses System, so erkennt Bertillon sofort, ist für die Verbrechensaufklärung absolut ungeeignet. Nicht weil es keine Fotos gäbe. Das Problem besteht vielmehr darin, dass diese in alphabetischer Reihenfolge abgelegt und damit natürlich kaum durchsuchbar sind. Außerdem ist die Sprache, in der die Aufnahmen beschrieben werden, nicht standardisiert. Mich zum Beispiel könnte man als groß gewachsenen, unrasierten mittelblonden Mann beschreiben – und damit hat dann zwar jede und jeder von uns ein Bild im Kopf, aber garantiert keine ausreichende Beschreibung, um mich etwa in einer Menschenmenge zu identifizieren.

Bertillon schlägt also vor, dieses Ablagesystem zu ändern. Statt einer alphabetischen Reihenfolge schlägt er eine Sortierung nach empirischen Kriterien vor. Verdächtige sollen nicht einfach nur irgendwie, sondern auf eine genau vorgegebene Art und Weise, und zwar auf Basis elf verschiedener messbarer Kriterien, fotografiert werden. Die Annahme dabei: Es gibt bestimmte Eigenschaften, die sich auch über die Jahre hinweg nicht ändern. Und falls doch: Sofern man nur genügend solcher Merkmale festhält und sammelt, ist die Fehlerwahrscheinlichkeit bei einer Identifizierung ausreichend gering.

Was Bertillon zur Messung vorschlägt, sind Körperlänge, Armspannweite, Sitzhöhe, Kopflänge, Kopfbreite, Länge des rechten Ohres, Breite des rechten Ohres (wurde später durch die Jochbeinbreite ersetzt), Länge des linken Fußes, Länge des linken Mittel- und Kleinfingers sowie Länge des linken Unterarms. Er legt genau fest, wie diese Messungen vorgenommen werden und wie sie fotografisch festgehalten werden sollen. Außerdem definiert Bertillon genau, in welcher Lichtsituation und mit welchem Hintergrund diese Aufnahmen stattzufinden haben.

Bertillon war derjenige, der zum ersten Mal eine Messskala in den Fotohintergrund integrierte und der definierte, welche Aufnahmen in welcher Reihenfolge welche Details zu zeigen hatten. Auf seine Zeitgenossen wirkte das Ganze etwas exzessiv. Sein Vorgesetzter etwa riet ihm, doch mal im lokalen Sanatorium für geistig Kranke nachzufragen, ob sie ihm dort helfen könnten, und drohte mit Rauswurf, sollte er ihm noch einmal mit seiner Messidee kommen.

Sein Vater hingegen sah sich die Methode an und als ausgebildeter Statistiker verstand er, worum es seinem Sohn dabei ging. Als in Bertillons Abteilung ein Wechsel der Vorgesetzten ins Haus stand, war seine Chance gekommen. Sein Vater intervenierte und sorgte dafür, dass der Sohn die Erlaubnis erhielt, seine Methode in praktischen Versuchen zu testen.

Bertillon bekam zwei Mitarbeiter, einen eigenen Raum und drei Monate Zeit. Im November 1882 begann er mit dem Vermessen und Dokumentieren der ersten Verdachtsfälle. Im Februar 1883, kurz vor Ende des Testlaufs, hatte er 1800 Karteikarten angelegt, die nun nach den genannten statistischen Kriterien sortiert waren und nicht mehr alphabetisch. Seine Kritiker beobachteten das Ganze mit Erheiterung und hielten es für unmöglich, dass mit dem System auch nur ein Verdächtiger identifiziert werden könnte.

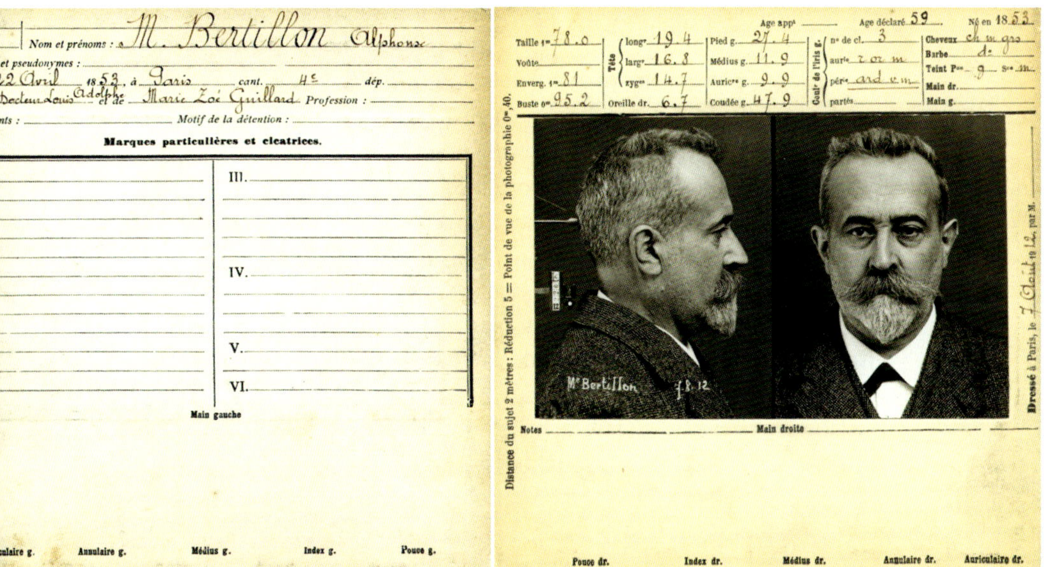
Nom et prénoms : M. Bertillon Alphonse
et pseudonymes :
22 Avril 1853, à Paris cant. 4e dép.
Motif de la détention :
Marques particulières et cicatrices.
III.
IV.
V.
VI.
Main gauche
Annulaire g. Médius g. Index g. Pouce g.

Age appt Age déclaré 59 Né en 1853
Taille 1m 78.0
Voûte
Enverg. 1m 81
Buste 0m 95.2
Tête long 19.4 larg 16.8 zyg 14.7
Oreille dr. 6.7
Pied g. 27.4
Médius g. 11.9
Auricre g. 9.9
Coudée g. 47.9
Coul de l'iris g.
Cheveux
Barbe
Teint
Main dr.
Main g.
Distance du sujet 2 mètres : Réduction 5 = Point de vue de la photographie 0m,40.
Mr Bertillon 7.8.12
Dressé à Paris, le 7 Août 1912, par M.
Notes
Main droite
Pouce dr. Index dr. Médius dr. Annulaire dr. Auriculaire dr.

Karteikarte mit Selbstporträt und biometrischen Daten von Alphonse Bertillon, 1912 (Quelle: Wikipedia)

Und fast sah es so aus, als würden sie recht behalten. Es war tatsächlich schon Februar, als Bertillon mit seinem System den ersten rückfälligen Straftäter anhand seiner Körpermaße identifizieren konnte. Das war so überraschend, dass man erst mal die Testphase verlängerte. Er sollte weitere Monate daran arbeiten und er bekam weiteres Personal zugeteilt. Bis zum Ende des Jahres hatte er bereits 49 Identifizierungen nachgewiesen und mit wachsendem Datenbestand wurde das System immer erfolgreicher. 1888 gründete die Pariser Polizei dann den ersten polizeilichen Erkennungsdienst überhaupt und beförderte Bertillon zu dessen erstem Leiter.

Das System wurde nach ihm »Bertillonage« genannt und bestand nicht nur aus Anweisungen, wie die Fotografien und Messungen vorzunehmen wären, sondern es gab auch eigens dafür konstruierte Apparaturen, darunter eine, um ausschließlich – wie man heute sagt – »Mugshots« aufzunehmen. Und so trat die »Bertillonage« einen weltweiten Siegeszug an. In den USA, in Deutschland, Spanien und Russland, überall wurde das Verfahren eingeführt und angewendet.

Allerdings hatte das Verfahren auch Nachteile. Die Genauigkeit hing nämlich davon ab, wie präzise die Messungen vorgenommen wurden. Und so war die Erfolgsquote außerhalb der Pariser Dependance sehr unterschiedlich.

Außerdem entwickelten sich nach und nach konkurrierende Verfahren. In Bertillons System wurden Verdächtige mithilfe der Maße identifiziert und dann per Fotobeweis überführt. Aber es begann die Diskussion, ob dieser letzte Fotobeweis nicht vielleicht durch Fingerabdrücke ersetzt werden könnte. Diese waren nicht nur einfach zu erfassen, sondern hatten auch den Vorteil, dass man sie oft an Tatorten vorfand.

Inzwischen existierte ein komplett spezialisierter Bereich der Beweisfotografie, in der unter anderem auch Fingerabdrücke oder Abdrücke jeglicher Art eine große Rolle spielten. Bertillon zweifelte jedoch an, dass Fingerabdrücke geeignet wären, denn er glaubte nicht, dass man sie systematisch ablegen und damit auch wiederfinden könne. Diesbezüglich sollte er sich irren, wie wir heute wissen.

Noch zu Lebzeiten des Namensgebers trat die Bertillonage immer weiter in den Hintergrund und wurde nach und nach von Fingerabdrücken als biometrischem Erkennungsmerkmal abgelöst.

Was aber erhalten blieb, waren die präzisen Methoden von Alphonse Bertillon. Er hatte nicht nur fotografische Apparate konstruiert, sondern eben auch definiert, dass Fotos im Polizeibetrieb aus einem genau definierten Abstand aufzunehmen wären, dass Skalen mit ins Bild gelegt werden mussten, und zwar nicht nur bei Mugshots im Hintergrund, sondern zum Beispiel auch bei Tatortfotografien. Und so sind selbst moderne Ablage- und Fotosysteme immer noch von Prinzipien geprägt, die damals Alphonse Bertillon ins Leben rief.

10 Das fotografisch Unmögliche möglich machen

Manchmal begegnen mir Geschichten von Menschen, da wünschte ich, ich hätte eine Zeitmaschine – nicht um sie zu besuchen, sondern um sie in die heutige Zeit holen zu können. Und sei es nur, um ihnen kurz zu zeigen, was aus ihren Ideen geworden ist. George R. Lawrence ist solch ein Mensch. Die zwei knappen Absätze, die Wikipedia über Lawrence zu berichten hat, werden ihm noch nicht mal im Ansatz gerecht. Hätte ich ihn erfolgreich ins Jahr 2020 gebracht, würde ich ihm die Panoramafunktion in modernen Smartphones, kleine portable Blitzgeräte und Drohnen mit montierten Kameras zeigen. Ich weiß, das würde ihm gefallen, denn genau das waren die Themen, mit denen er um 1900 weltweit berühmt geworden war.

Angenommen, wir gehen durch die Straßen einer Stadt wie Köln, Berlin oder München und kommen an einem Fotogeschäft vorbei, vor dem folgendes Plakat hängt: »Das fotografisch Unmögliche ist unsere Spezialität!« Was würden wir uns darunter vorstellen?

Es gibt doch bestimmt auch heute noch Dinge, die fotografisch unmöglich scheinen, oder? Zu Beginn des 20. Jahrhunderts, als George R. Lawrence genau diesen Claim in die Auslage seines Geschäfts hing, gab es auf jeden Fall noch einiges fotografisch Unmögliche. Fotografie war damals zwar bereits eine etablierte Technologie, trotzdem zeigte sie deutlich spürbare Grenzen – Dinge, die eben unmöglich waren und allein deswegen für Lawrence eine reizvolle Herausforderung darstellten.

Lawrence besaß das Talent, für knifflige Probleme technische Lösungen zu finden. Dies hatte er schon als sehr junger Mann unter Beweis gestellt, etwa als er – noch im Teenageralter – ein Telegrafensystem entwarf oder für seine Eltern eine automatische Waschmaschine konstruierte. Zur Fotografie kam Lawrence, als er mit seiner ersten Frau in Chicago lebte und in einer Wagenfabrik arbeitete. Er hatte begonnen, sich einen Nebenverdienst zu erschließen, indem er Porträts von Fotografien abzeichnete. Das war derart erfolgreich, dass er beschloss, mit einem Fotografen eine Partnerschaft einzugehen und ein gemeinsames Porträtstudio zu eröffnen. Der Kompagnon stieg allerdings irgendwann aus und nun musste Lawrence nicht nur selbst fotografieren, sondern sich dabei auch von der Konkurrenz abheben. Bescheidenheit war noch nie seine Stärke gewesen, und so behauptete er schlichtweg, sein Studio wäre die richtige Adresse, um »das fotografisch Unmögliche« möglich zu machen.

Fotografisch vielleicht nicht ganz unmöglich, aber doch mit engen Grenzen versehen war zur damaligen Zeit die Arbeit mit künstlichem Licht. Die Belichtungszeiten für Kameras fielen noch relativ lang aus, und je heller man es haben konnte, desto besser. Wer also in geschlossenen Räumen zum Beispiel eine Veranstaltung fotografieren wollte, hatte ein Problem.

Man experimentierte auch schon seit knapp 15 Jahren mit Blitzlicht, das man aus verschiedenen explosiven Stoffen erzeugte. Wir kennen solche Apparaturen aus diversen Filmen: Da steht ein Fotograf mit einer Platte, auf der Magnesium »abgebrannt« wird. Das Problem war: Magnesium explodiert und produziert dabei eine unglaubliche Menge Rauch. Wer in geschlossenen Räumen eine Blitzleiste zündete, hatte hinterher den gesamten Raum eingenebelt. Deswegen verbot sich die Nutzung von solchen Blitzpulvern in geschlossenen Räumen eigentlich auch von allein, war außerdem aber auch feuerpolizeilich verboten.

George R. Lawrence experimentierte also. Es galt nicht nur die Helligkeit zu erhöhen, sondern auch die Sicherheit und dabei die Rauchentwicklung unter Kontrolle zu bekommen. Er konstruierte Blitztürme, Blitzplatten, erarbeitete Rezepturen für Blitzpulver, sengte sich Schnurrbart und Augenbrauen ab und schaffte es einmal sogar, mit einem Blitzlicht ein Gebäude zu sprengen. Wer kann das heute noch von sich behaupten? Wie langweilig ist da im Vergleich die Fotografie mit Smartphone und eingebautem Blitz? Pah!

Auch wenn man sich über seinen Weg zum Erfolg lustig machen konnte (und viele seiner Zeitgenossen amüsierten sich durchaus): Zum Schluss hielt George Lawrence den Vorläufer moderner Blitzgeräte in der Hand. Es handelte sich um eine Schirmkonstruktion, die direkt nach Zünden des Pulvers den Rauch einfing und damit verhinderte, dass der gesamte Raum vernebelt wurde. Verwendet wurde ein eigenes, einigermaßen sicheres Pulver und Lawrence hatte sogar Gerätschaften konstruiert, die man fernzünden konnte. All diese Entwicklungen machten ihn zum De-facto-Experten für künstliche Beleuchtung seiner Zeit und er schaffte es durch Demonstration seiner technischen Möglichkeiten, dass die feuerpolizeilich geltenden

Beschränkungen für ihn in verschiedensten Städten der USA aufgehoben wurden. Dadurch wurde er natürlich auch zum gesuchten Fotografen großer politischer und gesellschaftlicher Ereignisse.

Die Auftragsbücher füllten sich und »Flashlight Lawrence«, wie er damals manchmal genannt wurde, hatte bewiesen, dass er das fotografisch Unmögliche tatsächlich möglich machen konnte. Ab jetzt war das »Unmögliche« nun häufig die Größe der Szenerie. Mehr und mehr Aufträge für größere und größte Veranstaltungen kamen herein, und so beschäftigte sich Lawrence mit Mitteln und Wegen, größere Motive zu fotografieren. Sein Mittel der Wahl: Panoramafotografie.

Panoramen sind eigentlich Serienbilder. Man dreht die Kamera und macht mehrere, nebeneinanderliegende, überlappende Aufnahmen, die dann anschließend zu einem größeren Bild kombiniert werden. Während man heute einfach nur sein Handy in die Höhe hält, irgendwie dreht und darauf vertraut, dass moderne Technik die Einzelaufnahmen zu einem Gesamtbild kombinieren wird, war das damals zu Lawrences Zeiten etwas aufwendiger.

Denn die Einzelbilder müssen zueinander passen, und zwar schon zum Zeitpunkt der Aufnahme. Deswegen waren Panoramen, speziell mit Menschen darin, sehr, sehr aufwendig. Es durfte sich ja niemand bewegen, sonst würden die dadurch entstehenden Unterschiede zwischen den Einzelbildern in der kombinierten Fassung unangenehm auffallen.

Lawrence konstruierte also Kameras, die mehrere Einzelbilder gleichzeitig aufnehmen konnten, statt diese Bilder hintereinander zu machen, und damit hatte er schon die nächste Mauer durchbrochen: Er konnte Panoramen, auch Indoor-Panoramen, mit Blitzlicht in einem Schuss aufnehmen. Wieder eine Innovation, wieder etwas, das bisher unmöglich gewesen war.

Lawrence war jetzt also international anerkannter Experte für künstliche Beleuchtung und für Panoramen. Oder, wie es der fotografische Laie vielleicht nennen würde: für wirklich große Aufnahmen. Und genau dieser Ruf brachte ihm dann den Auftrag ein, für den er bis heute bekannt ist. Die Betreiber der Chicago and Alton Railroad hatten nämlich einen neuen Zug gekauft, der damals gewissermaßen als der Höhepunkt des bis dahin möglichen Zugdesigns galt. Die Waggons waren symmetrisch, die Lok hatte dieselbe Höhe und Form wie die Waggons, der Zug wirkte elegant und präzise – ein echter Meilenstein des Industriedesigns.

Entsprechend sollte diese Errungenschaft auch dokumentiert werden. Eine einzige Aufnahme sollte es werden, ein Foto, auf das der komplette Zug in seiner gesamten Länge passen sollte. Auch in Zeiten der (jungen) Panoramafotografie war das eine nahezu unmögliche Aufgabe, denn bei

Panoramen konnte man immer noch erkennen, dass Einzelbilder kombiniert worden waren.

Also musste es eine einzelne Aufnahme werden. Allerdings war der Zug ausgesprochen groß und damals ließen sich Bilder noch nicht vergrößern. Die Kamera musste also in der Größe gefertigt werden, in der man letztlich auch das Foto haben wollte.

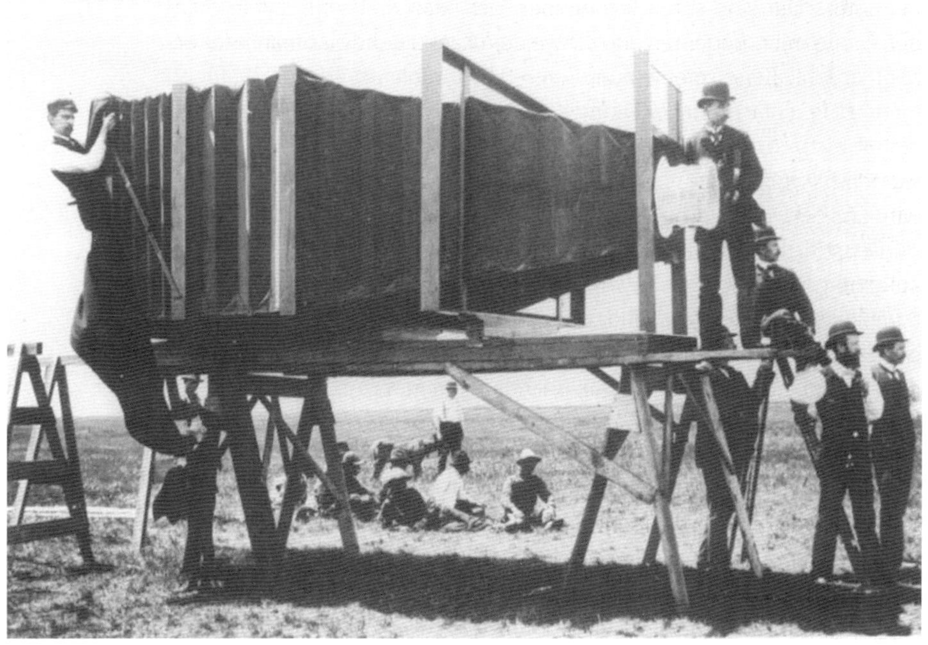

Die Mammut-Kamera von George R. Lawrence, 1900 (Quelle: Wikipedia)

»Challenge accepted!«, würde Lawrence heute wahrscheinlich sagen. Das war eine Herausforderung ganz nach seinem Geschmack und er nahm den Auftrag an.

Acht Monate dauerte die Arbeit an einer eigens zu diesem Zweck konstruierten Kamera. Sie war über 600 Kilogramm schwer, ein massives Biest mit eigens dafür geschliffenen Objektivlinsen. Diese Linsen waren die größten bis dato in einer Kamera verbauten.

Die fotografischen Platten, also die »Filme«, waren ebenfalls eigens für diese Kamera konstruiert und angefertigt worden. Die in der Fotogeschichte 1 beschriebene Daguerreotypie war inzwischen von dem flexibleren und preiswerteren Nassplatten-Kollodium-Verfahren abgelöst worden. Dabei handelt es sich allerdings um eine Methode, die es erforderte, die Platten an Ort und Stelle chemisch vorzubereiten und nach erfolgter Belichtung auch innerhalb weniger Minuten vor Ort zu fixieren. Das heißt, mit der Kamera allein war es nicht getan. Lawrence musste sozusagen mit seinem kompletten Studio reisen – und mit entsprechendem Personal.

Zweieinhalb Minuten dauerte jede Belichtung. Der Zug parkte sechs Meilen außerhalb von Chicago, das Wetter war schön, der Himmel klar, allerdings war es windig, was der Crew Sorgen machte.

Aber letztlich ist dann doch alles gut gegangen. Die Auftraggeber sind begeistert. Der Zug ist mit technischer Perfektion in einer beeindruckenden Größe mit der größten und schwersten Kamera, die bis dahin je konstruiert wurde, abgelichtet worden.

1900 fand die Weltausstellung in Paris statt und dabei ging es um eins: technischen Fortschritt. Die von Lawrence gefertigten riesengroßen Bilder waren technische Meisterwerke, Wunderwerke geradezu. Und deswegen wurden drei Drucke des Zugfotos nach Paris geschickt. Die Organisatoren der Ausstellung glaubten zunächst nicht, dass dieses Bild in einem Schuss aufgenommen worden war, sondern vermuteten ein clever retuschiertes Panorama herkömmlicher Machart. Daher gab es Bedenken, die Bilder ohne Prüfung zuzulassen. Man schickte also eine Delegation, um die Kamera in Augenschein zu nehmen. Nachdem man sich selbst von der Technik überzeugt hatte, war das Gremium nicht nur tief beeindruckt, sondern erlaubte auch die Bilder auszustellen.

Wenn man weltbekannt ist für die größte Kamera überhaupt, zugleich anerkannter Experte für Blitzlichtfotografie oder überhaupt künstliche Beleuchtung und ebenso berühmt für riesige Panoramen, was kann man dann wohl noch als Nächstes angehen, um die Grenzen der Fotografie zu verschieben?

Es ist 1901 und die Menschheit versucht sich auf verschiedene Weisen an der Luftfahrt. Warum also, überlegt Lawrence, machen wir nicht auch Fotos aus der Luft?

Die Gebrüder Wright hatten zu der Zeit gerade mit dem Bau von Flugzeugen begonnen. Sie konstruierten ihren ersten Doppeldecker 1899. Luftaufnahmen gab es kaum und wenn, waren diese aus Heißluftballons aufgenommen worden und weder Panoramen noch optisch besonders beeindruckend.

Lawrence änderte das. Zunächst baute er Teleskoptürme, von denen aus er seine Aufnahmen fertigte, aber schnell wurde ihm klar, dass er die geplanten Bilder nur aus der Luft würde machen können. Die Kameras zu dieser Zeit waren nicht klein und handlich, sondern relativ groß und bis zu 20 Kilogramm schwer. Lawrence musste es also schaffen, relativ schweres

Gerät schnell in die Luft und dann zur Entwicklung der Ergebnisse schnell und sicher wieder zur Erde zu bringen.

Er konstruierte nun zunächst einen Luftballon und füllte ihn mit Gas. Am 20. Juni 1901 unternahm er damit den ersten Versuch, über Chicago das Gelände einer Fabrik zu fotografieren. Den Ballon hatte er statt mit einem Korb mit einer Holzplatte versehen, sodass er darauf stabil stehen konnte. Der Plan war, etwa 330 Meter aufzusteigen und von dort aus zu fotografieren.

Über eine Stunde blieb Lawrence 300 Meter in der Luft, allerdings war es windig und so trieb der Ballon nach und nach ab. Lawrence beschloss also, sicherheitshalber zu landen, und schaffte das auch beinahe. Doch auf halber Strecke löste sich das Ankerseil, er trieb Richtung Lake Michigan ab, die Plattform löste sich und stürzte samt Fotograf, Platten und Kameraequipment rund 70 Meter ab, bevor Telegrafenleitungen den Sturz bremsten.

Lawrence blieb unverletzt, aber alle seine Aufnahmen waren ruiniert und die Kamera auch nicht mehr zu gebrauchen.

Jeder andere hätte da diesem Punkt die Idee mit der Luftfotografie aufgegeben. Nicht so Lawrence: Zurück am Arbeitsplatz bestellte er direkt einen neuen Ballon.

Bei einem weiteren Auftrag, für den Minnesota aus der Luft fotografiert werden sollte, stürzte er wieder fast ab, als er in eine Windhose geriet. Das überzeugte ihn davon, nach anderen Möglichkeiten zu suchen, um sein Equipment in die Luft zu bekommen.

Drachen waren die nächste Überlegung. Es hatte schon Experimente von einem anderen Fotografen gegeben, Kameras mit einem Drachen in die Luft zu hieven, aber noch niemand hatte versucht, Panoramen mit Drachen aus der Luft aufzunehmen. Lawrence konstruierte also einen Fernauslösemechanismus, um eine an einer Drachenaufhängung befestigte Kamera vom Boden aus auslösen zu können. Zudem konstruierte er eine Art Seriendrachen, an dem gleich mehrere Kameras hängen konnten, sodass Panoramaaufnahmen aus der Luft möglich wurden.

Bis zu 17 Kameras konnte er mit dieser Konstruktion in der Luft halten. Bei über 20 Kilo pro Kamera war das eine beachtliche Last, die George Lawrence da aufsteigen ließ und vom Boden her kontrollierte. Zum Vergleich: Heutige Drohnen gelten bereits als schwer, wenn sie über 500 Gramm wiegen.

Seine Luftaufnahmen waren so erfolgreich, dass der damalige US-Präsident Franklin D. Roosevelt überlegen ließ, ob solche Luftaufnahmen nicht auch für das Militär interessant sein könnten. So kam es zu einer Übung, bei der Lawrence das Kommando über eine ganze Flotte der Navy hatte mit dem Auftrag, Luftaufnahmen für militärische Zwecke zu erproben.

Die berühmteste Luftaufnahme machte Lawrence allerdings kurz nach dem großen Erdbeben, das San Francisco 1906 dem Erdboden gleichgemacht hatte. Er erfuhr von der Katastrophe aus der Zeitung und machte sich sofort mit Team und Material auf den Weg. Die Stadt war bereits förmlich überrannt von Fotografen, aber die hatten alle das Problem, ihre Aufnahmen im Wesentlichen auf Höhe der Straße, von einem der wenigen erhaltenen Gebäude aus oder von den der Stadt gegenüberliegenden Hügeln auf der anderen Seite der Bucht machen zu müssen. Lawrence hingegen mietete sich ein Boot, ließ seine Drachen aufsteigen und machte ein Panorama, das einen Großteil San Franciscos einfing und auch heute noch sprachlos macht … denn von der Stadt stand praktisch nichts mehr. Dieses Bild machte ihn einmal mehr weltberühmt (siehe Seite 64/65).

Mit seinem Ruf als Luftfahrer, Panoramafotograf und Blitzlichtexperte im Rücken führte sein Weg jetzt zur nächsten Herausforderung: Tierherden in Afrika! Löwen, Elefanten, Zebras … Von wo wären sie besser zu fotografieren als aus einem Heißluftballon heraus, über den Tieren schwebend, sodass die Tiere nicht davonlaufen?

Außerdem konstruierte Lawrence auch Blitzlichtfallen. Die Idee war, die Kamera mit einem Blitzlicht auf den Boden zu stellen, einen Köder auszulegen und den Löwen, der sich den Köder schnappen will, zu fotografieren.

Das Problem war nur: Die Tiere liefen nach dem Fotografiert-Werden nicht weg, sondern griffen die Anlagen an. Und so musste Lawrence frustriert zusehen, wie sein sündhaft teures Equipment immer wieder von Tieren dem Erdboden gleichgemacht wurde.

Luftaufnahmen hat er dann aber auch gemacht, und allein dies war ein gigantisches Unterfangen! Über 12 Tonnen Fotoequipment wurden nach Afrika transportiert, ein Team von über 80 Leuten war monatelang unterwegs. Das war eine Mammutaufgabe ganz nach Lawrences Geschmack.

Allein, diese Reise war fotografisch wenig ergiebig. Lawrence hatte zwar zum Schluss einige sehr originelle Aufnahmen im Gepäck, aber im Grunde war das Ganze eine Aneinanderreihung von Frustrationen. Seine Afrika-Expedition blieb denn auch das letzte große fotografische Abenteuer, das George Lawrence in Angriff nahm.

Als er aus Afrika zurückkam, trennte er sich von seiner damaligen Frau und gründete, immerhin schon über 50 Jahre alt, mit der knapp 20-jährigen Claire Antoinette seine zweite Familie. Die Fotografie hing er zwar nicht ganz an den Nagel, aber er betrieb sie nicht mehr als sein Hauptgeschäft. Stattdessen beschäftigte sich George Lawrence für den Rest seiner Karriere mit Flugtechnik.

Auch auf diesem Gebiet machte George Lawrence keine halben Sachen. Über 100 Patente sprechen da eine klare Sprache. Ein Flugboot, das er mit einem Partner konstruierte, war wahrscheinlich auch seiner damaligen Zeit ein kleines bisschen voraus – ebenso wie die Flugzeugklimaanlage, die er patentieren ließ.

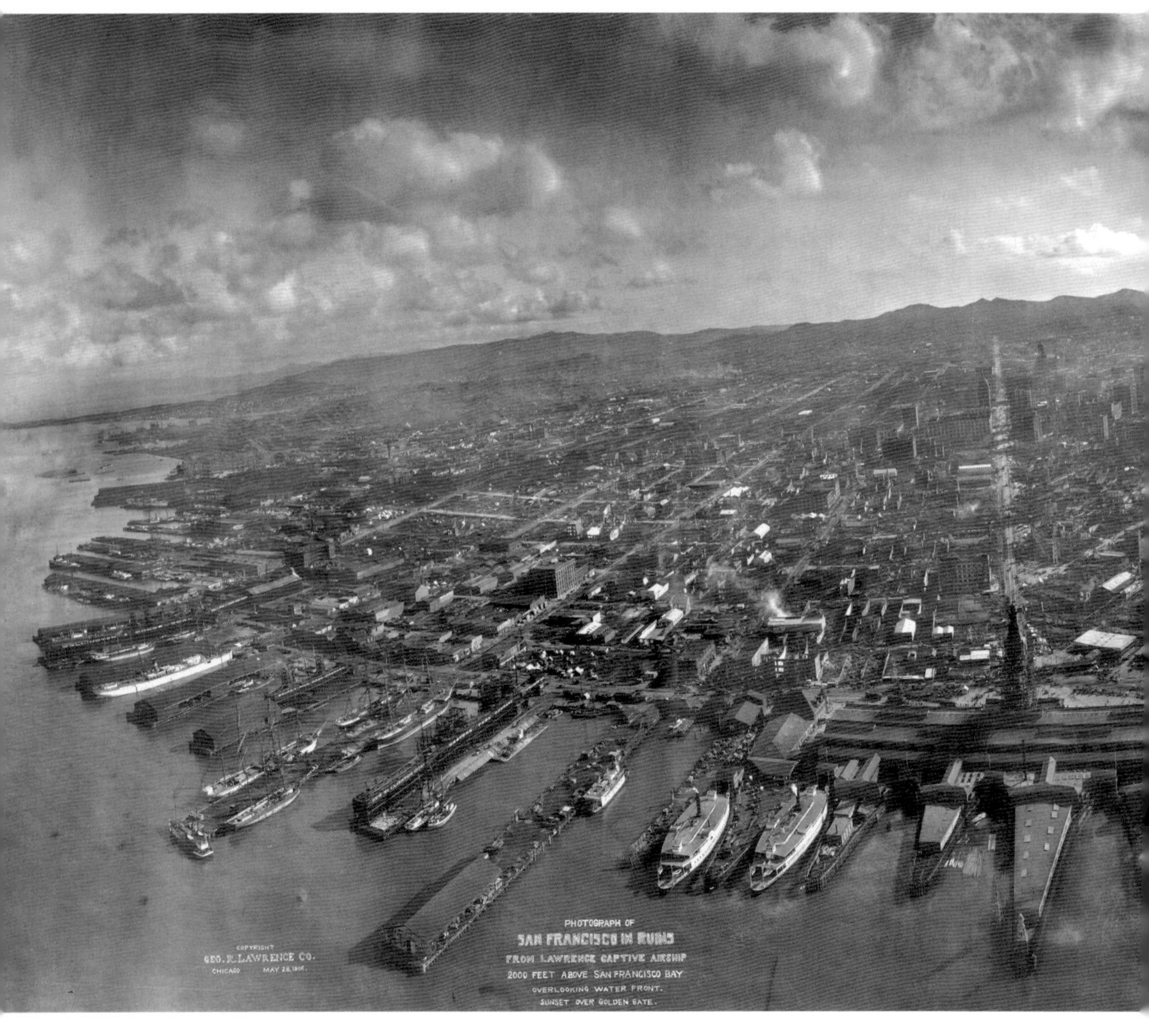
COPYRIGHT
GEO. R. LAWRENCE CO.
CHICAGO MAY 28, 1906.
PHOTOGRAPH OF
SAN FRANCISCO IN RUINS
FROM LAWRENCE CAPTIVE AIRSHIP
2000 FEET ABOVE SAN FRANCISCO BAY
OVERLOOKING WATER FRONT.
SUNSET OVER GOLDEN GATE.

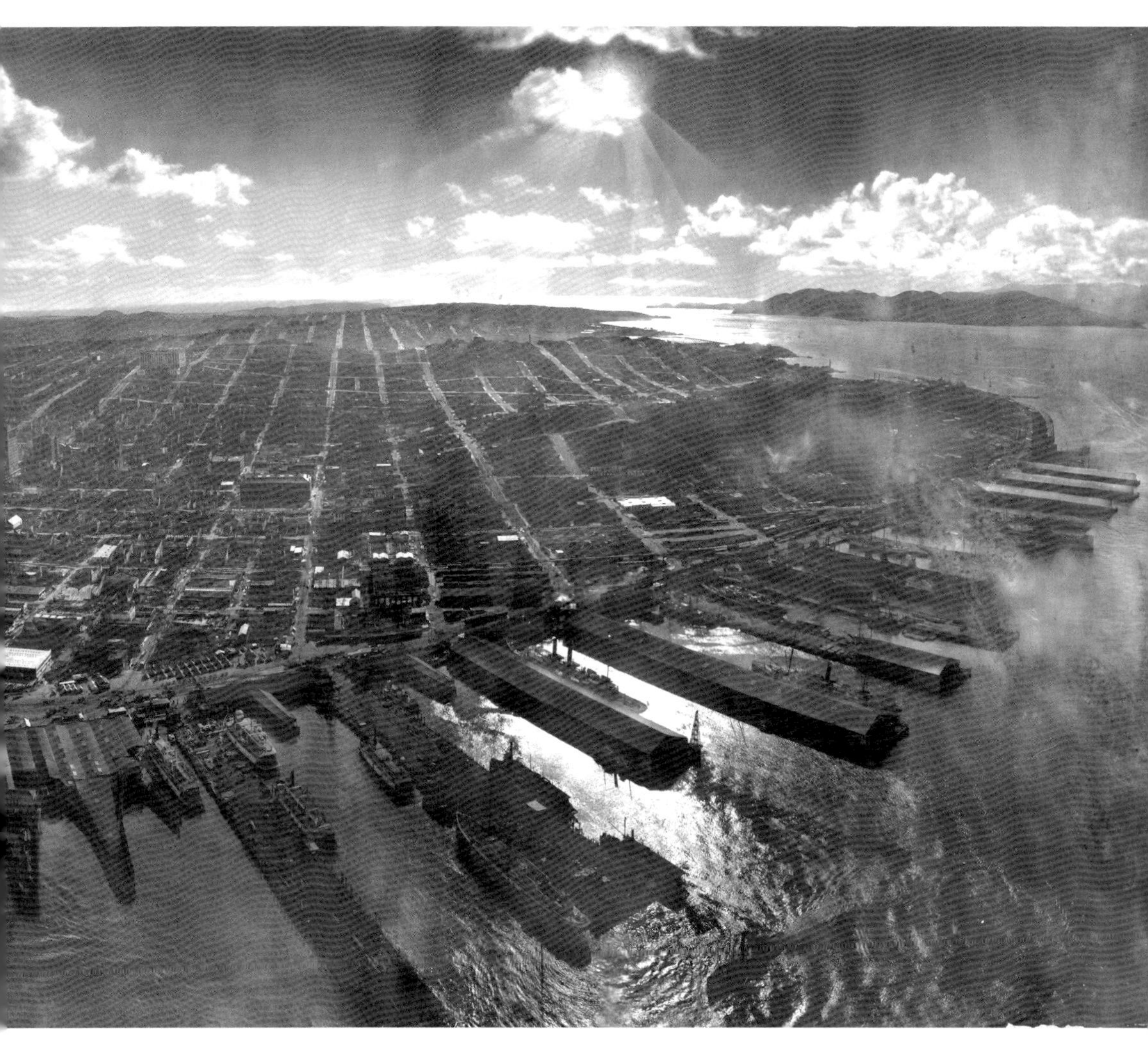

Das zerstörte San Francisco, etwa sechs Wochen nach dem Erdbeben von 1906 (Quelle: Wikipedia)

Der Weihnachtsfrieden

11

Man schreibt den 28. Juli 1914, als ein folgenschweres Ereignis die Weltgeschichte verändert: das Attentat von Sarajewo, bei dem der österreichungarische Thronfolger Erzherzog Franz Ferdinand und seine Frau ums Leben kommen. Einen Monat später löst es die Kriegserklärung Österreich-Ungarns gegen Serbien aus – und das ist der Beginn des Ersten Weltkriegs.

Was als Regionalkonflikt beginnt, entwickelt sich sehr schnell zu einem kontinentalen und schließlich weltumfassenden Krieg mit Russland, Frankreich, Großbritannien und Deutschland als Kriegsparteien. Noch im August verspricht Kaiser Wilhelm II. seinen Soldaten, dass sie schon im Herbst wieder daheim sein würden. Die marschieren zügig voran, bis sie dann in Belgien von britischen Soldaten gestoppt werden. Es werden Gräben ausgehoben und der seitdem berüchtigte Stellungskrieg beginnt.

Es ist die Westfront in Flandern, an der erbittert gekämpft wird. Die Gräben, in denen die Soldaten sich aufhalten, haben noch nicht den »Standard«, den wir dann später im Ersten Weltkrieg sehen. Noch rechnet niemand damit, sich hier länger aufhalten zu müssen. Der November zieht vorbei, es wird Dezember. Das Wetter ist nass und die Situation für die Soldaten wird sehr schnell sehr unangenehm. Sie schlafen in Schlammlöchern, die ständig nachgegraben werden müssen. Das Grundwasser liegt in der Region Flandern sehr nah an der Oberfläche, die Gräben sind daher zum Teil knietief mit Wasser gefüllt.

Die Deutschen und die Briten liegen sich zum Teil nur wenige Meter gegenüber, und an den Gräben zu arbeiten bedeutet eigentlich immer, sich dem gegnerischen Feuer auszusetzen. Weil man aber auf beiden Seiten weiß, wie aussichtslos die Lage tatsächlich ist, lässt man die andere Seite hin und wieder gewähren. Leben und leben lassen. Wenn zum Beispiel mittags Feuer gemacht wird, um Essen zu garen, wird nicht mit Granatenbeschuss auf die Rauchsäulen reagiert, sondern die Soldaten erlauben sich gegenseitig eine kurze Verschnaufpause. Wenn man Gräben nachbessern muss, kann man irgendwann tatsächlich sogar den Kopf über den Graben heben, ohne Angst haben zu müssen, von der gegnerischen Seite erschossen zu werden.

Und dann ist Weihnachten. Von zu Hause werden Päckchen an die Front geschickt: kleine Geschenke, um das Leben in den Gräben erträglicher zu machen. Es kommt Heiligabend – und was wäre der ohne einen Christbaum?

Kurz nach Einbruch der Dunkelheit am 24. Dezember entschließen sich die deutschen Soldaten dazu, Laternen an den oberen Rand ihrer Schützengräben zu stellen. Weihnachtslieder wehen über das Schlachtfeld und beide Seiten legen ihre Waffen zur Seite. Einige besonders Mutige wagen es, sich zwischen den Frontlinien im Niemandsland zu treffen.

Am nächsten Morgen, kurz nach Sonnenaufgang, sieht man kleine Gruppen von beiden Seiten im Niemandsland stehen. Einzelne Soldaten haben kompakte Kameras dabei und machen Schnappschüsse, von denen heute nur noch einzelne erhalten sind.

Sie zeigen Männer, die noch wenige Stunden vorher erbittert aufeinander geschossen und jetzt spontan ihre Waffen niedergelegt haben. In gebrochenem Deutsch und gebrochenem Englisch unterhalten sie sich über ihre Bräuche. Sie singen zusammen, tauschen kleine Geschenke aus und essen gemeinsam.

Solche spontanen Waffenruhen gibt es an diesen Tagen gleich mehrere. Zwar herrscht nicht an der ganzen Front Waffenruhe, doch an so vielen Stellen, dass davon auch in der Presse berichtet wird. Am zweiten Weihnachtsfeiertag kommt es sogar zu einem Fußballspiel zwischen britischen und deutschen Soldaten. Wer gewann, ist nicht überliefert und wahrscheinlich auch nicht wichtig. Es werden Knöpfe und Mützen ausgetauscht – als Souvenirs, als Andenken, als Tauschwährung.

Weil die Presse davon berichtet, wird der sogenannte Weihnachtsfrieden (auf Englisch: »Christmas Truce«) zur weltweiten Sensation. Vor allem in den britischen Medien ist das ein großes Thema.

Den Befehlshabern bleiben diese Ereignisse natürlich nicht verborgen. Zwar lässt man die Soldaten über diese ersten Weihnachtsfeiertage gewähren, trifft dann aber trotzdem Maßnahmen, um zukünftige spontane Waffenruhen zu verhindern, und tauscht die jeweiligen Befehlshaber auf beiden Seiten aus.

Heute wissen wir, wie erbittert dieser Krieg über Jahre weitertoben wird und dass am Ende knapp 25 Millionen Tote stehen.

Aber diese Geschichte vom spontanen Weihnachtsfrieden und die Bilder, die von diesem Ereignis erhalten geblieben sind, bleiben absolut bemerkenswert – aber leider auch einzigartig. Derartiges hat sich, soweit wir

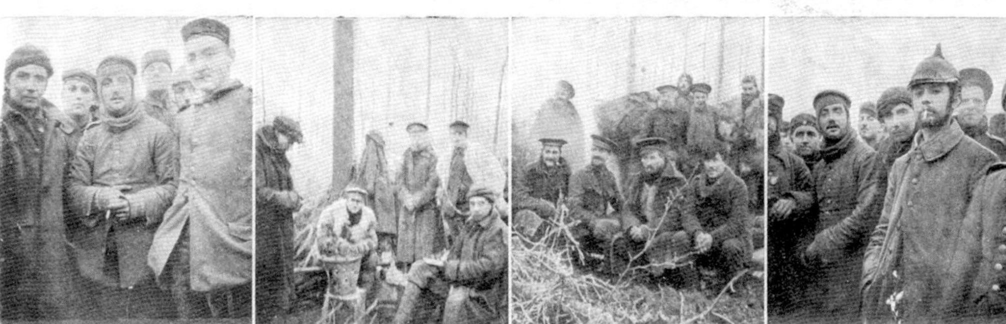

THE POWER OF PEACE IN THE TIME OF WAR

THE TRUCE IN THE TRENCHES THAT BROUGHT IN THE NEW YEAR

British and German soldiers fraternising during the Christmas and New Year truce, which, though unofficial, was welcomed on both sides. "At this point," writes the officer who sent us the photograph, "a crowd of some 100 Tommies of each nationality held a regular mothers' meeting between the trenches. We found our enemies to be Saxons."

Bilder vom Weihnachtsfrieden 1914 (Quelle: Picture Alliance)

das wissen, später nicht mehr wiederholt. 2008 widmete man dem Weihnachtsfrieden ein Denkmal unweit der ehemaligen Front, Engländer und Deutsche spielten noch einmal gegeneinander Fußball und tauschten ein Bierfass aus.

Seit Kameras klein genug sind, finden sie sich überall dort, wo Menschen sind. Deswegen zeichnen Kameras die schönsten, aber eben auch die grausamsten Momente unserer Geschichte auf. Und ihre Bilder zeigen, wie kompliziert wir Menschen manchmal sind. Da verbrüdern sich Todfeinde für wenige Stunden und nutzen die Gelegenheit, ein gemeinsames, oft auch letztes Erinnerungsfoto zu schießen. Menschheit »in a nutshell«.

12 Essen auf Stahlträgern

Welche Fotos fallen uns ein, wenn wir an berühmte Fotografien aus New York denken?

Vielleicht ein Bild vom Empire State Building oder eine Aufnahme des Flatiron Building oder vielleicht ein Foto vom Times Square. Ohne Frage spielt die Architektur von New York City in Fotos der Stadt eine der Hauptrollen. Wenig verwunderlich, die dortige Baukunst ist ja auch atemberaubend. Die ersten ikonischen Wolkenkratzer New Yorks entstanden Anfang des 20. Jahrhunderts und galten als Wunderwerke der Technik und Ingenieurskunst. Gebäude wie das Empire State Building wurden mit einem Anlegemast für Luftschiffe konstruiert. Und die Architekten lieferten sich Rennen, wer das höhere Dach oder die höhere Antenne konstruieren könnte. Hochhäuser waren zu jener Zeit faszinierend genug, um Zeitungen immer wieder über die Bauarbeiten daran berichten zu lassen.

Die meisten dieser Gebäude waren als Investitionsobjekte gedacht und wurden während der Bauzeit nach und nach untervermietet. Auch deswegen hatten die Bauherren in aller Regel ein lebendiges Interesse daran, die Gebäude im Gespräch zu halten.

Aus diesem Grund wurden vor allem Projekte wie der Bau des Empire State Building oder des Chrysler Building von eigenen PR-Teams begleitet. Fotostrecken wurden erarbeitet, die Presse mit Informationen gefüttert – je öfter man sich ins Gespräch bringen konnte, desto besser.

Zugleich feierten zu jener Zeit Industrie- und Werbefotografie ihre ersten Erfolge. Margaret Bourke-White hatte sich einen Namen gemacht, indem sie gewaltige Industrieanlagen wie zum Beispiel Staudämme oder Stahlgießereien fotografiert hatte (mehr zu ihr lesen Sie in der Fotogeschichte 16 ab Seite 89).

Und nun bekam sie den Auftrag, den Bau des Chrysler Building zu dokumentieren. Der Fotograf, Lewis Hine, der sich mit den Arbeitern am Boden und deren Armut und Zwängen beschäftigte, erhielt einen ebensolchen Auftrag für die Bauarbeiten am Empire State Building. Und beide schufen Bilder, die uns auch heute noch schwindlig werden lassen. Der Blick von Hochhausdächern hinein in die Straßenschluchten New Yorks wird in dieser Zeit zu einem der New-York-Motive schlechthin.

Damals macht sich Charles C. Ebbets einen Namen. Seine erste Kamera bekommt er mit acht Jahren: eine Kodak Brownie, eine Kamera also, die in erster Linie einfach zu bedienen ist und zum ersten Mal Fotografie für alle verfügbar machte. Finanziell ging es den in Alabama lebenden Ebbets nicht allzu gut, und so musste Charles die Schule nach der zehnten Klasse abbrechen und einen Weg finden, Geld zu verdienen. Sein Vater hatte beruflich mit Zeitungen zu tun und so beschloss Charles, sich als Reporter zu verdingen.

Etwa zu dieser Zeit kam ihm der Gedanke, dass er auch seine Kamera benutzen könnte, um damit Geld zu verdienen. Ebbets hatte bis dahin schon so einiges ausprobiert. So war er von Alabama nach Florida gezogen und hatte sich dort eine Weile als Schauspieler versucht. Das war allerdings vollkommen harmlos, verglichen mit seiner Arbeit als »Wing Walker« – also jemand, der auf Flugschauen aus dem fliegenden Flugzeug aussteigt und auf der Tragfläche herumturnt. Außerdem fuhr er Autorennen, ging auf die Jagd, und wenn das Geld mal wieder knapp war, stieg er in den Ring und erboxte sich Preisgelder. All diese Hobbys dokumentierte er routiniert mit seiner Kamera und machte sich einen Namen als jemand, der ungewöhnliche Fotos schuf.

Einige seiner Projekte sorgten sogar dafür, dass Zeitungen im ganzen Land Fotostrecken von ihm veröffentlichten, darunter auch die »New York Times«.

Wir schreiben die Dreißigerjahre, die Weltwirtschaftskrise hat die USA fest im Griff, und das betrifft natürlich auch die Bauprojekte in den Großstädten. So hatte etwa die New York Opera einen ehrgeizigen Plan: Sie wollte einen Gebäudekomplex schaffen, in dem die Hochkultur endlich ein angemessenes Zuhause fände. Und es gab dafür einen begeisterten Unterstützer: John Rockefeller. Nach dem Schwarzen Freitag erwiesen sich drastische Einsparungen als notwendig, und damit wurde schnell klar, dass die Oper dieses Projekt nicht mehr würde finanzieren können. Also musste eine Alternative her. Wie schon zuvor das Empire State Building oder das Chrysler Building würde man nun Hochhäuser bauen, die nach und nach an finanzkräftige Unternehmen vermietet werden sollten. Die 19 Gebäude, die zum Rockefeller Center gehörten, wurden zum Teil umgewidmet: Shopping, Büroflächen, Kulturangebote, hochpreisige Mietwohnungen – all das sollte in dem künftigen Gebäudekomplex kombiniert sein – jetzt fehlten noch die passenden Mieter. Also musste eine Publicity-Strategie her und dafür brauchte es jemanden, der großartige Fotografien rund um dieses Projekt machen konnte.

Ein Team wurde zusammengestellt, insgesamt vier Fotografen sollten den Bau begleiten. Und die Leitung dieses Teams sowie die Auswahl der Bilder wurde Charles Ebbets übertragen. Es wurden auch noch Investoren gesucht, und so begleitete Ebbets fotografisch mehrere Monate lang insbesondere den Bau des höchsten Gebäudes des Komplexes, des sogenannten »RCA Building« (heute »Comcast Building«).

Die USA sind ein Einwanderungsland, und besonders in New York versuchen viele ihr Glück. Es herrscht Weltwirtschaftskrise, aber in den Städten und insbesondere bei den Großbauprojekten sehen viele noch eine Chance, Geld zu verdienen. Und tatsächlich kann man als Arbeiter recht einfach bei den großen Hochhausprojekten anheuern. Es ist übrigens ein Klischee, dass im Hochhausbau bevorzugt amerikanische Ureinwohner rekrutiert wurden, weil sie besonders schwindelfrei gewesen seien. Tatsächlich fand man auf den Baustellen alle möglichen Nationalitäten. Besonders Italiener und Iren waren zu der Zeit in größerer Zahl in New York eingetroffen und stellten viele Arbeiter. Wer also schwindelfrei genug war und bereit, den Sturz in den Tod zu riskieren, konnte relativ schnell ein recht gutes Gehalt verdienen und noch dazu einer Tätigkeit nachgehen, die im ganzen Land hoch angesehen war. Wer im Hochhausbau arbeitete, beflügelte den Fortschritt des Landes. Und Ebbets und sein Team schufen Bilderstrecken, die diese Arbeiter feierten.

So auch am 20. September 1932 – das Wetter ist großartig, man hat freie Sicht über den Central Park und es ist hell genug, um auch mit den damals üblichen, eher lichtschwachen Objektiven fotografieren zu können. Gearbeitet wird mit sogenannten »Pressekameras«, das sind aus heutiger Sicht recht große, für damalige Verhältnisse aber kompakte Kameras, die auf Glasplatten belichteten. Auf Letztere wurde eine trockene Emulsion aufgebracht und man musste nach jeder Belichtung die Glasplatte entfernen und durch eine neue, unbelichtete ersetzen. Das Verbrauchsmaterial trugen die Fotografen in einer Ledertasche über der Schulter. Und so turnten sie wie die Bauarbeiter auf Stahlträgern in zum Teil schwindelerregender Höhe herum und gaben Anweisungen. Das Ziel war, originelle Fotos zu machen. Und so ließ man Bauarbeiter so tun als, als ob sie auf Stahlträgern schlafen würden, oder mit einer amerikanischen Flagge so posieren, dass es aussah, als würden sie dem Empire State Building eine Flagge aufsetzen. Und dann machten sie das berühmteste Foto von allen.

Die »New York Herald Tribune« veröffentlicht es unter der Schlagzeile »Lunch atop a Skyscraper«. Es zeigt den Blick Richtung Central Park, ein Stahlträger geht in der Mitte durchs Bild, auf dem elf Arbeiter sitzen und in aller Seelenruhe Mittagspause machen. Als Betrachtende können wir

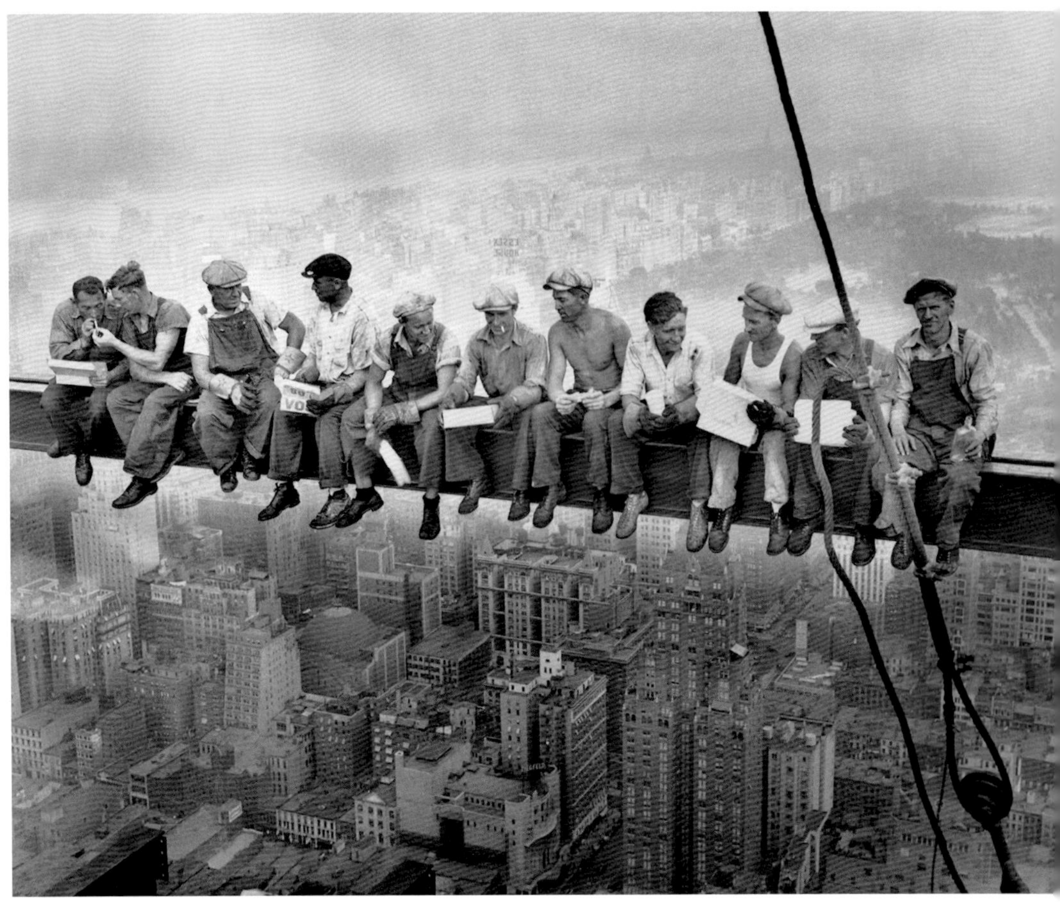

Mittagessen auf dem Wolkenkratzer, 1932 (Quelle: Wikipedia)

nur erahnen, wie tief es wohl unter diesem Stahlträger in den Abgrund gehen mag. Nur ein einziger Arbeiter schaut direkt in die Kamera – und beim schrägen Blick in die Häuserschluchten unterhalb der Baustelle kann einem wirklich schwindelig werden. Das Foto ist erfolgreich – so erfolgreich, dass es bis heute Hunderte Male nachgeahmt wurde.

New York kann man nicht besuchen, ohne diesem Bild an allen möglichen Stellen zu begegnen. Es ist eines der Bilder mit dem höchsten Wiedererkennungswert überhaupt. Allerdings wissen die wenigsten, wer dieses Foto aufgenommen hat und wo es überhaupt gemacht wurde. Selbst Amerikaner geben auf Nachfrage fälschlicherweise an, dass das Bild auf dem Empire State Building entstand. Und so ging irgendwann im Internet das Gerücht um, Lewis Hine, der die Arbeiten am Empire State Building fotografisch begleitet hatte, sei der Urheber dieses Fotos gewesen. Tatsächlich war aber jahrelang vollkommen unklar, wer dieses Bild gemacht hatte. Jeder der Fotografen auf dieser Baustelle hätte die Aufnahme machen können. Dabei gibt es durchaus Bilder von diesem Tag, die Charles Ebbets etwa dabei zeigen, wie er in Lederschuhen und Schlips auf einem Stahlträger herumbalanciert und dabei seine Kamera bedient. Aber man sah Fotografien damals weniger als Kunstwerke denn als ein technisches Produkt. Die Fotografen galten deshalb auch eher als Operateure fotografischer Maschinen und weniger als Künstler oder Urheber eines besonders schützenswerten Werkes.

Die Identität der fotografierten Arbeiter spielte damals noch gar keine Rolle, und daher findet sich auf dem Original-Glasnegativ, das übrigens schon ziemlich mitgenommen ist, weder eine Liste der Namen der abgebildeten Personen noch der des Fotografen. Das Bild selbst war auch nicht von Anfang an so bekannt, sonst hätte man sich vielleicht noch die Mühe einer Recherche gemacht. Erst Jahrzehnte später wurde das Bild zu einem Standard-Postkartenmotiv. Und von da an gönnten sich die New Yorker Zeitungen alle paar Jahre den Spaß, nach den Personen auf dem Foto zu fahnden. Unzählige Kandidaten meldeten sich darauf – hätten sie alle recht und ihre Onkel, Väter, Großväter wären tatsächlich die Personen auf dem Stahlträger in dem Bild, dann hätten da nicht elf, sondern wahrscheinlich hundert Leute gesessen.

Es ist schließlich eine Dokumentation aus dem Jahr 2003, die das Ganze noch mal aufarbeitet und gezielt auf die Suche geht. Man findet nicht nur zwei der elf Männer und kann sie eindeutig identifizieren, sondern es gelingt auch in Zusammenarbeit mit den Nachkommen von Charles Ebbets, zweifelsfrei nachzuweisen, dass er tatsächlich der Fotograf dieser ikonischen Aufnahme gewesen ist. Es darf aber bezweifelt werden, dass Ebbets dieses Foto als sein wichtigstes bezeichnet hätte. Für ihn war dieser Einsatz am Rockefeller Center lediglich ein zehnmonatiger Abschnitt in seiner sehr viel länger andauernden Karriere. 1933 zog er von New York wieder zurück nach Florida und beschäftigte sich dort mit der Natur und den Ureinwohnern in den Everglades. Er wird zunächst »Official Associated Press Photograph« in der Region, gründet dann später die »Miami Press Photographers Association« und wird deren erster Präsident.

Als Pressefotograf reist Ebbets um die Welt und fotografiert die verschiedensten Ereignisse, kehrt aber immer wieder in die Everglades zurück, um dort Bilder aufzunehmen. Eine Rückenverletzung bewahrt in davor, im Zweiten Weltkrieg als Soldat eingezogen zu werden. Weil er aber einen Pilotenschein besitzt, setzt ihn die U.S. Air Force als Fotograf in den Ausbildungszentren in Florida und Südamerika ein. Als der Zweite Weltkrieg endet, kehrt Ebbets in sein Zivilleben zurück und wird Cheffotograf der City oft Miami. Fotografisch schlägt er jetzt ein ruhigeres Kapitel auf. Er fotografiert die Tiere und Landschaften der Everglades, bevor er 1978 mit 72 Jahren an Krebs erkrankt und stirbt.

Ebbets' Nachlass und Bildarchiv werden von seiner Tochter verwaltet, und so kann man inzwischen online eine ganze Reihe seiner Werke sehen.

Das Bild »Lunch atop a Skyscraper« gehört der Bildagentur Corbis und die bröckeligen Originalnegative sind schon lange nicht mehr dafür geeignet, von diesem Foto korrekte Abzüge zu machen.

Und trotzdem ist es irgendwie schön, dass dieses Foto jene Arbeiter feiert, die Gebäude wie das Rockefeller Center überhaupt erst möglich gemacht haben. Und dass es junge Abenteurer waren, die mit ihren Kameras ikonische Bilder wie dieses schufen, die danach um die Welt gingen. Da ist es fast schon wieder verzeihlich, dass dieses Foto zusätzlich noch mit der Perspektive spielt und der Stahlträger vermutlich gar nicht 250 Meter in luftiger Höhe, sondern eher eineinhalb Meter über einem geschlossenen Stockwerk schwebte (vor allem wenn man die Bilder kennt, auf denen die Leute wirklich über einem gähnenden Abgrund arbeiten).

Das U-Boot von Loch Ness

13

FOTOGESCHICHTE(N)

Was haben die folgenden Tiere gemeinsam: der Yeti, blutrünstige 1,20 Meter lange Würmer, Waldmenschen auf großem Fuß sowie eine schier unüberschaubare Menge Seemonster, beim Kraken angefangen bis hin zum berühmtesten von allen, dem Monster von Loch Ness? Genau: Es gibt keine Beweise für ihre Existenz. Sogenannte Kryptozoologen lassen sich davon aber nicht beirren. Sie sind davon überzeugt, dass manche der Geschichten einen wahren Kern haben müssen, und so suchen sie unbeirrbar nach den darin beschriebenen Wesen.

Derer gibt es viele, und besonders Seemonster scheinen schon immer die Fantasie der Menschen angeregt zu haben. Denn von ihnen existieren so viele, dass die Kryptozoologie eine eigene Fachrichtung dafür kennt, die sogenannte »Dracontologie«.

Es ist wahrscheinlich kein Zufall, dass die Blütezeit der Kryptozoologie mit der ersten Hochzeit der Hobbyfotografie zusammenfiel, in der eben auch das eine oder andere verwackelte bzw. verwaschene Foto von Spuren der Ungeheuer und sogar ihnen höchstselbst auftauchte.

Wer jedoch nicht »vom Fach« ist, kennt vermutlich nur ein Seemonster, das berühmteste von allen: Nessie. Und das dazugehörige Foto, das als »The Surgeon's Photograph« (also »Foto des Chirurgen«) bekannt wurde, heißt so, weil der Fotograf, Robert Kenneth Wilson, von Beruf Chirurg war, seinen Namen aber nicht in der Zeitung lesen wollte.

Doch erzählen wir die Geschichte lieber von Anfang an. Nessie verdankt seinen Namen dem schottischen See in der Nähe von Inverness, wo es sein Unwesen treiben soll: Loch Ness. Um die Seen in Schottland ranken sich so manche Sagen, und oft kommen darin Ungeheuer vor. Praktisch jeder größere See in Schottland hat eine Geschichte, die ganz ähnlich gestrickt ist wie die von Loch Ness.

Die erste Sichtung des Seeungeheuers von Loch Ness wird auf das Jahr 565 datiert und ist in der Lebensgeschichte eines irischen Missionars festgehalten. Dieser soll nicht im See, sondern im Fluss Ness einem Ungeheuer begegnet sein, das versucht hätte, einen Wanderer zu fressen. Der Mönch zeichnete dann einfach das Kreuzzeichen in die Luft und rief dem Tier zu, es solle sich in Gottes Namen von dannen machen und keine gottesfürchtigen Menschen fressen. Davon sei das Ungeheuer derart beeindruckt gewesen, dass es sich sofort in den Fluss zurückzog. Die ganze Geschichte wird keine hundert Jahre später von einem Abt aufgeschrieben.

Über die Jahrhunderte hinweg gibt es immer wieder einzelne Berichte von Monstern. Mal steigt ein großes Tier aus den Fluten und erschlägt Arbeiter am Ufer, dann wieder berichtet ein Mönch davon, dass der Loch Ness für seine schwimmenden lebendigen Inseln bekannt wäre.

Kurz: Ursprünglich war das Monster von Loch Ness eine lokale Sage, für die sich jenseits von Inverness niemand interessierte. Das änderte sich am 2. Mai 1933, als zum ersten Mal eine Regionalzeitung von der Sichtung eines Ungeheuers berichtete. Einheimische, so stand da zu lesen, hätten ein riesiges, im Loch tauchendes Tier gesichtet. Dieser Artikel schlug nun Wellen und löste einen richtigen Medienhype aus. Londoner Zeitungen entsandten Reporter nach Schottland und die Öffentlichkeit wartete gebannt auf Berichte und Fotos des Monsters. Ein Zirkus soll sogar eine Summe von 20.000 Pfund für das Monster geboten haben.

Aber nicht nur Journalisten und Sensationsjäger interessierten sich dafür: Mehr und mehr Menschen begaben sich nun auf die Suche nach Spuren und schnell fanden sich natürlich auch findige Geschäftemacher, die dabei »halfen«, entsprechende Beweise zu finden.

Marmaduke Arundel Wetherell war Mitarbeiter der Londoner Zeitung »Daily Mail« und einer jener Journalisten, die mit dem Auftrag losgeschickt wurden, Beweise für die Existenz des Monsters zu suchen. Er kam auch tatsächlich mit Beweisen zurück. Lokale Anwohner hatten ihm Spuren des Biests gezeigt, von denen er gleich Gipsabdrücke gefertigt und mit nach London gebracht hatte. Die waren so groß, dass sie eigentlich nur von einem Monster stammen konnten! Leider wurden sie schnell als Fälschungen entlarvt und Wetherell wurde nun nicht nur zum Gespött der Kollegen, sondern auch von seiner Arbeitgeberin »Daily Mail« öffentlich bloßgestellt.

Die Suche ging also weiter. Im April 1934 dann die Sensation: Die »Daily Mail« habe endlich Beweise gefunden! Ein Mann namens Robert Kenneth Wilson hatte zwei Fotos gemacht, auf denen ganz unzweifelhaft der Hals eines unbekannten Wassertieres zu sehen war, was der Zeitung 100 Pfund wert war. Die Bedingung, den Namen des Fotografen nicht zu veröffentlichen, war der »Daily Mail« durchaus recht. Sie nannte das Bild »The Surgeon's Photograph« und druckte es ab. Es sollte die nächsten

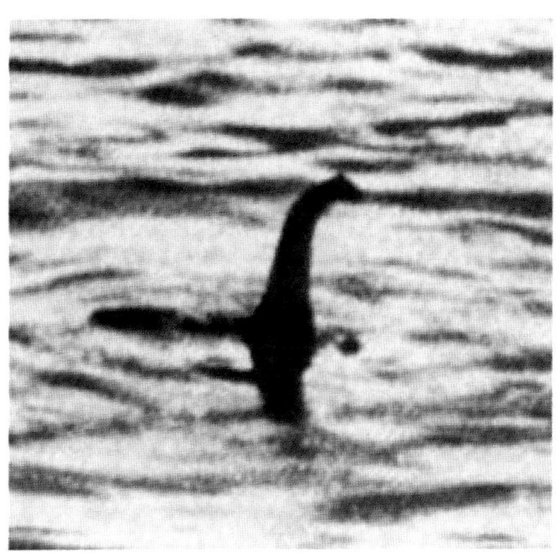

Gefälschtes Foto des Loch-Ness-Monsters (Quelle: Wikipedia)

60 Jahre als Beweis für die Existenz Nessies herhalten.

Wie immer gab es natürlich von Anfang an auch Zweifler. Zum Beispiel war nicht ganz klar, wie groß das Tier gewesen sein sollte, das der Chirurg da fotografiert haben wollte. Je nachdem, wie man das Bild beschnitt, war es entweder ein kleines Tier in ruhigem Wasser oder ein großes Tier in schwerer See. Außerdem gab es kaum weitere Angaben, nur die Geschichte, die Robert Kenneth Wilson angegeben hatte. Demnach sei er mit seinem Freund Maurice Chambers zum Fischen am Loch Ness gewesen. Seine Kamera hatte er gewohnheitsmäßig immer dabei. Als er nun dieses Tier auftauchen sah, riss er die Kamera hoch und machte mehrere Aufnahmen. Zwei von ihnen waren dann auch scharf genug. So weit die Geschichte.

Wieder und wieder untersuchten Zweifler das Bild, aber niemand konnte erklären, was da eigentlich zu sehen war. Man argumentierte zudem, dass ein Chirurg eher als glaubwürdig zu gelten habe. Wilson komme zwar nicht aus der Region, aber das bisschen Geld, das er mit dem Foto verdient habe, könne für ihn sicherlich keine ausreichende Motivation gewesen sein, um zu lügen. Und er habe ja nicht einmal Ruhm gesucht, sondern auf Anonymität bestanden.

Also wurde dieses Foto nicht nur ein Grundstein der Kryptozoologie, sondern auch gleichzeitig der Startpunkt einer regelrechten Loch-Ness-Monster-Industrie. Es gibt Nessie-Merch, Nessie-Entdeckerreisen, Nessie-Forscher, Nessie-Sagen, -Bücher, -Filme, Historical Tours …

Die Region verdankt dem Monster geschätzt ungefähr 30 Mio. Euro Einnahmen jährlich. Außerdem prägte das Foto unsere Vorstellung von einem Seeungeheuer – wahlweise als eine große Seeschlange oder als eine Art Dinosaurier. Aus letzterer Vorstellung speist sich auch eine der beliebtesten Theorien: Ein Tier der Urzeit, ein großer Wasserdino, hat überlebt und hält sich jetzt in den Tiefen des Sees auf. Irgendwann rückte man daher mit Sonarschiffen an, um den See systematisch zu erkunden, und man fand … nichts. Aber wer weiß? Vielleicht hatte sich das Monster nur sehr ruhig verhalten?

60 Jahre alt ist das Foto, als sich die Geschichte schlussendlich aufklärt. Als Robert Kenneth Wilsons Freund Maurice Chambers stirbt, hinterlässt

dieser diverse Aufzeichnungen und Tagebucheinträge, die die komplette Geschichte erzählen.

Achtung Spoiler: Nichts an dem Foto und an der sich darum rankenden Geschichte entspricht der Wahrheit.

Das fängt schon bei dem angeblichen Fotografen Robert Kenneth Wilson an. Der hatte nämlich gar nicht die Kamera in der Hand. Außerdem müssen wir uns Marmaduke Arundel Weatherell in Erinnerung rufen, jenen Journalisten, der die vermeintlichen Fußabdrücke gefunden und darüber berichtet hatte, sich dann öffentlich bloßstellen lassen musste und seither überlegte hatte, wie er es der »Daily Mail« heimzahlen konnte.

Weatherell war ursprünglich und hauptsächlich Filmemacher. Dadurch erschien ihm eines völlig klar: Ein Beweisfoto wäre ja wohl viel besser als Fußabdrücke! Und wäre es nicht fantastisch, wenn die Zeitung, die ihn zum Gespött der Leute hatte werden lassen, weil er auf Spuren hereingefallen war, nun ihrerseits auf ein Foto hereinfiele? Um solch ein Foto zu fabrizieren, suchte er sich jemand mit Talent für Skulpturen, seinen Schwiegersohn Christian Sperling. Der fand den Plan großartig und konstruierte ein Modell auf Basis eines Spielzeug-U-Boots. Sein Sohn Ian Weatherell war ebenfalls mit an Bord des Racheplans. Als Hobby-Fotograf war er dann auch derjenige, der das Foto schoss.

Allen ist klar, dass die Bilder nicht zu gut werden dürfen. Es muss ja spontan aussehen. Und erwischt werden wollen sie dabei auch nicht. Die Männergruppe trifft sich also am See und beginnt Aufnahmen zu machen. Um ein Haar geht das Ganze schief: Denn kaum hat man das U-Boot zu Wasser gelassen und mit den ersten Aufnahmen begonnen, nähert sich ein Patrouillenboot. Weatherell verpasst dem Gefährt daraufhin einen beherzten Tritt, sodass es versinkt, bevor sie auffliegen können. Um endgültig Weatherells Beteiligung an dem Foto zu verschleiern, ist es dann der befreundete Robert Wilson, der das Foto offiziell der »Daily Mail« anbietet.

Als die Männer ihre Aufnahmen machten, konnte niemand ahnen, wie sehr das Foto einschlagen würden. 60 Jahre hielten die Beteiligten dicht und müssen in dieser Zeit einen Mordsspaß gehabt haben. Inzwischen hat dieses Bild ein Eigenleben entwickelt, das nicht mehr einzufangen ist. Mittlerweile ist unerheblich, dass es eigentlich nur ein Spielzeug-U-Boot gewesen war, das hier fotografiert wurde. Die Argumentation dahinter: Nur weil das einzige Foto, das wir vom Monster von Loch Ness haben, eine Trickaufnahme ist, heißt das ja nicht, dass es nicht trotzdem ein Seeungeheuer in Loch Ness geben könnte, oder?

Die Madonna der Wanderarbeiter

14

FOTOGESCHICHTE(N)

Nach einer Zeit des wirtschaftlichen Aufschwungs kamen in den USA der 1930er-Jahre gleich mehrere Katastrophen zusammen, die Millionen von Menschen schwer trafen: Die Weltwirtschaftskrise hatte zum Zusammenbruch der Aktienmärkte geführt, was Millionen Kleinanleger um ihre Ersparnisse brachte, während in den südlichen Staaten eine Jahrhundertdürre auf eine radikal vom Menschen umgeformte Landschaft stieß und zu einer ökologischen Katastrophe führte, die als »Dust Bowl« in die Geschichtsbücher einging.

Der amtierende Präsident Franklin D. Roosevelt setzte eine Reihe von Programmen auf in dem Versuch, die über 20 Prozent betroffenen Amerikaner zu unterstützen und die Schäden für die amerikanische Wirtschaft unter Kontrolle zu bekommen.

Das war besonders deswegen schwierig, weil die Lasten im Land ungleichmäßig verteilt waren. Während der arme Süden besonders von den ökologischen Verwerfungen unmittelbar betroffen war und viele Menschen zur Aufgabe ihrer Heimat gezwungen wurden, hatten die nördlicheren Bundesstaaten in erster Linie mit den wirtschaftlichen Herausforderungen der Krise zu kämpfen.

Der sich dramatisch erhöhenden Zahl an Binnenflüchtlingen aus Staaten wie Utah stand man in vergleichsweise wohlhabenden Bundesstaaten wie Kalifornien fast schon feindlich gegenüber. Saisonarbeiter wurden zwar zähneknirschend geduldet, aber allgemein war es den Einwohnern nicht leicht zu vermitteln, warum die Regierung Milliarden in Hilfsprogramme investierte.

Um die Akzeptanz in der Bevölkerung zu erhöhen, wurde daher eine Behörde gegründet, die nicht nur die verschiedenen Hilfsprogramme koordinieren, sondern vor allem auch deren Notwendigkeit und späteren Erfolg dokumentieren sollte, die sogenannte »Farm Security Administration«.

Ziel dieser von Roy Stryker geleiteten Behörde war es unter anderem, für Akzeptanz in der Bevölkerung zu werben, indem den Menschen, denen es zu helfen galt, ein Gesicht gegeben wurde.

Es ist eines der ambitioniertesten fotografischen Projekte der Geschichte: Man schickt 22 Fotografinnen und Fotografen kreuz und quer durch die USA mit dem Auftrag, die betroffenen Menschen zu fotografieren. Über 164.000 Aufnahmen sind heute noch in der Library of Congress frei einsehbar und dokumentieren die in den USA als »Great Depression« bekannte Zeit aus der Perspektive von Farmern, Fabrikarbeitern, Wanderarbeitern und anderen Betroffenen. Gleichzeitig ist das Projekt ein Karrieresprungbrett für viele beteiligte Fotografinnen und Fotografen. Die sind zwar in der Regel auch vorher schon erfolgreich gewesen, viele von ihnen gelangen aber nach ihrer Zeit bei der FSA zu einer teils beachtlichen Popularität.

Von den vielen Fotografien, die damals entstanden, ist eine von besonderer Bedeutung und derart bekannt, dass sie jedes amerikanische Kind schon in der Schule als das Gesicht der »Great Depression« verinnerlicht. Es zeigt die zum Zeitpunkt der Aufnahme 33-jährige Mutter Florence Owens Thompson. Sie war mit ihren Kindern als Erbsenpflückerin nach Kalifornien eingewandert und wurde von der FSA-Mitarbeiterin Dorothea Lange in einem Flüchtlingslager fotografiert. Dorothea Lange erzählte später, dass sie auf dem Heimweg gewesen sei und einer spontanen Eingebung folgend das Lager angesteuert habe, in dem Thompson mit ihren Kindern gestrandet war.

Florence Thompson war die Tochter einer indianischen Familie und als Witwe mit ihren damals sechs Kindern allein unterwegs auf der Suche nach Arbeit. Dorothea Lange sah sie, verbrachte insgesamt etwa zehn Minuten mit ihr und der Familie und fertigte dabei acht Aufnahmen an. Sieht man die Bilder in Reihe, drängt sich der Verdacht auf, dass Dorothea Lange durchaus Regieanweisungen gab und nach und nach näher an die Szene heranrückte, während sie die Aufnahmen machte.

Nachdem die von der FSA beauftragten Fotografen und Fotografinnen nach Abschluss des Projekts ihre Arbeiten abgeliefert hatten, wurden diese schnell für die Bebilderung von Artikeln eingesetzt – zunächst im »San Francisco Chronicle« und dann auch in anderen Zeitungen. Die Bilder sorgten für eine Welle der Sympathie und Hilfsbereitschaft, ebenso die Textbeiträge: Die Familie ernähre sich von gefrorenen Erbsen, erfuhren die Leser, und Florence Thompson sei gestrandet, weil sie gezwungen gewesen sei, die Reifen ihres Autos zu verkaufen …

Es kommt zu einer Spendenaktion und die kalifornischen Behörden beschließen, das Lager, in dem Florence Thompson untergebracht ist, mit Hilfsleistungen zu unterstützen. Florence Thompson bekommt von dem ganzen Wirbel nichts mit. Weder ist ihr bewusst, dass ihr Foto inzwischen

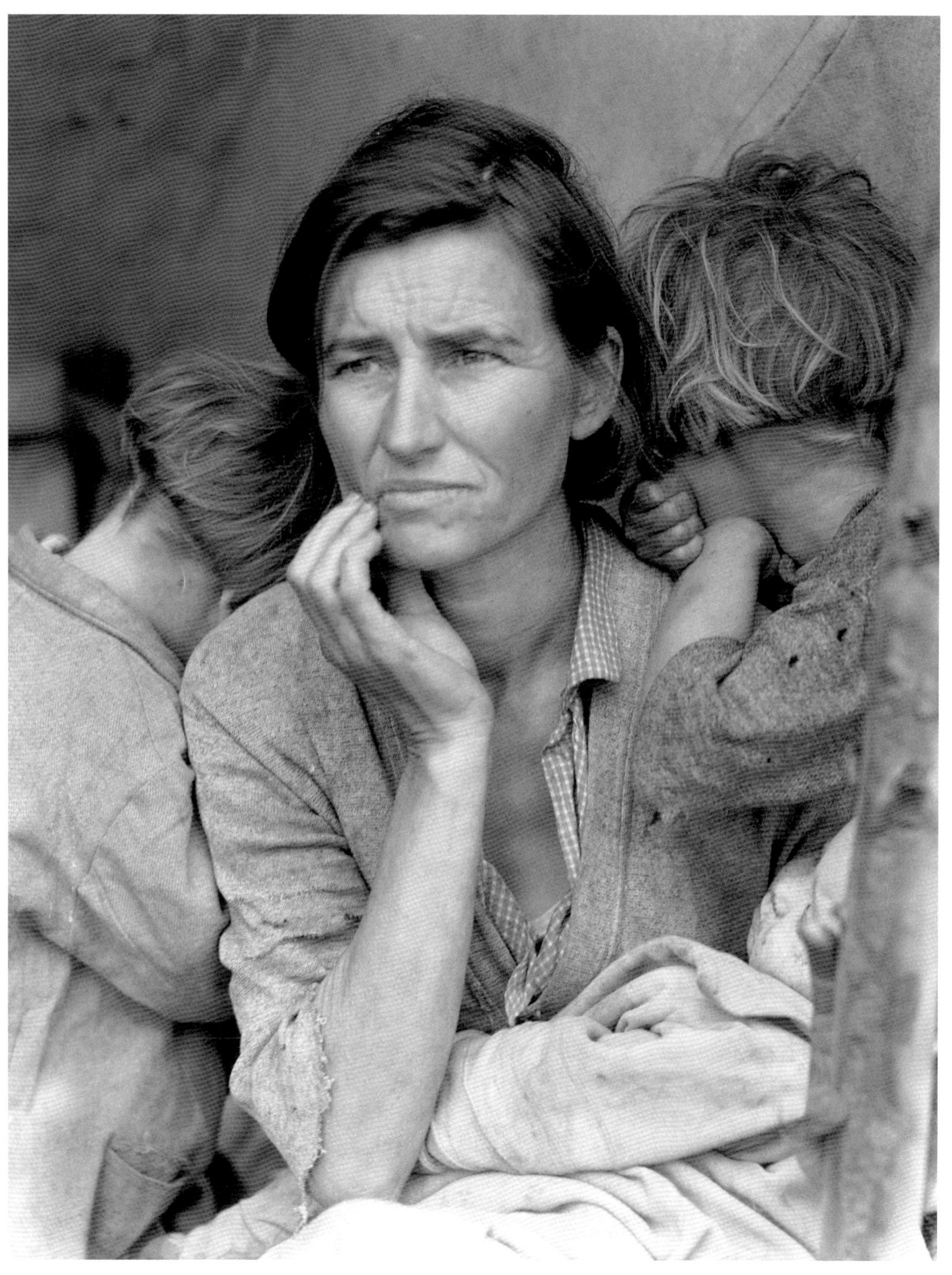

»Migrant Mother«, 1936 (Quelle: Library of Congress)

als Gesicht der Krise in den USA um die Welt gegangen ist, noch hat sie im Lager lange genug ausgeharrt, um das Eintreffen der Unterstützung zu erleben. Sie ist mit ihrer Familie kurz nach Dorothea Langes Besuch bereits wieder unterwegs auf der Suche nach Arbeit …

Erst Jahre später erfährt sie davon, dass ihr eigener Tiefpunkt Gegenstand der landesweiten Geschichtsschreibung geworden war. Inzwischen in geregelten Verhältnissen lebend, zieht sie vor Gericht, um eine Einstellung der Veröffentlichung ihres Bildes zu erreichen. Allerdings kann sie sich den Weg durch die Instanzen nicht leisten und muss daher aufgeben.

Durch den Vorgang kannte die Öffentlichkeit nun die Identität der »Migrant Mother« und wusste damit mehr als Dorothea Lange, die sich zwar Notizen zu dem Vorgang gemacht, aber nie nach dem Namen ihres Gegenüber erkundigt hatte.

Dorothea Lange hat beispielsweise immer behauptet, es habe eine Art Austausch gegeben, bei der sie Florence Thompson klargemacht habe, dass diese Bilder ihr und anderen Menschen in ähnlichen Notlagen helfen würden. Florence Thompson dagegen erinnert sich kaum daran, ein Wort mit Lange gewechselt zu haben. Sie beschreibt den Vorgang wesentlich nüchterner: Eine gut gekleidete Frau sei mit einem neuen Wagen in das ärmliche Camp gefahren, habe eine große Kamera ausgepackt und dann ziemlich schnell zu fotografieren begonnen. Über den Zweck und eventuelle Veröffentlichungen habe sie nicht mit ihr gesprochen, und keine der beiden Frauen erfuhr den Namen der jeweils anderen. Allerdings hab Thompsons Erinnerung zufolge Dorothea Lange versprochen, dass keines der Bilder veröffentlicht würde. Die Geschichte, die Dorothea Lange ihrerseits erzählt, ist auch nicht allzu belastbar – hat sie doch die meisten Fakten aus dem Kopf basierend auf zehn Minuten Unterhaltung notiert.

Geld hat keine der beiden für die Aufnahme gesehen. Dorothea Lange musste ja alle im Rahmen ihrer FSA-Aufträge entstandenen Aufnahmen abtreten, und Florence Thompson wurden ohnehin keinerlei Rechte zugesprochen.

Letzteres ist besonders tragisch, wenn man bedenkt, dass einzelne Originaldrucke des Bildes für über 800.000 Dollar verkauft werden, während sich Thompson bis zu ihrem Tod in einer eher prekären finanziellen Lage befindet. Als 1983 bei ihr Krebs diagnostiziert wird, zwingt dies die Familie dazu, einen öffentlichen Spendenaufruf zu starten, um die teure Behandlung zu finanzieren. Die notwendigen Mittel kommen zusammen, aber Florence erleidet während der Behandlung einen Schlaganfall, von dem sie sich nicht mehr erholt.

Göttliche Weiblichkeit – die Geschichte des Vulkanier-Grußes

15

Ich bin mit Leonard Nimoy in seiner Rolle als »Mister Spock« in »Raumschiff Enterprise« aufgewachsen. Trotzdem war mir nicht bewusst, dass er sich selbst nicht hauptsächlich als Schauspieler, sondern zuallererst als Fotograf sah.

Nimoy wuchs als Sohn gläubiger Juden in Boston auf und war daher regelmäßiger Gast in der örtlichen Synagoge. Bei dem Besuch, um den es hier gehen soll, war er ungefähr neun Jahre alt. Familie Nimoy nahm anlässlich eines religiösen Festtags am Gottesdienst teil. Irgendwann kam der Moment, in dem die Rabbis die Gemeinde segnen. Juden haben einen Gebetsschal, den sie in solchen Momenten über ihren Kopf ziehen.

Der Segen brauchte eine ganze Weile. Nimoy hat sich später erinnert, dass sein Vater irgendwann sagte, er solle seine Augen bedecken und auf gar keinen Fall schauen. Welcher Neunjährige könnte so einer Versuchung widerstehen? Nimoy tat, was ich an seiner Stelle auch getan hätte: Er versuchte möglichst unauffällig einen Blick auf die geheimen Geschehnisse zu werfen. Was er sah, wirkte einigermaßen bizarr: Die Priester hatten Schals über den Kopf gezogen, die Hände in Richtung ihrer Gemeinde gestreckt, wiegten ihre Körper links und rechts, vorwärts und rückwärts, während sie mit beiden Händen die Geste machten, die wir heute als den Vulkanier-Gruß kennen.

Leonard Nimoy (»Spock«) auf der Las Vegas Star Trek Convention 2011 (Bild: © Beth Madison)

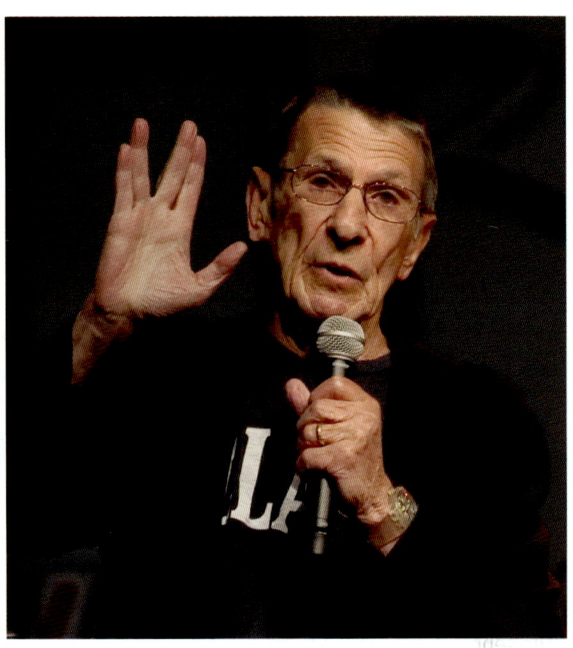

Diese Handgeste steht für den hebräischen Buchstaben Schin. Einige sehr wichtige hebräische Wörter fangen mit eben diesem Buchstaben an: »Shaddai« etwa (das Wort für Gott), »Shalom« (das Wort für Frieden) und es ist der erste Buchstabe im Wort »Schechina«, das für die weibliche Seite Gottes steht.

Orthodoxe Juden glauben, dass in dem Moment des Segens, den der kleine Nimoy beobachtet hatte, die weibliche Seite Gottes anwesend ist und die Gemeinde segnet. Schechina ist aber so energiereich, strahlend und leuchtend, dass der Anblick tödlich sein kann. Darum verdecken alle Anwesenden ihre Augen.

Nimoy wusste nichts von alledem. Es hatte in der Synagoge nichts Strahlendes zu sehen gegeben, aber das Erlebnis blieb dennoch in Erinnerung. Als er später in seiner Rolle als Mister Spock in der Serie »Star Trek« seinen Heimatplaneten Vulkan besuchen sollte und dort zum allerersten Mal andere Vulkanier treffen würde, wünschte er sich, irgendeine spezifische Begrüßung und Geste mit in seine Rolle einbringen zu können. Asiaten verbeugen sich voreinander. Westliche Menschen schütteln sich die Hände. Welche Geste wäre für Vulkanier passend? Da fiel ihm wieder dieser Synagogenbesuch ein und er schlug die Handgeste vor, die er damals bei den Priestern gesehen hatte, und die »Star Trek«-Macher übernahmen die Idee.

Heute würde man so eine derart schnell Verbreitung findende Idee einen »viralen Hit« nennen. Der Vulkanier-Gruß zusammen mit der Grußformel »Live Long and Prosper« entwickelte sich zu solch einer Konstante, dass sie unlösbar mit der Figur des Spock und dem Volk der Vulkanier verbunden wurde und aus der Popkultur nicht mehr wegzudenken ist. Allerdings wusste auch Nimoy damals noch nicht, welchen Hintergrund die Geste eigentlich hat, und bat seinen Rabbi um Aufklärung.

So erfuhr Nimoy vom göttlichen Licht der weiblichen Seite Gottes. Nimoy war zeit seines Lebens Fotograf. Mit elf Jahren hatte er das erste Mal eine Kamera bedient und früh gelernt, Filme selbst zu entwickeln und in der Dunkelkammer weiter zu bearbeiten. Sein erstes Studium war das der Fotografie. Für Nimoy bedeutete Fotografie ein persönliches, poetisches Medium. Er schrieb außerdem Gedichte. Seine Bilder waren oft eine Mischung aus Tagebuch und Selbstausdruck.

Als er diese Geschichte der weiblichen Seite Gottes und ihrer Strahlung hörte, beschloss er, daraus ein fotografisches Projekt zu machen. Er würde versuchen, diese weibliche Göttlichkeit in Fotos auszudrücken, und begann die Arbeit an einer Porträtserie zum Thema mit dem Titel »Shekhina«.

Es beinhaltet sinnliche Schwarz-Weiß-Aufnahmen jüdischer Frauen, teils mit Gebetsschal, die mal mehr und mal weniger abstrakt sind und eine teils sehr ungewöhnliche Lichtführung haben. Als das Buch 2002 auf dem Markt erschien, entbrannte eine Kontroverse.

Nicht jeder orthodoxen jüdischen Gemeinde gefiel die Tatsache, dass man jede Menge Nacktheit in diesem Bildband sah. So hatte eine Gemeinde in Seattle Nimoy eigentlich eingeladen, sein Buch dort vorzustellen. Als sie dann feststellten, dass es im Buch um Gott in seiner weiblichen und teils sehr puren weiblichen Form ging, schlug man zunächst das Weglassen der Nacktbilder vor. Damit hätte Nimoy kein Problem gehabt, zumal es nur vier bis fünf Bilder betraf. Doch dann änderte die Gemeinde noch mal ihre Meinung und entschloss sich, doch lieber gar keine Bilder bei der Präsentation zu zeigen.

Weil nun das Vorstellen eines Bildbandes ohne Bilder wenig Sinn macht, lehnte Nimoy ab und wurde ausgeladen. Das sorgte wiederum Schlagzeilen. Bis heute ist die Diskussion kontrovers. Die einen finden die Darstellung nackter Frauen mit männlichem Gebetsschal anrüchig. Andere verweisen darauf, dass es in der jüdischen Tradition reichlich sexuelle und sinnliche Anspielungen gibt und es daher eigentlich keinen Grund gibt, dieses Werk zu verdammen. Nimoy gehe darin doch sehr geschmack- und respektvoll mit dem Thema um.

Manch strenggläubiger jüdischer Amerikaner mag anschließend nach weiteren Fotoprojekten Nimoys gegoogelt und unter anderem seine Bilderserie »Full Body« gefunden haben. Nimoys Arbeiten befassten sich oft mit dem menschlichen Körper, und »Full Body« war da keine Ausnahme. Hier lichtete Nimoy besonders füllige Frauen ab, die zwar vor Lebenslust geradezu strotzen, aber einen Körper haben, der in unserer von Fitness besessenen Bilderkultur so gut wie nie präsentiert wird. Ein Großteil dieser Serie besteht aus Aktaufnahmen, und für wen schon in »Shekhina« zu viel Haut zu sehen war, der muss von diesen Aufnahmen erst recht schockiert gewesen sein.

Ein Bild aus diesem Projekt sticht besonders heraus: Nimoy nahm ein sehr berühmtes Bild Helmut Newtons, in dem dieser gehende Businessfrauen einmal bekleidet und in identischer Pose nackt nebeneinandergestellt abgebildet hatte, und zitierte das Setting mit seinen Models. Helmut Newtons Aufnahme ist natürlich weitaus bekannter, aber das Bild von Nimoy besitzt meiner Meinung nach wesentlich mehr Persönlichkeit.

In jedem Fall ist es ein schöner Gedanke, dass wir beim ikonischen Gruß der Vulkanier eigentlich die weibliche Seite Gottes begrüßen.

Schade ist, dass der Fotograf Nimoy so gut wie nirgends erwähnt wird. Er starb 2015 im Alter von 83 Jahren. 72 davon hat er regelmäßig fotografiert. In den online auffindbaren Nachrufen wird ausschließlich von seiner Arbeit als Schauspieler und besonders seiner Rolle als »Mister Spock« gesprochen. Nimoys Gedichte, Bücher und seine Fotografie sind mindestens genauso interessant, werden aber nur entdeckt, wenn man gezielt danach sucht.

Die beste Fotografin der Welt

16

1942 – eine junge Frau schleppt mehrere große, schwere Kisten, vollgestopft mit Kameraequipment, an Bord eines Militärschiffs. In ihrer Tasche: die offizielle Genehmigung, dass sie im Auftrag des »Life Magazine« an der hochgeheimen Invasion in Nordafrika teilnehmen darf. Als Fotografin will sie die Landung der Truppen festhalten.

Diese Genehmigung überhaupt zu bekommen, hat sie Monate hartnäckiger Arbeit gekostet. Noch nie wurde offiziell eine weibliche Fotografin in den Krieg geschickt. Es gibt sowieso kaum weibliche Fotografinnen, geschweige denn weibliche Fotojournalistinnen.

Der Großteil der Soldaten wird mit Truppentransportern eingeflogen. Margaret Bourke-White will auch in so einem Flugzeug sitzen, wird davon aber in letzter Minute durch einen diensthabenden Offizier abgehalten. »Unsere Flugzeuge haben keinen Platz für eine Frau! Nehmen Sie das Schiff.«

Das Schiff braucht natürlich deutlich länger, und eigentlich hat sich damit ihr Auftrag erledigt, die Landung der Truppen zu fotografieren. Ihre männlichen Berufskollegen haben dieses Problem nicht, sie dürfen selbstverständlich an Bord der Truppentransporter mitfliegen. Aber Bourke-White lässt sich nicht entmutigen. Sie wird mit dem arbeiten, was sie vorfindet.

Die Tage auf See ziehen sich endlos hin. Zwei Tage noch, dann würde auch sie endlich da sein, so wie ihre Kollegen. Da trifft ein Torpedo ihr Schiff, das schnell zu sinken beginnt.

Bourke-White greift in Panik schnell ihre Schwimmweste, versucht noch, eine Kamera mitzunehmen, aber die ist groß und schwer und so lässt sie sie zurück. Sie rennt zu dem ihr zugeteilten Rettungsboot und sieht dann zusammen mit den anderen 16 Insassen zu, wie sich das Kriegsschiff, das sie an die Küste bringen sollte, langsam neigt und in den Fluten versinkt. Sie wird später in ihrer Biografie schreiben, dass sie nie mehr Angst hatte als in diesem Moment, und außerdem grenzenlos bereute, keine kleineren Kameras mitgenommen zu haben. Was für großartige Bilder hätte sie machen können! Wer weiß, ob überhaupt noch etwas aus ihrem Auftrag wird? Solche oder ähnliche Gedanken müssen ihr durch den Kopf gegangen sein, als britische Kampfflugzeuge die Schiffbrüchigen aufspüren und ihre Rettung veranlassen.

Dass nicht nur Soldaten, sondern auch eine Frau an Bord gewesen war, eine Fotoreporterin noch dazu, ist sofort eine Sensation. Als Margaret Bourke-White endlich an ihrem Ziel ankommt, ist die Geschichte schon auf dem Weg um die Welt und sie eine Berühmtheit. Die furchtlose amerikanische Kriegsreporterin, die einen Torpedoangriff überlebt und darüber schreibt – das ist eine Nachricht, die allen anderen die Schau stiehlt. Einer ihrer vorausgeflogenen männlichen Kollegen kommentiert die Ereignisse grimmig: »Ich sitze hier stundenlang rum und warte darauf, dass ich endlich mal zur Action darf, und dann kommt diese Tussi daher und hat auch noch das Glück, einen Torpedoangriff zu überleben.«

Aber Margaret Bourke-White will ja sowieso dorthin, wo gekämpft wurde, schließlich lautete ihr Auftrag, über die Einsätze der U.S. Air Force zu berichten. Also, so denkt sie, müsse sie mindestens ein Mal bei einem Angriff mitgeflogen sein. Bisher wurde ihr dafür die Genehmigung verweigert. Aber nach dem überstandenen Torpedoangriff hat der Befehlshaber ein Einsehen.

Er fragt, ob sie immer noch an einem Einsatz teilnehmen will, und als sie bejaht, meint er: »Jetzt hast du einen Torpedo überlebt, dann kannst du den Rest auch sehen« – und greift zum Telefon, um die notwendige Genehmigung zu erteilen. Und so geht Margaret Bourke-White aus dieser Anekdote als die erste amerikanische, akkreditierte Kriegsreporterin überhaupt heraus, die einen Bombenangriff aus allernächster Nähe fotografieren darf – für das »Life Magazine«.

Nun gilt sie endgültig als Ausnahmefotografin.

Wem die Geschichte bis hierhin in ihren Grundzügen bekannt vorkam, fühlt sich vielleicht an Alfred Hitchcocks Film »Lifeboat« erinnert, der ganz eindeutig von dieser Anekdote inspiriert war. Wer sich als Regisseur mit der Geschichte von Margaret Bourke-White beschäftigt, kann wahrscheinlich gar nicht anders, als daraus einen Film machen zu wollen – da gibt es so viel zu entdecken, so viele ungewöhnliche Lebensstationen.

Geboren wird Bourke-White 1904 in der Bronx in New York. Sie hat eine ältere Schwester und einen jüngeren Bruder und erbt von ihrem Vater die Leidenschaft für Technologie, speziell Großtechnologie hat es ihr angetan. Der Vater ist Hobbyfotograf und hat diverses Equipment daheim. Ihre Eltern verbindet eine Leidenschaft für die Natur und der unerschütterliche Glaube, dass man alles erreichen kann und vor nichts Angst haben sollte.

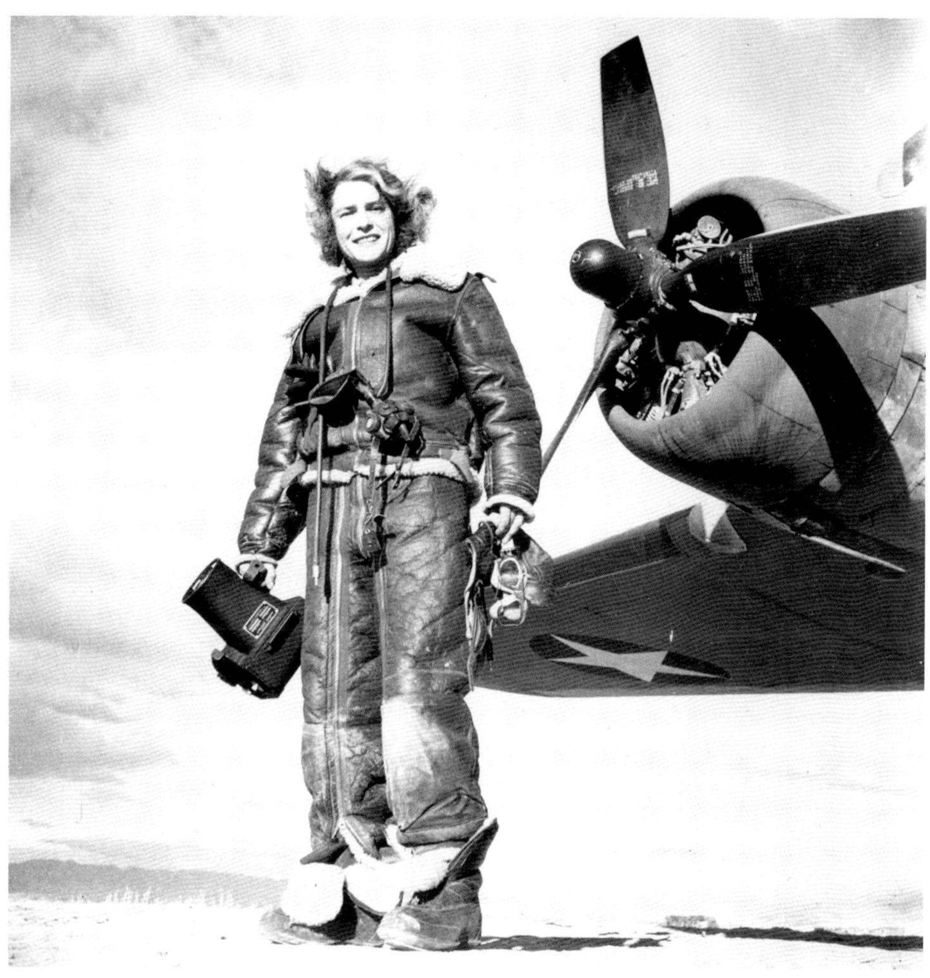

Die »Life Magazine«-Fotojournalistin Margaret Bourke-White trägt während eines Einsatzes im Zweiten Weltkrieg im Februar 1943 vor einem Flugzeug der Alliierten, der »Flying Fortress«, eine Flugausrüstung für große Höhen. (Quelle: Picture Alliance)

Von ihrem Vater übernimmt sie das Interesse an Technologie und die absolute Disziplin. Von ihrer Mutter, so schreibt sie später selbst, lernte sie, sich nicht mit dem einfachen Ergebnis zufriedenzugeben. Außerdem haben die Eltern den Ehrgeiz, ihren Kindern jegliche Ängste zu nehmen, und so wächst Margaret mit Reptilien und Klettereien in großer Höhe auf.

Zunächst sieht es so aus, als ob die Reptilien ihre Zukunft werden würden. Margaret will Reptilienkunde studieren und schreibt sich in der Columbia University ein. Der Vater stirbt, kaum dass sie ein Jahr lang studiert hatte. Die Familie gerät dadurch in eine finanziell schwierige Lage. Für

Bourke-White ist das der Beginn einer kleinen Odyssee durch verschiedene Universitäten und nebenbei der Anfang ihrer Fotokarriere. Sie beginnt, kleinere Aufträge anzunehmen und damit ihr Einkommen aufzubessern.

Nach dem Studium an sieben verschiedenen Universitäten und diversen Kursen erwirbt sie an der Cornell University den Bachelor of Arts und zieht nach Cleveland, Ohio, wo sie ihr erstes offizielles Fotostudio eröffnet. Architektur und große Industrieanlagen haben es ihr besonders angetan – eine Liebe, die sie von ihrem Vater übernommen hat.

Margaret besitzt ein Händchen für die perfekte Perspektive. Sie findet Wiederholungen und Muster. Sie schafft es, ungewöhnliche Positionen einzunehmen, und vor allem hat sie ein ungewöhnliches Talent, mit den in Industrieanlagen sehr schwierigen Lichtverhältnissen umzugehen.

Als einen ihrer ersten Kunden gewinnt sie die Otis Steel Company. Sie überzeugt deren Chef, ihr die Genehmigung zu erteilen, in seinen Werken zu fotografieren. Der rechnet wahrscheinlich damit, dass sie als Fotografin nur zwei, drei Mal auftauchen, Aufnahmen machen und ihm dann irgendwann ein Portfolio zum Verkauf anbieten werde. So erteilt er ihr also die Genehmigung und begibt sich anschließend auf eine Europareise.

Womit er wahrscheinlich nicht gerechnet hatte: Margaret Bourke-White war besessen von dem perfekten Foto und in dem halben Jahr, während er sich auf Reisen befand, fuhr sie praktisch jeden Tag in seine Fabriken, um dort Aufnahmen zu machen.

Bourke-White war Perfektionistin und irgendwann wurde ihr klar, dass gerade in Stahlwerken die Lichtverhältnisse so anspruchsvoll waren, dass sie spezielles Filmmaterial und künstliche Beleuchtung bräuchte. Also fing sie an, ihre Sets mit Magnesiumfackeln zu beleuchten. Hatten die Stahlarbeiter anfangs noch Angst, eine Frau würde vielleicht bei der Hitze vor Ort in Ohnmacht fallen oder sich anderweitig in Gefahr bringen, stellten sie rasch fest, dass Bourke-White mit schlafwandlerischer Sicherheit herumkletterte und für das richtige Bild vor gar nichts Angst hatte. Es entstanden fantastische Aufnahmen – Bilder, die auch heute noch modern wirken – und es sind diese Fotografien, die ihr dann neue Türen öffnen.

Ihre Arbeit erscheint auf vielen Ebenen vollkommen ungewöhnlich. Zumal in den 1930er-Jahren Frauen sowieso kaum mit großen Kameras unterwegs sind. Es ist die Zeit der Kodak Brownie, die speziell mit der Zielgruppe »Frauen« beworben wird und sich dadurch auszeichnet, dass man nichts einstellen und nichts wissen muss: »You press the button, we do the rest« war der Slogan der Kodak Company.

Und hier kommt nun eine junge, kleine Person und hantiert nicht nur mit Maschinen, um Fotos zu machen, sondern fotografiert auch noch bevorzugt riesige Industrieanlagen. Stahlwerke. Häfen. Schlachthöfe. Und sie ist energiegeladen, furchtlos, zielstrebig. Sie nötigt den Männern, die mit ihr zu tun haben, absoluten Respekt ab. Sie nimmt sich Dinge heraus und sie will erfolgreich sein. Ihre Aufnahmen sind jedenfalls außergewöhnlich genug, dass nicht nur die Otis Steel Company ihre Bilder kauft, sondern sie damit ganze Ausstellungen bestreitet und weit über die Grenzen ihres Heimatbundesstaates hinaus bekannt wird.

Bourke-White geht zurück nach New York, um dort ein Studio zu eröffnen, und bekommt den Auftrag, das gerade im Bau befindliche Chrysler Building zu fotografieren. Auch diese Arbeiten sind ein Erfolg. Sie macht Aufnahmen aus ungewöhnlichen Perspektiven; besonders die vier gigantischen Adlerköpfe haben es ihr angetan.

Bourke-White beschließt: Sie will eine der wenigen Mieterinnen in diesem Gebäude werden. Zumindest ihr Studio möchte sie im Chrysler Building haben, wenn möglich, dort auch wohnen. Sie setzt sich das so sehr in den Kopf, dass sie sich als Hausmeisterin für das Gebäude bewirbt. Für diese Stelle erhält allerdings jemand anderes den Zuschlag. Überhaupt sieht es eine Weile danach aus, dass sie noch nicht mal ihr Studio dort einrichten darf, denn die Vermieter sind skeptisch: Sie ist eine junge, attraktive, bekannte Frau. Da würde es doch mit dem Teufel zugehen, wenn sie nicht irgendwann heiratet, Kinder bekommt und plötzlich keinen Job mehr hat – und so dann auch nicht mehr die Miete bestreiten kann …

Zumindest letzteres Problem hatte sich erledigt, als Margaret Bourke-White das Angebot erhält, das neu gegründete Magazin »Fortune« als Fotografin zu begleiten. Sie ist die einzige Frau in der gesamten Belegschaft und »Fortune« möchte als neu gegründetes Bildmagazin die Geschichte der jungen, aufstrebenden Industriekultur in Amerika und weltweit begleiten. Ein Job wie für sie geschaffen.

Sie bekommt also ihr Studio mit Blick auf die Adlerköpfe und eine Terrasse, auf der sie eigentlich nichts zu suchen hat, aber trotzdem Besucher empfängt und in einem abgetrennten Bereich zwei kleine Alligatoren hält. Es gab ja mal eine Zeit, da wollte sie Expertin für Reptilien werden. Diese Liebe hat sie nie so richtig aufgegeben.

Übernachten darf sie nicht in diesem Studio. Aber sie ist besessen von ihrer Arbeit, und so verbringt sie jede freie Minute und oft Tag und Nacht mit Blick über New York City und fotografiert auch viele Male diesen Blick. Ein sehr bekanntes Foto von ihr zeigt sie mit Kamera auf einem der Adlerköpfe in knapp 200 Meter Höhe, um eine Aufnahme von Manhattan zu machen. Ihr Assistent, sicher positioniert im Studio, macht dieses Foto. Das Bild zeigt sie in ihrem Element: furchtlos und bereit, alles für das richtige Bild zu tun.

Als Mitherausgeberin, Fotografin und Autorin des Magazins »Fortune« reist Margaret Bourke-White jetzt um die Welt. Sie besucht Deutschland und fotografiert dort die IG Farben und in Hamburg den Hafen. Sie ist die erste westliche Fotografin, die die Genehmigung erhält, in der Sowjetunion die dort neu gebauten Industrieanlagen aufzunehmen.

Die Sowjetunion sah sich im Wettlauf mit den USA und hatte einen mehrere Jahrzehnte langen Vorsprung aufzuholen. Bourke-White fotografierte Großbaustellen, Dämme, Kraftwerke, gigantische Industrieanlagen sowie zunehmend auch die Arbeiterinnen und Arbeiter.

Inzwischen ist die Mittdreißigerin eine weltweite Celebrity. Man kennt sie. Sie ist regelmäßig im Radio zu Gast, um Interviews zu geben, und bekannt für ihren extravaganten Lebenswandel. Wenn sie nicht gerade unterwegs ist, genießt sie das Leben in vollen Zügen. Sie wird zu einem Vorbild für Mädchen und junge Frauen. Nicht lange, und Bourke-White steht für die moderne amerikanische Frau, die weiß, was sie will, und die alles erreichen kann.

1936 startet mit »Life« ein weiteres ikonisches Magazin. Margaret Bourke-White schreibt die erste Titelgeschichte und macht das erste Titelbild für die neue Zeitschrift.

1936 ist aber auch die Zeit der Weltwirtschaftskrise. Die Not unter der arbeitenden Bevölkerung in den USA ist groß und Bourke-White registriert das. Im Auftrag von »Fortune« und »Life« ist sie im gesamten Land unterwegs und ihre Fotografie wandelt sich nun: Die berühmte Industriefotografin wird zu einer gefeierten Fotojournalistin.

1941 reist sie im Auftrag des »Life«-Magazins nach Moskau. Sie ist die einzige westliche Reporterin in der Stadt, als die Deutschen ihren Luftangriff auf die Stadt beginnen. Als die Sirenen losheulen und sich alle in Sicherheit bringen, greift sie sich Stativ und Kamera und rennt auf das Dach der Botschaft, von wo sie einen hervorragenden Blick auf den Kreml hat. Sie vermutet, er werde das Hauptangriffsziel der deutschen Streitkräfte sein. Und sie ist wild entschlossen zu fotografieren, was immer zu sehen ist.

Es entstehen einzigartige Aufnahmen. Bourke-White fotografiert nicht nur in dieser Nacht, sondern auch am nächsten Tag die Spuren der Zerstörung. Als einzige westliche Reporterin in der Stadt kann sie diese Aufnahmen machen und zurück in die westliche Welt mitnehmen.

Als sich Amerika dazu entschließt, in den Zweiten Weltkrieg einzutreten, bewirbt sich Bourke-White um eine Akkreditierung als Fotojournalistin bei der U.S. Army. Die amerikanischen Behörden stellen sich aber erst einmal quer. Ihr Status als bekannte Fotojournalistin steht ihr im Weg, denn Fotografie ist immer noch eine Männerdomäne. Krieg gilt sowieso als Männerdomäne und Kriegsfotografie ist gewissermaßen beides – eine Macho-Männerdomäne.

Bourke-White ist zwar nicht die einzige Frau, die zu dieser Zeit im Krieg fotografiert, aber als einzige Amerikanerin und sie ist diejenige, die es schließlich schafft, offiziell als Fotojournalistin mit den Truppen mitgesendet zu werden. (Andere werden später ihrem Vorbild folgen.)

Das ist nun der Zeitpunkt, zu dem sie sich aufmacht, um die Invasion in Nordafrika zu fotografieren, einen Torpedoangriff zu überleben, schließlich mit ihrer Kamera Bombenangriffe zu dokumentieren und auch von dieser Reise wieder einzigartige Aufnahmen mitzubringen.

1945 verliert Deutschland den Krieg und Bourke-White ist abermals unterwegs. Im Gefolge von General George S. Patton reist sie durch Deutschland und fotografiert die Befreiung des Konzentrationslagers Buchenwald sowie des Zwangsarbeiterlagers Leipzig-Thekla. Ihr Bild »Die lebendigen Toten von Buchenwald« von 1945 ist eine der beeindruckendsten Fotografien des 20. Jahrhunderts.

In ihrer Biografie beschreibt sie ausführlich, wie es sich für sie anfühlte, das von den Nazis angerichtete Leid zu sehen, diese Menschen und die Leichenberge zu fotografieren. Sie ist dankbar für die Kamera. Dank ihr kann sie sich auf ihre Arbeit konzentrieren. Sie ist wie ein Schild, den sie vor sich halten kann, um das Bild, das sich ihr bietet, aushalten zu können.

Auch nach dem Sieg der Alliierten fotografiert Bourke-White weiterhin für die Truppen. Im Herbst 1945 erhält sie den Auftrag, die Zerstörung deutscher Städte mit Luftbildern zu dokumentieren.

Zu diesem Zeitpunkt gilt Bourke-White bereits in mehreren Disziplinen als eine der besten, wenn nicht die beste Fotografin der Welt. Zu den Genres in ihrem Portfolio gehören moderne Architektur-, Industrie-, Kriegs- und Reportagefotografie sowie zwischendurch Werbefotografie und Porträts berühmter Persönlichkeiten, darunter Franklin D. Roosevelt, Josef Stalin, Winston Churchill und Marlon Brando.

1946 reist sie im Auftrag des »Life«-Magazins nach Indien. Das Land befindet sich in politischem Aufruhr. Sie hat den Auftrag, Gandhi zu fotografieren und zu interviewen. Gandhi verspürt dazu wenig Lust und lässt ihr ausrichten, er würde sie nur als Fotografin zulassen, wenn sie lernte, ein Spinnrad zu bedienen. Also lernt Margaret Bourke-White, wie man ein Spinnrad bedient. Und sie macht eines der bekanntesten Fotos ihrer Karriere: Wenige Stunden vor der Ermordung Mahatma Gandhis fotografiert sie ihn, wie er schweigend vor einem Spinnrad sitzt.

Spätere Reportagereisen wird Bourke-White dazu nutzen, um etwa die Teilung Indiens zu dokumentieren. Sie bereist auch Südafrika während der Apartheid und nimmt als Korrespondentin am Koreakrieg teil. Korea ist auch das Land, wo sich bei ihr erstmals Krankheitssymptome zeigen: Ihre Gelenke, Arme und Beine beginnen unbeweglich und steif zu werden.

Zurück in den USA lässt sie sich untersuchen und erhält die Diagnose Parkinson. Die Krankheit zwingt sie Mitte der Sechziger dazu, ihren Beruf

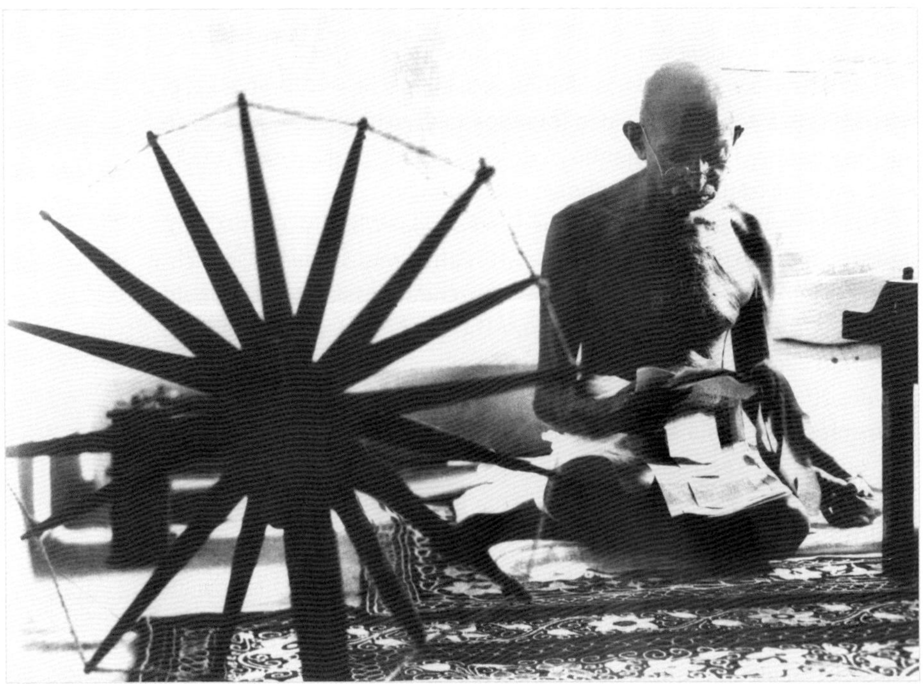

Mahatma Gandhi sitzt hinter seinem Spinnrad und liest Briefe. (Quelle: Picture Alliance)

aufzugeben und sich zurückzuziehen. 1963 erscheint ihre Autobiografie und ist über Wochen hinweg auf den Bestsellerlisten der »New York Times«.

Margaret Bourke-White stirbt 1971 im Alter von 67 Jahren.

Ihre Fotografie prägte gleich mehrere Genres. Die meisten Fotografinnen und Fotografen versuchen, ein bestimmtes Genre wirklich gut zu beherrschen. Margaret Bourke-White schien zu meistern, was immer sie sich in den Kopf setzte. Sie hatte eine Gabe, Menschen zu sehen und im Bild festzuhalten, wie kaum eine andere. Ihre Karriere in einer der turbulentesten Zeiten der Menschheitsgeschichte bot ihr wieder und wieder Gelegenheit, ikonische Aufnahmen zu machen, und sie ergriff jede einzelne davon.

Der Absturz der »Hindenburg«

17

FOTOGESCHICHTE(N)

Bei berühmten Fotos stellt sich immer die Frage: Warum sind die eigentlich so berühmt? Manchmal ist es sicherlich der ikonische Moment, der sich ins kollektive Gedächtnis eingebrannt hat und durch das Foto festgehalten wird. Manchmal ist es aber auch die Popkultur, die sicherstellt, dass wir ein Ereignis bzw. eine Szene nicht vergessen. Manchmal ist es auch beides. Und um so einen Fall geht es in diesem Kapitel.

Es ist der 4. Mai 1937, als sich das Luftschiff mit der Kennung »LZ 129« in Frankfurt am Main majestätisch in die Höhe erhebt. »LZ« steht für »Luftschiff Zeppelin«, benannt nach dem Erfinder des Konstruktionsprinzips Graf Ferdinand von Zeppelin. Das LZ 129 ist der Stolz der deutschen Luftfahrt und der modernste und größte Zeppelin der Welt. Am Boden vertäut misst er knapp 45 Meter in der Höhe und 269 Meter in der Länge und ist damit fast genauso groß wie die »Titanic«. Benannt hat man LZ 129 nach dem 1934 verstorbenen Paul von Hindenburg, Reichspräsident der Weimarer Republik, dem einzigen, je durch Direktwahl gewählten deutschen Staatsoberhaupt. An jenem Mai-Tag bricht die »Hindenburg« zu ihrer 56. Reise mit dem Ziel USA auf.

Wollte man in die USA reisen, musste man damals mit einer Schiffsverbindung vorliebnehmen. Es sei denn, man war wohlhabend und konnte sich eine Luftschifffahrt leisten – was bedeutete, ordentlich Zeit zu sparen und mit wesentlich mehr Komfort zu reisen. 400 Dollar bzw. rund 1000 Reichsmark kostete damals die einfache Strecke – umgerechnet auf heutige Verhältnisse etwa 7000 Euro. Die Passagiere hatten eigene Schlafkabinen, mehrmals am Tag wurden warme Mahlzeiten serviert, es gab einen Lese- und einen Raucherraum. Die Reisegeschwindigkeit betrug ungefähr 100 km/h und man fuhr in etwa in 200 Metern Höhe majestätisch über Land und Meer.

Zeppeline wie die Hindenburg machten großen Eindruck. Deutschland war Vorreiter in dieser Technologie. Im Ersten Weltkrieg hatte man Zeppeline sogar für Luftangriffe eingesetzt, sich dann aber vollständig auf zivile Anwendungsfälle konzentriert. So befanden sich an jenem 4. Mai nicht nur 72 Passagiere an Bord der »Hindenburg«, sondern auch ein Auto, für jeden Passagier ungefähr 20 Kilogramm Gepäck und mehrere, über anderen deutschen Hauptstädten abzuwerfende Postpakete.

Die Zeppeline der Deutschen wurden nicht nur wegen ihrer Größe und Transportfähigkeiten bewundert, sondern auch weil die Luftschifffahrt als hoch gefährlich galt. Um überhaupt aufsteigen zu können, mussten Luftschiffe mit Gas gefüllt werden, das leichter als Luft war. Zwei Gase kamen dafür infrage: Wasserstoff und Helium. Während man Wasserstoff einfach herstellen konnte, war die Produktion von Helium aufwendig. Als einziges Land waren die USA in der Lage, Helium in großen Mengen zu produzieren, hatten das Gas aber mit einem Exportverbot belegt. Aus diesem Grund wurden die Luftschiffe Italiens, Frankreichs und Deutschlands mit Wasserstoff betrieben. Anders als Helium ist Wasserstoff aber hochexplosiv, und so war es über die Jahre schon mehrmals zu schweren Unglücken gekommen.

Doch bei allem Risiko schien so, dass deutsche Ingenieure das Gas besser kontrollieren könnten als die Konstrukteure anderer Länder, und daher galten deutsche Luftschiffe als überlegen und sicherer. Die Konstrukteure der Zeppeline waren sich ihrer Sache sicher: Wenn man die richtigen Vorsichtsmaßnahmen ergriff, blieb das Risiko beherrschbar. Man glaubte fest daran, dass Luftschiffe die Zukunft des interkontinentalen Verkehrs darstellten.

Lufthäfen wurden gebaut und Großstädte wie zum Beispiel New York bereiteten sich darauf vor, an Luftschiffnetze angeschlossen zu werden. So hatte zum Beispiel das berühmte Empire State Building keine Antenne auf dem Dach, sondern einen Mast, um Luftschiffen das Andocken zu ermöglichen.

Das Starten, Landen und Andocken war allerdings nicht trivial, denn Luftschiffe erwiesen sich als recht anfällig für Seitenwinde. Außerdem brauchte es eine Menge Personal, um einen Zeppelin nach unten zu ziehen und zu vertäuen. Wollte ein Luftschiff wie die »Hindenburg« landen, benötigte man am Boden etwa 150 Hilfskräfte. Ankerseile wurden abgeworfen und Gas wurde abgelassen, um das Schiff nach und nach sinken zu lassen. Vor allen Dingen war es wichtig, dass man Bug und Heck unter Kontrolle bekam, um zu verhindern, dass sich das Schiff unkontrolliert drehte oder gar aufstieg. Sieht man sich historische Aufnahmen einer Zeppelinlandung an, wirkt es, als würden die Bewohner Liliputs versuchen, Gulliver zu bändigen – von routinierten Abläufen, wie wir sie von heutigen Flughäfen kennen, konnte damals keine Rede sein.

Luftschiffe waren immer noch selten genug, sodass sie regelmäßig die lokale Presse auf den Plan riefen, wenn sich ihre Ankunft ankündigte. Die »Hindenburg« sollte auf ihrem Flug einen Stopp in Lakehurst im US-Bundesstaat New Jersey einlegen. Am 6. Mai 1937 standen deswegen Dutzende Journalisten auf dem Landefeld und warteten gespannt auf das Eintreffen des Luftschiffes. Die »Hindenburg« war deutlich verspätet. Schlechtes Wetter über dem Meer hatte dafür gesorgt, dass man einen Umweg über den Pol hatte nehmen müssen. Zusätzlich hatte schlechtes Wetter über New Jersey zur Folge, dass das Luftschiff fast zehn Stunden lang in der Nähe der angepeilten Landestelle kreisen musste, bevor man überhaupt daran denken konnte, zur Landung anzusetzen.

Für damalige Zeppeline als »fliegende Wasserstofftanks« sind Gewitter und Blitze eine nicht zu unterschätzende Bedrohung. Während die Hindenburg kreist, tut sich außerdem ein weiteres Problem auf. Die Crew entdeckt, dass das Schiff aus der Balance gerät. Das Heck wird schwerer. Dies deutet darauf hin, dass das hinterste Segment ein Wasserstoffleck hat, also Gas entweicht. So etwas kam schon mal vor. Es gibt historische Aufnahmen, in denen Zeppelin-Crews zu sehen sind, die Lecks in der Hülle fliegender Zeppeline in schwindelerregender Höhe flicken. Bei dem schlechten Wetter in Lakehurst ist aber an so was nicht zu denken. Stattdessen möchte man den Zeppelin möglichst schnell landen und am Boden in Sicherheit vertäuen. Also lässt der Kapitän in einigen Segmenten Ballastwasser ab – ein Vorgang, den am Boden der Radiomoderator Herbert Morrison beobachtet und kommentiert.

Was zunächst wie eine Routine-Reportage beginnt, nimmt eine dramatische Wendung, als das Luftschiff – vermutlich wegen einer elektrostatischen Entladung in der Nähe des Wasserstofflecks am Heck – unvermittelt in Flammen aufgeht und innerhalb von Sekunden abstürzt. Herbert Morrison kommentiert den ganzen Vorgang mit zunehmendem Entsetzen und verliert beim Beschreiben der Vorgänge letztlich hörbar die Fassung.

Als Morrison sich wieder gefangen hat, führt er die Reportage weiter, interviewt Rettungskräfte und Überlebende. Sein Beitrag geht später als die erste Live-Berichterstattung einer Katastrophe in die Radiogeschichte ein. Aber Morrison ist nicht der einzige Journalist vor Ort. Ungefähr zwei Dutzend Pressefotografen halten die Ereignisse fest und mindestens drei Kameracrews zeichnen die Katastrophe auf. Einer dieser Fotografen ist Sam Shere. Er ist im Auftrag von »International News Photo« vor Ort und versucht, mit seiner Speed-Graphic-Kamera die Ereignisse festzuhalten. Als sich die »Hindenburg« im Anflug befindet, hat er noch zwei Platten in

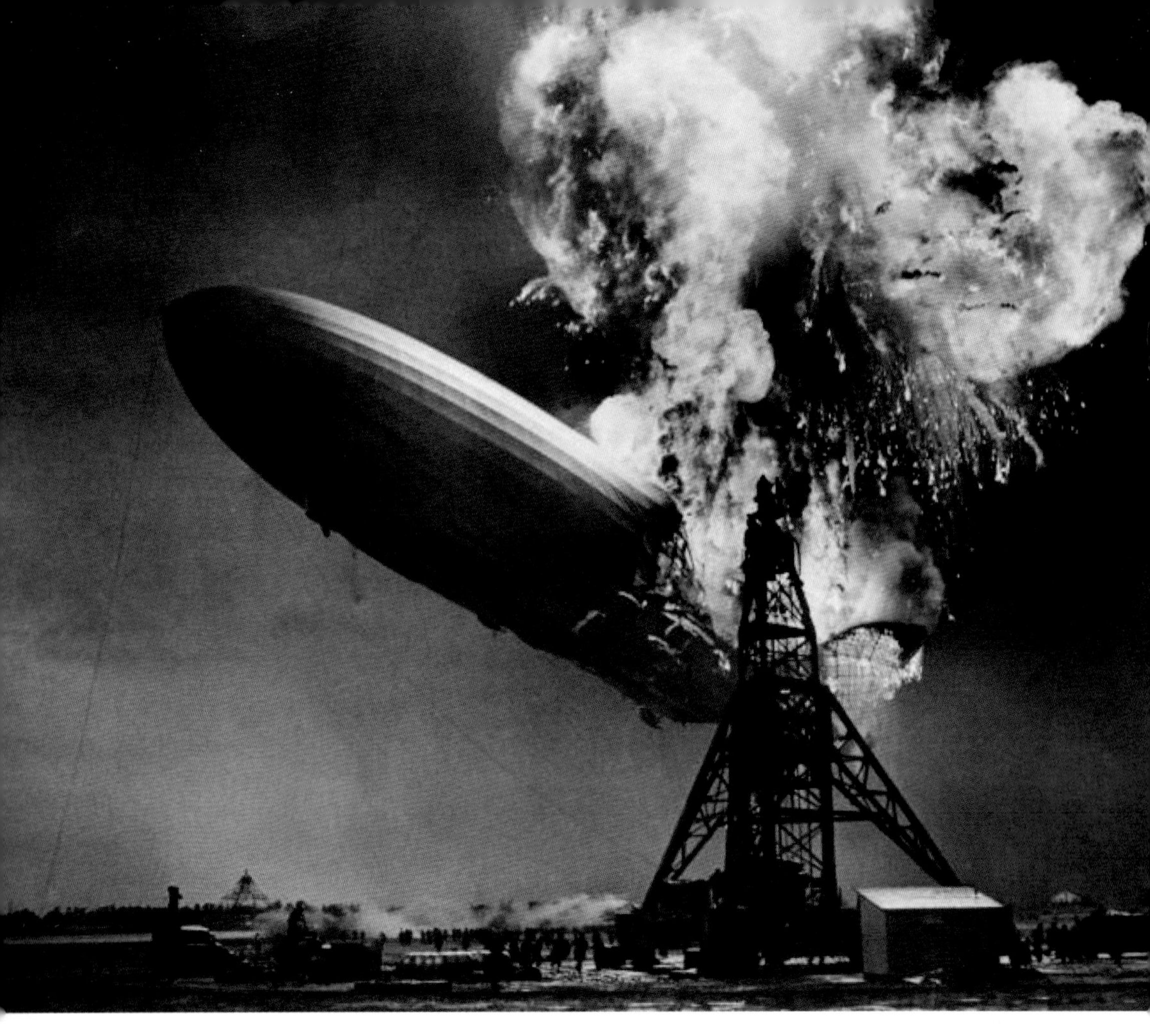

Das »Hindenburg«-Unglück in Lakehurst, New Jersey, 1936 (Quelle: Wikipedia)

seiner Kamera. Als sich dann die Ereignisse überschlagen, hält er die Kamera instinktiv in Richtung des Desasters und macht ein Foto, ohne auch nur durch den Sucher zu schauen. Auch wenn er damit nur eines von Dutzenden Bildern der Katastrophe aufgenommen hat, ist es doch seine Aufnahme, die um die Welt geht.

»Life Magazine«, »New York Times« und unzählige weitere Zeitungen drucken das Bild auf ihren Titelseiten – und damit prägt diese Aufnahme unsere Erinnerung des Absturzes. Man sieht die »Hindenburg«, wie sie gerade zu fallen beginnt, das Heck schon in Flammen, und ein gewaltiger Feuerpilz schwebt über dem Schiff. Im Hintergrund sieht man noch das eben abgelassene Wasser den Boden vernebeln. Man erkennt das Entsetzen des Bodenpersonals und sieht die ersten Menschen panisch fliehen. Das Schiff selbst ist durch die Explosion dramatisch beleuchtet und der Namensschriftzug deutlich erkennbar.

Dieser Absturz läutet das Ende der Luftschiffära ein. Das Schwesterschiff der »Hindenburg«, LZ 130, wurde zwar noch fertiggestellt, transportierte aber keine Passagiere mehr. Wenig später war die Zeit der sogenannten Stahlluftschiffe zu Ende und heute ist kein einziges Schiff dieser Bauart mehr in Benutzung. Was aber erhalten blieb, ist die Zigarrenform, die wir auch heute manchmal bei ähnlich geformten Luftschiffen sehen, die wir dann mit dem Spitznamen »Zeppelin« belegen.

Es war nicht die Dramatik des Unfalls oder die Zahl der Opfer – die Hälfte der 99 Passagiere und Besatzungsmitglieder starb –, was den Absturz der »Hindenburg« so in unseren Köpfen verankerte. Es war die Berichterstattung in Wort und Bild. Trotzdem hätten wir die Ereignisse um die »Hindenburg« und das berühmte Foto von Sam Shere vielleicht nicht so sehr in Erinnerung behalten, wäre nicht eine britische Rockband auf den Gedanken gekommen, sich von den Ereignissen inspirieren zu lassen.

Der Name der Band Led Zeppelin basiert angeblich auf einem Scherz. Keith Moon, der jung verstorbene Schlagzeuger von The Who, soll gesagt haben, dass diese Band, die sich gerade um den E-Gitarristen Jimmy Page zu formen begann, abstürzen würde wie ein bleierner Ballon, wie ein »Lead Balloon«. Jimmy Page nahm den Kommentar auf und erklärte ihn zum Namen des neuen Projekts. Allerdings ging dabei ein »a« verloren und man landete bei »Led Zeppelin«.

Led Zeppelin suchte für das Debütalbum nach einem Coverbild, das die Wucht der neuen Band symbolisieren und zu ihrem Namen passen sollte. Und so entschied man sich für Sam Sheres spektakuläres Katastrophenbild der abstürzenden »Hindenburg«.

Der Designer George Hardy bekam 60 Pfund und den Auftrag, für die frisch gegründete Band ein Album-Cover aus diesem Bild zu gestalten. Weder er noch die Musiker waren damals übermäßig bekannt, sie standen alle erst am Anfang einer langen Karriere. George Hardy hat später einige der ikonischsten Album-Cover aller Zeiten gestaltet, zum Beispiel Pink Floyds »Dark Side of the Moon« oder »Technical Ecstasy« für Black Sabbath.

Aber es ist dieses Debütalbum von Led Zeppelin, das Sam Sheres Aufnahme endgültig im kulturellen Gedächtnis unserer Zeit verankert und dafür gesorgt hat, dass sogar meine Kinder auch heute noch das Bild wiedererkennen.

18 Die erste Kriegsfotografin

Der Spanische Bürgerkrieg von 1936 bis 1939 war der erste Großkonflikt, an dem auch Fotografen mit tragbaren Kleinbildkameras teilnahmen. Diese waren ein relativ neues Phänomen. Bereits 1914 hatte Leica die erste Kamera dieser Art auf den Markt gebracht und damit die Fotografie revolutioniert. Denn sie war die erste Kamera für den professionellen Einsatz, die klein genug war, um gleichzeitig am Geschehen teilhaben und es trotzdem festhalten zu können – die unter Fotojournalisten üblichen Mittelformatkameras waren dafür zu groß und zu klobig. Neu gegründete Nachrichtenmagazine wie das »Time Magazine« sorgten außerdem dafür, dass Foto-Essays ein Millionenpublikum fanden.

Dies ist auch die Zeit, in der sich der Faschismus überall in Europa ausbreitete und viele Menschen, vor allem jüdischer Abstammung, insbesondere vor den Nazis flohen. Intellektuelle und Künstler, darunter viele Schriftsteller, Journalisten und Fotografen, zog es in Europas Hauptstädte, und da zuallererst nach Paris. Oder anders formuliert: Es gab nun eine Unmenge von Menschen, die versuchen, sich mit einer Schreibmaschine oder einer Kamera irgendwie über Wasser zu halten.

Eine von ihnen war die 23-jährige Gerta Pohorylle, die wie viele deutsche Juden vor den Nazis auf der Flucht war, weil sie in Leipzig Flugblätter gegen die Partei Adolf Hitlers verteilt hatte und dort mit den Behörden in Konflikt geraten war. Pohorylle sprach drei Sprachen fließend und war gleichzeitig ein Charmebolzen und Energiebündel. Sie erledigte Schreibarbeiten für französische Medienhäuser und Fotoagenturen und lernte dabei den Fotografen Endre Ernő Friedmann kennen. Wie Pohorylle war dieser vor den Nazis aus Deutschland geflohen und wie sie gerade Mitte 20, von gewinnendem Wesen und unglaublich charmant. Pohorylle und Friedmann teilten bald Tisch und Bett miteinander und versuchten ihr Glück gemeinsam – er als Pressefotograf, sie als seine Agentin. Es gab nur ein

Problem: Viele Franzosen waren der zahllosen Migranten und Flüchtlinge einigermaßen überdrüssig. Und wenn man versuchte, ohne Aufenthaltsgenehmigung und mit einem fremdartig klingenden Namen gute Aufträge zu ergattern oder ordentliche Preise zu erzielen, dann hatte man es schwer. Und so entwickelte Pohorylle zwei großartige Ideen. Die erste lautete: Zwei Fotografen produzieren mehr Bilder als einer. Und Friedmann hatte ihr inzwischen beigebracht, mit seiner Leica zu fotografieren. Pohorylle war nun Feuer und Flamme, denn sie hatte die Fotografie schon immer gemocht. Selber zu fotografieren hieß damals übrigens nicht nur, Fotos zu machen, sondern diese auch im eigenen Labor zu entwickeln – oder besser gesagt im eigenen Badezimmer. Ihre zweite Idee bezog sich auf die niedrigen Honorare. Fotografen, deren Namen man kannte, verdienten weitaus mehr Geld als die namenlosen Heerscharen von Pressefotografen, die irgendwie versuchten, von der Hand in den Mund zu leben – so auch Pohorylle und Friedmann. Also musste zunächst ein wohlklingender Name her. Und so beschloss Pohorylle, dass sie sich als Agentin für einen amerikanischen Starfotografen ausgeben würde. Ihrer Meinung nach klingt »Friedmann« zu jüdisch, also wird aus »Endre Ernő Friedmann« in Anlehnung an den Hollywood-Regisseur Frank Capra »Robert Capa«. Und aus »Gerta Pohorylle« wird »Gerda Taro«, eine Verneigung vor Greta Garbo. Die beiden glauben fest, dass ihre neuen Namen der Schlüssel zur Verwirklichung ihrer Träume sind. Pohorylle weiß mittlerweile genau, was die Fotoagenturen wollen.

Dieser Teil der Geschichte wird übrigens gerne mal falsch erzählt. Da wird behauptet, Pohorylle hätte Friedmann praktisch zu »Robert Capa« »umgestaltet«. Das mag später so der Fall gewesen sein, aber am Anfang fotografierten tatsächlich beide und vermarkteten ihre Bilder als das alleinige Werk des fiktiven Robert Capa. Und die Rechnung ging auf: Schon die Honorare der ersten Aufträge für »Robert Capa« waren dreimal höher als alles, was Friedmann und Pohorylle vorher verdient hatten. Das ging auch eine ganze Weile gut, bis geschah, was geschehen musste: Der ganze Schwindel flog auf. Friedmann nahm nun endgültig den Namen »Robert Capa« an und veröffentlichte ab jetzt ausschließlich unter diesem. Pohorylle und Friedmann waren talentierte Fotografen und «Robert Capa« hatte sich zwischenzeitlich einen guten Namen gemacht, also bekamen die beiden auch weiterhin Aufträge – nur eben Friedmann als »Capa« und Pohorylle als »Taro« (und so will ich die beiden für den Rest dieses Kapitels auch nennen).

Inzwischen schrieb man das Jahr 1933. Der spanische General Franco hatte die demokratisch gewählte Regierung Spaniens im Zuge eines Militärputsches abgesetzt. Die intellektuelle Elite in Europa ging davon aus, dass, wenn Franco erfolgreich sein würde, nichts mehr den Faschismus aufhalten könnte. Viele von ihnen beschlossen also, nach Spanien zu reisen,

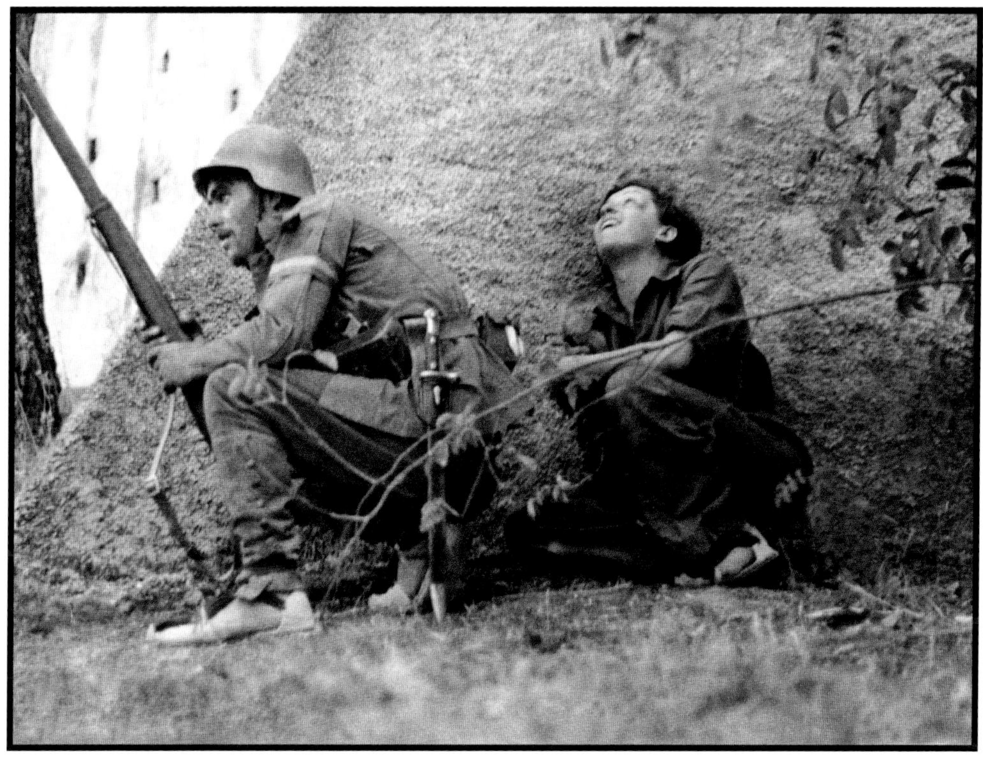

Gerda Taro an der Front in Cordoba, Spanien, September 1936 (Bild: © Robert Capa/ Magnum Photos/Agentur Focus)

um das spanische Volk in seinem Kampf gegen den Faschismus zu unterstützen oder diesen wenigstens zu dokumentieren. Auch Taro und Capa machten sich auf den Weg. Wir können uns heute gar keine Vorstellung mehr davon machen, welch mächtiges Medium die Fotografie damals war. Vom Krieg hatte man gelesen und gehört, aber nur sehr selten etwas gesehen – ganz anders als heute.

Der Spanische Bürgerkrieg sprengte die Grenzen des bis dahin Vorstellbaren. Hitler unterstützte das Franco-Regime, seine Luftwaffe bombardierte spanische Städte, es wurde auf das Erbittertste gekämpft. Und anders als der Erste Weltkrieg forderte der Spanische Bürgerkrieg vor allem Opfer unter den Zivilisten.

Taro und Capa gehen dahin, wo der Kampf wirklich tobt, an die Front. Sie laufen mit den Soldaten über die Schlachtfelder. Sie fotografieren nicht nur aus der Ferne das Geschehen, sondern unmittelbar vor Ort. Von Robert Capa ist folgendes Zitat überliefert: »If your pictures aren't good enough, you aren't close enough.« Zu Deutsch: »Wenn deine Bilder nicht gut genug sind, warst du nicht nah genug dran.«

Und damit meint er nicht nur physische, sondern auch emotionale Nähe. Und Taro ist in dieser Disziplin fast noch besser als Capa. Ein blondes, ein Meter fünfzig großes Persönchen, dem spanische Soldaten Respekt für ihren Mut zollen. Inzwischen fotografieren beide wieder unter dem Namen »Robert Capa« und vermarkten ihre Bilder gemeinsam. Ihr Ziel ist es, mit den Fotos die Öffentlichkeit aufzurütteln, um das Schicksal der Spanier bekannt zu machen und unter Umständen den Verlauf des Krieges zu beeinflussen. Die beiden machen Fotos, wie sie die Welt noch nie gesehen hat. Es gibt mindestens drei große Kunstwerke, die man auf den Spanischen Bürgerkrieg zurückführen kann. Ernest Hemingway schreibt nach seinen Eindrücken den Roman »Wem die Stunde schlägt«. Pablo Picasso, geprägt von der Bombardierung der Stadt Guernica, erschafft sein gleichnamiges Gemälde, das schon bei der ersten Ausstellung ein Millionenpublikum anzieht und als eine der großen Anti-Kriegs-Ikonen der Menschheit gilt. Und Robert Capa hält einen spanischen Milizionär in der Sekunde fest, in der er erschossen wird, und wird mit diesem Bild weltberühmt.

Darüber, was dieses Bild wirklich zeigt und wer von beiden es tatsächlich fotografiert hat, sollte später noch viel gestritten werden – und das wäre sicher Stoff für ein eigenes Kapitel. Tatsache aber ist: Beide drücken längst nicht mehr auf den Auslöser, um damit Geld zu verdienen, sondern sind zu Aktivisten in diesem Krieg geworden. Von Taro sind folgende Worte überliefert: »Wenn du mal daran denkst, wie viele Menschen wir kennen, die in diesem Krieg gestorben sind, dann ist es unsolidarisch, noch am Leben zu sein.« Ihre Bilderstrecken sind gefragt und unter dem Namen »Robert Capa« wird ein Fotoessay nach dem anderen veröffentlicht. Aber auch Taro wird nun (als Einzelperson) wahrgenommen, denn sie ist nicht etwa eine von nur wenigen Kriegsfotografen – sie ist auch noch die einzige Frau. Gerade mal 27 Jahre alt, nötigt sie mit ihrem Mut allen anderen Respekt ab. Sie ist nun auch nicht mehr ständig mit Capa unterwegs. Manche Einsätze bestreiten die beiden auch getrennt voneinander. So auch im Juli 1937.

Franco bereitet eine Großoffensive vor, die ihm den Sieg und Spanien das Ende des Bürgerkrieges bringen soll. Taro war an die Front geeilt, wo eine Offensive der republikanischen Armee Spaniens gegen die Faschisten tobte. Taro fotografierte diese Offensive, unter anderem auch die verheerenden Luftangriffe der deutschen Legion Condor – wie immer ganz vorne mit dabei. Als die Legion Condor erneut angreift und die Situation brenzlig wird, beschließt sie, sich auf dem Trittbrett am Heck eines Rote-Kreuz-Lkws stehend in Sicherheit zu bringen. Doch der Lkw kommt ins Schlingern, Taro fällt herunter und wird von einem republikanischen Panzer überrollt. Sie kommt schwer verletzt ins Krankenhaus, wird dort noch notoperiert, stirbt aber in der Nacht, im Alter von 27 Jahren. Ihre letzten Worte sind überliefert mit: »Wo sind meine Kameras?« Die blieben freilich verschollen. Aber die Fotos, die sie an diesem Tag geschossen hatte, wurden tatsächlich wenig später veröffentlicht. Und so war Gerda Taro nicht nur die erste Kriegsfotografin überhaupt, sondern auch gleichzeitig die erste, die im Fronteinsatz ums Leben kam. Gerade mal drei Jahre zuvor hatte Capa ihr das Fotografieren und Entwickeln von Bildern beigebracht und damit ein Werkzeug an die Hand gegeben, mit dem sie die Kriegsfotografie und den Fotojournalismus für immer verändern sollte. Robert Capa erfuhr von ihrem Tod aus der Zeitung, im Wartezimmer eines Zahnarztes. Und so wie ihr Tod Nachrichtenwert hatte, war auch die Beerdigung von Gerda Taro alles andere als gewöhnlich. Sie wird nach Paris überführt und an ihrem Geburtstag auf dem Friedhof Père Lachaise beigesetzt. Der Trauerzug wird zu einer gigantischen Demonstration gegen den Faschismus.

Robert Capa sollte von da an nicht mehr aufhören, Kriege zu fotografieren. Den Spanischen Bürgerkrieg begleitete er mit seinen Kameras bis zu dessen Ende. Und später sollte er die berühmtesten Fotos des Zweiten Weltkriegs überhaupt, jene verwaschenen, verwackelten Bilder von der Landung der Alliierten in der Normandie, machen. Fotos übrigens, für die er beinahe gestorben wäre (aber auch das wäre Stoff für ein eigenes Kapitel).

Bleiben wir noch einen Moment bei Taro. Sie, Capa und ein Fotograf namens David Seymour (bekannt als »Jim«) hatten im Spanischen Bürgerkrieg Tausende von Fotos gemacht. Und als Capa und Jim gegen Ende des Kriegs überstürzt das Land verlassen mussten, packten sie ihre 4500 Negative (darunter Aufnahmen wie die des im Moment seines Todes fotografierten Soldaten) in drei Boxen und gaben sie zur Aufbewahrung in die Hände eines befreundeten Generals. In den Wirren des sich anschließenden Zweiten Weltkriegs verlor sich dann die Spur dieser Kisten – bis sie 2007 auf einem Dachboden in Mexiko wieder auftauchten. Das südamerikanische Land hatte viele spanische Flüchtlinge aufgenommen – und auch die drei Boxen mit Capas Negativen hatten es irgendwie dorthin geschafft. Robert Capas Bruder hatte in der Zwischenzeit das International Center for Photography gegründet, das unter anderem das Erbe von Gerda Taro und Robert Capa verwaltete. Es gab nur ein Problem: Die Bilder ließen sich nicht zweifelsfrei ihren Urhebern zuordnen. Taros Bilder wurden Capa zugeschrieben – denn anders als er hatte sie sich aufgrund ihres frühen Todes keinen eigenen Namen machen können. Dass sie eine Frau und Jüdin war, erschwerte es ihr posthum zusätzlich, aus Capas Schatten herauszutreten und als eigenständige Fotografin wahrgenommen zu werden.

Der »Mexican Suitcase«, wie man die drei 2007 wiederentdeckten Boxen inzwischen nennt, brachte hier allerdings Licht ins Dunkel. Denn viele der Negative lassen sich nun einem von beiden zweifelsfrei zuordnen. Sie haben auch relativ oft dieselben Szenen fotografiert, und so ist es noch mal ein zusätzlicher Informationsgewinn, die Ereignisse aus verschiedenen Perspektiven beobachten zu können. Das International Center for Photography hat sich zur Aufgabe gemacht, die Fotos aus dem »Mexican Suitcase« regelmäßig auszustellen. Und natürlich sind dann Taros Bilder, soweit man sie zuordnen konnte, eindeutig gekennzeichnet – über 80 Jahre nach ihrem Tod.

Für Robert Capa ist Gerda Taro die Liebe seines Lebens gewesen. Sie wird die einzige längere Beziehung bleiben, die er eingeht. Capa kommt Jahrzehnte später in Indochina um, als er dort den Vietnamkrieg fotografiert. Er stirbt durch eine Antipersonenmine, als er versucht, sich einer Szene anzunähern, die er fotografieren will.

19

Sir Winston Churchill – »The British Bulldog«

Man nannte ihn »Lion of the West« oder »Bulldog of the West« und er galt als der Anführer der sogenannten freien Welt: Sir Winston Churchill, der britische Premierminister, der Großbritannien – und in gewissem Sinne die Alliierten in ihrer Gesamtheit – durch den Zweiten Weltkrieg führte. Und dieses Image hat eine Menge mit einer ganz bestimmten berühmten Fotografie zu tun. Einer Aufnahme, die so ikonisch ist, dass sie unweigerlich bei jeder Internetsuche nach Winston Churchill erscheint.

Im Dezember 1941, dem Zeitpunkt dieser Aufnahme, war Winston Churchill gerade ein Jahr Premierminister und hatte sich dem Hitler-Regime gegenüber unnachgiebig gezeigt. Er verweigerte Verhandlungen rundheraus und hatte stattdessen eine Anti-Deutschland-Allianz zwischen der Sowjetunion, den USA und Großbritannien geschmiedet.

Zu dem Zeitpunkt 67 Jahre alt, konnte er bereits eine auf politische Karriere mit allen Höhen und Tiefen, eine Offizierskarriere und eine Karriere als Autor verschiedener Werke zurückblicken. Viel später, im Jahr 1953, würde Sir Winston Churchill übrigens der Nobelpreis für Literatur (und nicht etwa der Friedensnobelpreis) verliehen werden. Wer sich von seiner Wortgewalt überzeugen möchte, braucht nur einmal durch die schier unüberschaubare Menge an Zitaten zu blättern, die von ihm überliefert sind.

In besagtem Dezember 1941 befindet sich Churchill auf Nordamerikareise. Kanada befindet sich bereits seit 1939 mit Deutschland im Krieg. Die USA sind kürzlich ebenfalls in Kampfhandlungen eingetreten. Churchill ist also auf einer Abstimmungsreise unterwegs. Er bespricht Pläne und trommelt die Unterstützer zusammen. Und am 30. Dezember macht er Halt in

Ottawa und hält dort eine bis heute viel zitierte Rede vor dem kanadischen Parlament.

Die Rede war ein voller Erfolg, immer wieder unterbrochen von tosendem Applaus und Gelächter. Winston Churchill wusste genau, wie man ein Publikum abholt. Er bereitete seine Reden ausführlich und detailliert vor. Darum hat er auch nicht nur eine oder zwei, sondern wahrscheinlich eher um die zehn historische Reden gehalten. Immer wieder wird behauptet, Churchills Reden hätten signifikant dazu beigetragen, dass während der harten Kriegsjahre die Alliierten – und natürlich ganz besonders die Briten – immer wieder zu ihrem Durchhaltewillen zurückfanden.

Diese Rede am 30. Dezember 1942 in Ottawa lief jedenfalls großartig. Churchill war mit sich zufrieden. Er trat vom Rednerpult ab und entspannte sich mit einer Zigarre und einem Glas »Johnnie Walker«, beides Vorlieben, für die er bekannt war. Es gibt kaum ein Foto von ihm ohne Zigarre oder Whiskyglas. Das wusste auch der junge kanadische Fotograf Yousuf Karsh, der beauftragt worden war, ein Foto von Churchill zu machen.

Yousuf Karsh hatte zu dem Zeitpunkt in Kanada bereits einen guten Ruf als Porträtfotograf und schon einige berühmte Persönlichkeiten fotografiert. Er war als Jugendlicher aus Armenien nach Syrien geflohen, später nach Kanada ausgewandert und hatte dort das Fotografenhandwerk im Studio seines Onkels gelernt. Ursprünglich hatte er Arzt werden wollen, sich aber dann spontan in die Fotografie verliebt und blieb dabei. Karsh war besonders gut darin, einfühlsame und authentische Porträts von Menschen zu machen, die gleichzeitig kleine Geschichten zu erzählen schienen.

Beleuchtung und Kamera waren bereits eingerichtet und nun wartete Karsh darauf, dass Churchill in den Raum gebracht würde. Der wusste aber gar nichts von dem Ganzen. Er war zwar gut gelaunt, ließ sich aber ganz grundsätzlich nicht gern fotografieren. Daher war es auch keine willkommene Überraschung, als man ihm mitteilte, dass er nebenan noch für ein Porträt posieren sollte.

»Meinetwegen, wenn's sein muss. Der Fotograf hat fünf Minuten!«, soll er geknurrt haben. Er betritt also das Zimmer, mit seiner Zigarre in der Hand, stellt sich vor die Kamera und schaut Karsh an. Der weiß um die vielen Fotos mit Zigarre und Whiskeyglas und will diese Attribute auf jeden Fall vermeiden. Daher versucht er es mit einer höflichen Bitte: »Wir haben Ihnen einen Aschenbecher vorbereitet, könnten Sie bitte kurz die Zigarre ablegen?«

Winston Churchill ignoriert die Aufforderung und es folgt der Moment, für den Yousuf Karsh berühmt wird: Er nimmt seinen Belichtungsmesser, geht damit zu Churchill, misst kurz noch mal das Licht nach, nimmt ihm dann entschlossen die Zigarre aus dem Mund, geht zurück zur Kamera

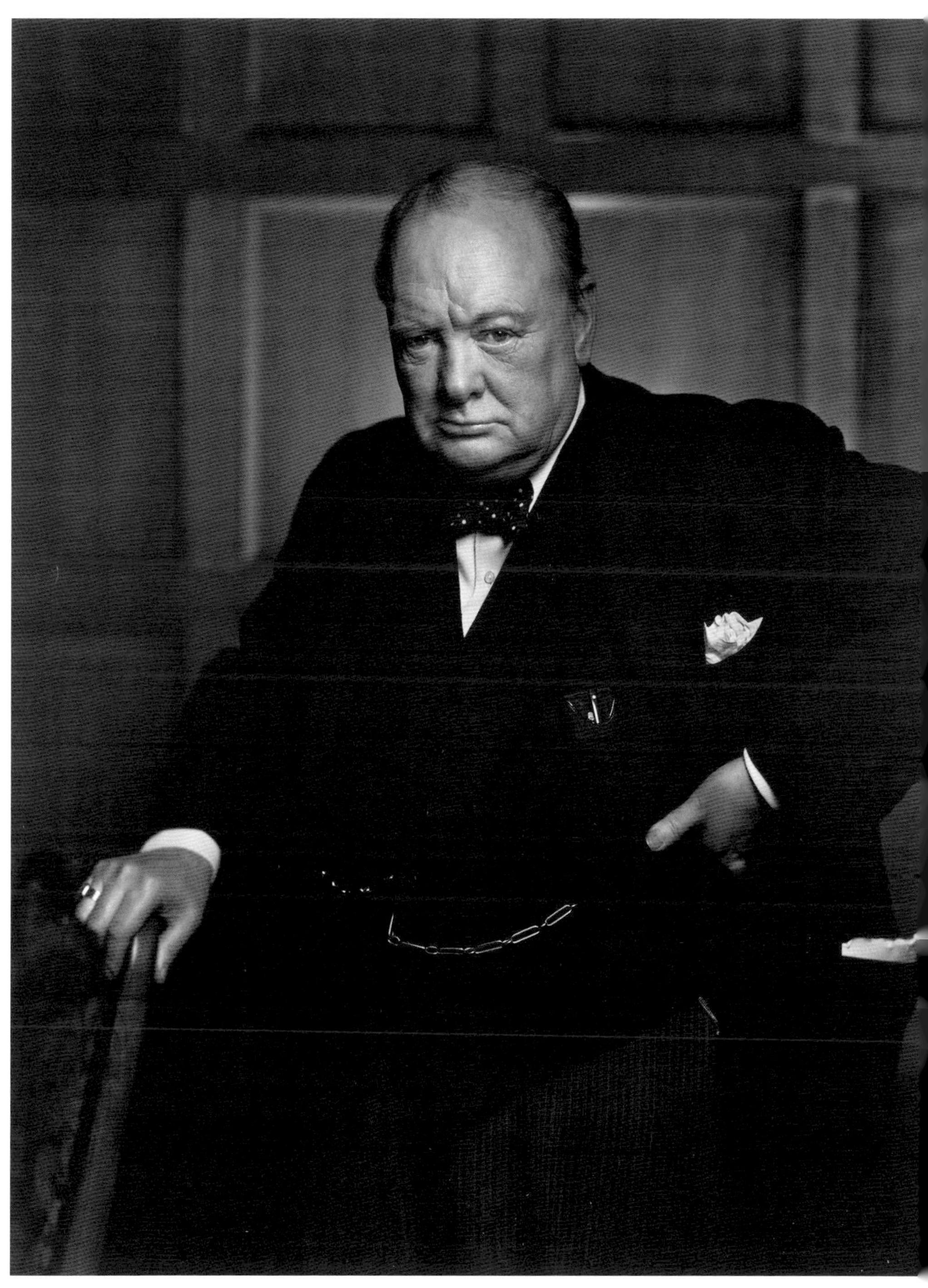

Yousuf Karshs Porträt von Sir Winston Churchill, 1942 (Quelle: Wikipedia)

und löst aus. Der Blick, den Churchill in diesem Bild zeigt, ist unbezahlbar. Yousuf Karsh hatte bekommen, was er wollte: ein Porträt von Churchill, in dem er unnachgiebig, grimmig schaut und die Ausstrahlung eines Mannes hat, der willens ist, das Notwendige zu tun.

Churchill ging nicht auf Karsh los, wollte die Sache aber auch nicht einfach auf sich bewenden lassen und schlug vor, dass Karsh, nun, da er seinen Willen bekommen hätte, doch noch ein zweites Bild machen könne. Daher gibt es neben der berühmten Aufnahme auch noch ein zweites, deutlich freundlicheres Porträt aus demselben Fotoshooting. Berühmt wurde Karsh allerdings für das erste.

Das Standardverzeichnis berühmter Persönlichkeiten, das »Who is Who«, listet für das 20. Jahrhundert 100 berühmte Namen. Als Yousuf Karsh 2002 stirbt, hat er mehr als die Hälfte dieser Persönlichkeiten porträtiert und ist selbst der einzige Fotograf, der auf dieser Liste geführt wird. Ernest Hemingway, der Papst, die britische Königsfamilie oder eben Winston Churchill sind weitere Einträge. Karshs Porträts zeigen nicht nur die vordergründige Berühmtheit, sondern geben uns das Gefühl, den wahren Menschen in der Aufnahme erkennen zu können. Und selbst wenn das natürlich manchmal nur eine Illusion ist, gibt es doch nur sehr wenige, die diese Kunst bei Porträts so virtuos beherrschten wie Yousuf Karsh.

Das fröhlichste Foto der Welt

20

Manchmal wird behauptet, dieses Bild sei das fröhlichste Foto, das jemals gemacht wurde. Der Fotograf Alfred Eisenstaedt selbst nannte es einfach »Drum Major«, weil es einen Tambourmajor, also den Anführer eines Spielmannszuges, zeigt. Andere betiteln das Bild mit »Ode to Joy«, also »Ode an die Freude«.

Eisenstaedt war der Sohn einer jüdischen Kaufmannsfamilie und 14 Jahre alt, als er seine erste Kamera geschenkt bekam, eine Eastman-Kodak-Faltkamera. Das war im Jahr 1912. Am Anfang sah es so aus, als würde Eisenstaedt in die Fußstapfen seines Vaters treten und auch eine kaufmännische Laufbahn einschlagen, ließ sich aber nicht davon abhalten, in seiner Freizeit zu fotografieren, und reichte seine Bilder bei diversen Magazinen und Zeitungen ein. Mit 16 verkaufte er dann die ersten Aufnahmen und von da an war eigentlich klar, dass er freier Fotograf werden würde.

Im Berlin der 1920er-Jahre macht er sich dann einen Namen. Zu jener Zeit werden mehr und mehr Illustrierte gegründet und Alfred Eisenstaedt hat ein Händchen dafür, Fotos zu machen, die kleine Geschichten erzählen – genau die Art Material, die in diesen Illustrierten reißenden Absatz finden. Er selbst sieht sich als dokumentarischer Fotograf. Neben allgemeinen Alltagsszenen fotografiert er auch berühmte Persönlichkeiten seiner Zeit. Er macht Porträts von Marlene Dietrich, George Bernard Shaw, Richard Strauss oder auch von Diktatoren wie Mussolini und Hitler.

Als die Lage in Nazideutschland zu gefährlich für ihn wird, emigriert Eisenstaedt in die USA, tritt eine Stelle bei »Associated Press« an und avanciert dort relativ schnell zum Starreporter. Er ist quirlig, umtriebig, kann auf ein ständig wachsendes, sehr durchmischtes Portfolio zurückgreifen und erhält im Handumdrehen Aufträge von Zeitschriften wie »Vogue« oder »Life Magazine«. 90-mal fotografiert er Titelblätter für das »Life Magazine« und ist damit einer der ganz großen Namen der Branche.

Eisenstaedt reist um die Welt. Er macht Kriegsreportagen, fotografiert berühmte Persönlichkeiten wie zum Beispiel John F. Kennedy. Und sein Material ist gefragt. Eisenstaedt ist Autor von über 2500 Bildreportagen. Ein Profi, der seine Kamera gefühlt permanent in der Hand hält.

Je mehr man fotografiert und je mehr man herumkommt, desto höher die Wahrscheinlichkeit, dass einzigartige und interessante Aufnahmen entstehen – und das gilt natürlich auch für Alfred Eisenstaedt. Er hat viele sehr berühmte, sehr ikonische und auch sehr schöne Aufnahmen gemacht, aber sein meiner Meinung nach bestes Bild (da lehne ich mich jetzt mal aus dem Fenster) entsteht in Michigan im Herbst des Jahres 1950.

Alfred Eisenstaedt ist hier für einen Fotoauftrag unterwegs. Es geht um einen landesweit berühmten Spielmannszug, die Michigan University Marching Band.

Marching Bands sind eigentlich eine Einrichtung, die das britische Militär erfunden hat und die dann in Europa in verschiedenen Militäreinheiten üblich wurden. Sie entstanden aus Flöten- und Trommelspielergruppen, die auf dem Schlachtfeld Kommandos weitergeben und so den kämpfenden Einheiten Orientierung verschaffen sollten. Zu Flöten und Trommeln kamen in Friedenszeiten Trompeten und Glockenspiele – und schon war er geboren, der militärische Spielmannszug, wie er heute meist zu Anlässen wie Staatsempfängen eingesetzt wird, etwa in Gestalt des Musikkorps der Bundeswehr.

In den USA bildeten die Universitäten bald eigene Spielmannszüge nach dem Vorbild der Militärkapellen. Ihre Aufgaben sind zum einen repräsentativer Art, sie kommen aber auch zum Einsatz, um ähnlich wie die Cheerleader bei von Universitäten dominierten Sportveranstaltungen das Publikum anzuheizen.

Diese Spielmannszüge marschieren dann in großen Gruppen musizierend nach einer vorgegebenen Choreografie. Da werden Formationen abgegangen, Buchstaben abmarschiert, und all das unter Leitung des sogenannten »Drum Major« (bei uns auch »Tambourmajor« genannt). Der Drum Major (oft auch weiblich besetzt) trägt üblicherweise einen großen, länglichen Pelzhut und hat einen metallischen Stab in der Hand, um damit zu dirigieren. Das Ganze ist einigermaßen akrobatisch: Der Stab wird durch die Luft gewirbelt und geworfen, gefangen, gedreht und natürlich hüpft, springt oder dreht sich auch der Drum Major dabei. Im Zuge der Choreografien werden von ihm bzw. ihr ausladende, dramatische Schritte und Sprünge erwartet.

An jenem Herbsttag 1950 fotografiert Alfred Eisenstaedt all das, was erwartbar ist, wenn man das Training eines berühmten Spielmannszuges besucht. Am nächsten Morgen, so hört er, werden speziell die Drum Majors trainieren – und das will er natürlich fotografieren. Dazu haftet er sich speziell an die Fersen des Head Drum Major und folgt diesem kreuz und quer über den Rasen.

Der trainiert in vollständiger Drum-Major-Uniform inklusive pelzigem Hut und übt den hohen, dramatischen Schritt wieder und wieder. An der Seite der Wiese spielen einige Kinder und werden auf den Drum Major aufmerksam. Sie sind schätzungsweise acht bis zwölf Jahre alt, finden lustig, was sie sehen, und beginnen ihn nachzuahmen. Als er auf seiner Runde wieder einmal näher an ihnen vorbeikommt, beschließen sie, ihm nachzulaufen und ihn nachzumachen. Als Alfred Eisenstaedt seine Kamera hebt und auslöst, sieht man den Drum Major im vollen Ausfallschritt mit sieben Kindern, die lachend hinter ihm herlaufen, Pose und Ausdruck imitierend.

Das ist ein Bild, bei dem zumindest ich sofort grinsen muss. Und es war dieses Bild, das aus einer für den Innenteil eines Magazins geplanten Reportage die Titelstory machte.

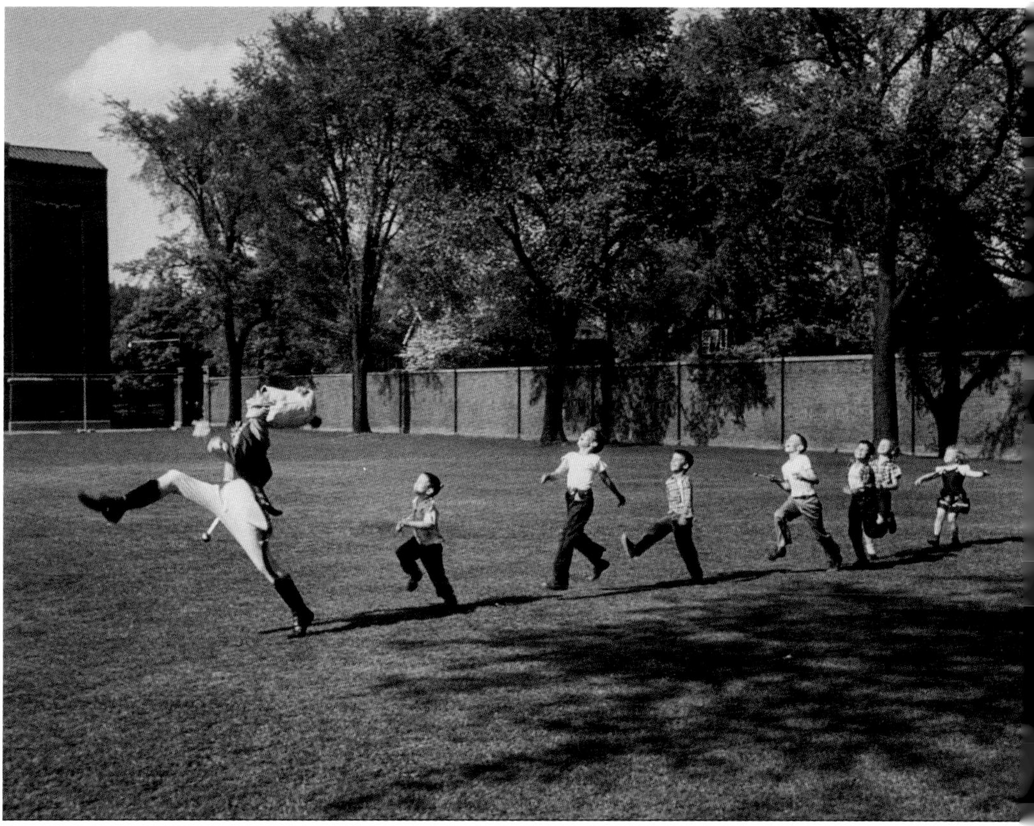

Drum Major, 1950 (Quelle: Getty Images)

Drum Majors haben übrigens viel mehr Funktionen, als einfach nur akrobatische Schritte zu vollführen und ein Orchester zu dirigieren – sie sind auch Verbindungsglied zwischen den Musikern und der Universitätsleitung oder -einheit, oft Public-Relations-Verantwortliche, sie erarbeiten Choreografien – es ist eine anspruchsvolle Position, auf die man wirklich stolz sein kann.

Das Bild von Alfred Eisenstaedt fängt ein, mit welcher Energie und welchem Ernst der Head Drum Major an diesem Morgen trainierte – und welche Freude die Kinder dabei hatten, ihn nachzumachen. Eisenstaedt hat sein ganzes Leben lang fotografiert und dabei viele ikonische Bilder geschaffen – aber die Bilder, die aus seinem Werk am meisten herausstechen, haben eines gemeinsam: Sie zeigen diese Momente der Freude.

21 Der Kuss vor dem Pariser Rathaus

Paris im Jahre 1950. Durch die Straßen läuft ein bekannter Fotograf, Robert Doisneau, und knipst und knipst und knipst. Vor seiner Linse schlendert ein verliebtes Paar durch die Stadt. Die beiden jungen Menschen flirten heftig miteinander, sie fasst sich in die Haare, die beiden lachen viel, halten Händchen, küssen sich und turteln. Für das Paris der Fünfziger ist das eine durchaus alltägliche Szene. Während man in den USA, selbst in New York, sogar noch zu prüde ist, um sich auch nur in der Öffentlichkeit zu küssen, ist in Paris alles erlaubt, was gefällt. Und deswegen hat das »Life Magazine« Robert Doisneau damit beauftragt, eine Artikelstrecke zu bebildern, in der es um diese Entspanntheit, diese Freiheit des Lebens in Frankreich gehen soll. Der Fotograf ist berühmt dafür, dass er ein ganz besonderes Auge hat. Seine Bilder sind oft witzig, originell, gefühlvoll und er wird verglichen mit einem anderen ganz Großen: Henri Cartier-Bresson.

Beide fotografieren viel im Alltag von Paris. Zahlreiche Klischees stammen aus den Kameras dieser beiden Männer. An jenem Frühjahrstag fotografiert Robert Doisneau im Auftrag des »Life Magazine« also dieses turtelnde Pärchen, die beiden biegen ein in die Rue de Rivoli, jene Straße, in der auch das Pariser Rathaus (das Hôtel de Ville) steht, und küssen sich im Vorbeischlendern an Straßencafés fast beiläufig. Doisneau hat zunächst keine Ahnung, welch einen Treffer er hier gelandet hat, als er ein Foto des Kusses machte. Es ist für ihn ein Bild von vielen. Es zeigt diesen fast schon beiläufigen Kuss, leichte Bewegungsunschärfe im Bild, die Passanten interessiert das offensichtlich rein gar nicht und man erkennt im Hintergrund das Pariser Rathaus.

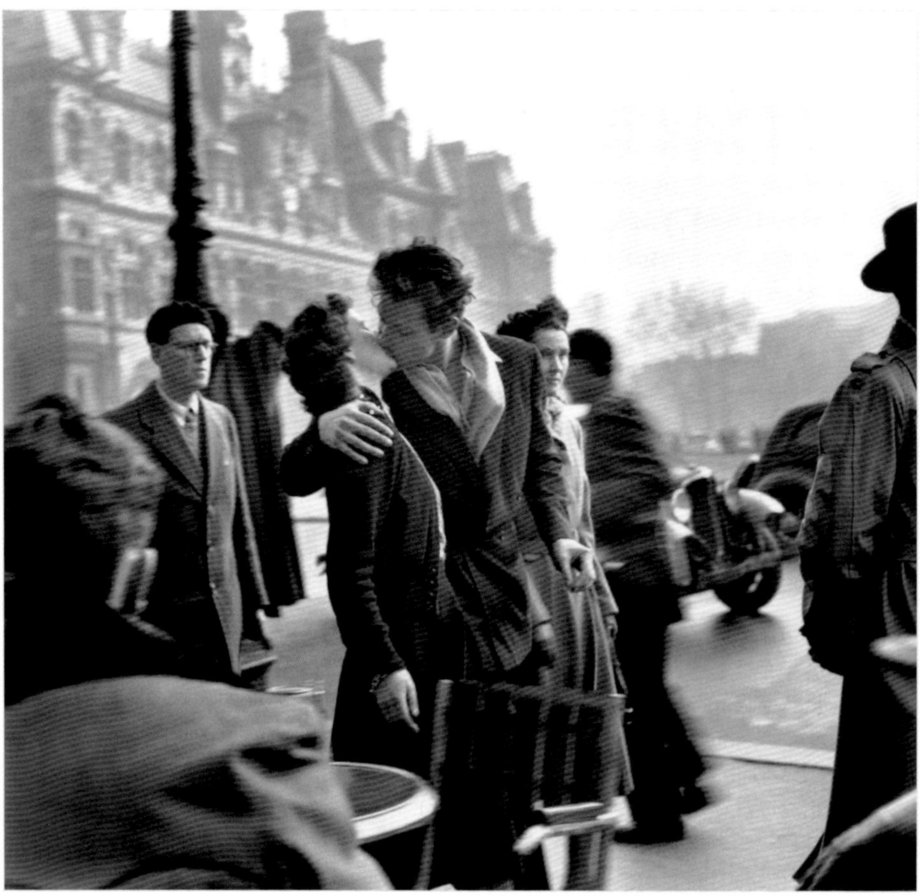

Der Kuss vor dem Pariser Rathaus, 1950 (Quelle: Gamma-Rapho-Keystone)

Das Bild wurde im »Life Magazine« veröffentlicht, zusammen mit diversen anderen – für Doisneau nicht weiter spektakulär. Unsere Geschichte nimmt den Faden auch erst 30 Jahre später wieder auf, als Robert Doisneau beauftragt wird, eine Serie mit Postkarten zu bebildern. Sein Verleger schlägt vor, dieses Foto für eine Postkarte und für Poster zu nutzen. Und das ist der Durchbruch für das Bild. Die Aufnahme wird zu einem globalen Phänomen, sie trifft einen Nerv. Millionenfach wird das Foto auf Postkarten verschickt, Poster werden überall zum Verkauf angeboten.

Was bis dahin vielleicht nur irgendein Schnappschuss gewesen mag, wird urplötzlich zum großen Geschäft, und mit wachsendem Erfolg zieht die Geschichte Menschen an, die gerne mitverdienen wollen. In den Fünfzigern, also zur Entstehung dieser Aufnahmen, gab es in Frankreich schon etwas, das in den USA bis heute noch nicht existiert: das Recht am eigenen Bild. Man darf zwar aus künstlerischen Gründen im öffentlichen Raum fotografieren, sobald aber Bilder verkauft werden und dafür Geld fließt, sollte man besser abgesichert sein. Daher dauerte es auch gar nicht lange, bis die ersten Forderungen aufkamen. Mehr und mehr Paare behaupteten, sich auf dieser Aufnahme zu erkennen, und verlangen Lizenzgebühren.

Als Robert Doisneau vor Gericht gezerrt wurde, war der Moment der Wahrheit gekommen. Diese Aufnahme, der Kuss vor dem Rathaus, entstand nämlich gar nicht so spontan, wie sie aussah. Robert Doisneau war Profi genug, um bei Aufnahmen wie diesen, die für eine Magazinstrecke gebucht waren, auf Nummer sicher zu gehen. Statt sich dem Risiko auszusetzen, von irgendwelchen Leuten verklagt werden zu können, verpflichtete er lieber Freunde und Bekannte als Models. Er gab ihnen zwar keinerlei Anweisungen, komplett spontan war die Aufnahme damit aber natürlich auch nicht.

Das Paar schlenderte also einfach ohne Anweisungen durch die Stadt und er fotografierte es. Der Vorwurf vor Gericht mochte damit zwar abgewendet sein, aber die Enttäuschung vieler Fans war trotzdem gewaltig. Was jetzt begann, würde man heute einen »Shitstorm« nennen. Egal wie romantisch der Kuss aussieht: Wenn er nicht spontan ist, was ist er dann noch wert?

Aber auch die rechtlichen Schwierigkeiten waren noch nicht gänzlich abgewendet. Doisneau hatte zwar nachgewiesen, wer auf dem Bild zu sehen war, aber das Model, Françoise Bornet, behauptete nun, er hätte sie nie bezahlt, also um ihr rechtmäßiges Honorar betrogen. Auch diese Angelegenheit ließ sich nach einigem Hin und Her klären. Robert Doisneau war nach langem Suchen tatsächlich in der Lage, eine Rechnung zu präsentieren, also war auch dieser Vorwurf substanzlos. Außerdem wissen wir inzwischen, dass die beiden Fotografierten damals wirklich ein Paar waren und der Kuss demnach auch echt – Anweisungen hatte es ohnehin keine gegeben.

Im Grunde haben die beiden ihr Geld beim Spazierengehen und Turteln verdient. Neun Monate hielt ihre Beziehung, dann trennten sie sich. Was den Rechtsstreit anging, gab es auch für Françoise Bornet ein Happy End. Zwar hatte sie vor Gericht verloren, aber auf der Publicity-Welle reitend beschloss sie, ihren Originaldruck des Bildes – noch mit Stempel und Unterschrift von Robert Doisneau – zu verkaufen. Das Bild brachte ihr 155.000 Euro ein, was dem Dreifachen des Schätzwertes entsprach. Nicht schlecht für einmal Spazierengehen und Knutschen!

22 Kordas berühmtes Porträt von Che Guevara

»Natürlich ist es immer Glück«, sagte Henri Cartier-Bresson, einer der berühmtesten Fotografen des 20. Jahrhunderts, bekannt für seine spontanen Schnappschüsse im öffentlichen Straßenleben von Paris, New York oder wo immer er sich gerade aufhielt. Er glaubte an den sogenannten »entscheidenden Moment« , den einen Augenblick, in dem sich die Bestandteile des Motivs wie Puzzleteile zu dem einen aussagestarken Bild zusammenfügen und der Fotograf nur noch festhalten muss, was sich ihm und seiner Kamera bietet. Und genauso schoss auch Alberto Díaz Gutiérrez, genannt »Korda«, am 5. März 1960 das berühmteste Foto des 20. Jahrhunderts.

Orientieren wir uns erst einmal. 1960, was war das für eine Zeit? Wir befinden uns mitten im Vietnamkrieg, der 1955 begonnen hat und 20 Jahre andauern wird – ein Ende dieses grausamen Konflikts ist 1960 nicht absehbar (die USA sind noch nicht in den Krieg eingetreten). In den USA ist Dwight D. Eisenhower Präsident und Richard Nixon sein Vize; Deutschland wird von Konrad Adenauer regiert. Wir befinden uns in der Nachkriegszeit und der große Konflikt, der die Ängste der Menschen dominiert, ist der Kalte Krieg.

Es waren außerdem revolutionäre Zeiten. Im Jahr 1959 hatte die Kubanische Revolution erfolgreich das Regime des Diktators Fulgencio Batista niedergeschlagen und man hegte den Verdacht, dass es sich dabei um eine von Moskau unterstützte, kommunistische Revolution handeln könnte. Wenn es eine Bedrohung gab, vor der die Amerikaner zu jener Zeit wirklich Angst hatten, dann war es eine militärische Präsenz der Sowjetunion in ihrem – wie es ein US-General damals ausdrückte – »Hinterhof«. Die USA hatten ein Waffenembargo über Kuba verhängt und die CIA-Zentrale in Miami war mit praktisch nichts anderem beschäftigt, als Agenten nach Kuba einzuschleusen und dort Anschläge zu verüben.

Als dann am 4. März 1960 plötzlich der französische Frachter »La Coubre« im Hafen von Havanna explodierte, war sich die kubanische Regierung sicher: Das war ein Anschlag der Amerikaner!

Das Schiff war in einem der Docks im alten Havanna vertäut worden, direkt in der Bucht hinter der Altstadt. Bei den zwei Explosionen wurden über 100 Menschen getötet, die genaue Anzahl blieb aufgrund der Heftigkeit der Explosion unbekannt.

Der Vorwurf, es hätte sich um eine Operation des amerikanischen Geheimdienstes gehandelt, klingt bis heute plausibel, ließ sich aber nie beweisen.

Die Explosion hatte in der Nähe der sogenannten »revolutionären Medienanstalten« stattgefunden. Es gab also unmittelbar eine direkte Übertragung in alle Welt und das prominente Personal der Kubanischen Revolution – im wesentlichen Fidel Castro – war natürlich auch sofort vor Ort.

Der ließ Staatstrauer anordnen und eine große Kundgebung ansetzen, eingeleitet von einem Trauermarsch, es folgte eine Bestattungszeremonie und dann einer Rede mitten in Havanna, die global übertragen werden sollte. Fidel Castro war schon damals berühmt und berüchtigt für seine teilweise extrem langen Reden. Zwischen Kuba und den USA tobte ein Medienkrieg und natürlich war dies nun eine der ganz großen Gelegenheiten, um diesen weiter voranzutreiben. Fotografen, Kameraleute, Pressemenschen aus aller Welt waren vor Ort, ebenso wie europäische Kulturprominenz. Jean-Paul Sartre und Simone de Beauvoir etwa weilten auf Einladung der Regierung in der Stadt und wohnten damit natürlich auch dieser Kundgebung bei.

Entsprechend viele Fotografen hielten sich in der Stadt auf, allerdings mit in der Regel stark eingeschränktem Zugang. Darunter gab einen, der das Vertrauen und die Freundschaft Fidel Castros und damit praktisch unbegrenzten Zugang genoss. Sein Name: Alberto Díaz Gutiérrez oder, wie er eigentlich bekannt geworden war: »Korda«. Er arbeitete für eine revolutionäre Tageszeitung in Kuba, aber im Grunde war er so etwas wie Fidels Privatfotograf. Seine Karriere hatte Korda als Modefotograf begonnen und er war dann mit dem Umbruch in Kuba umgeschwenkt und sozusagen der Starfotograf der Kubanischen Revolution geworden.

Er selbst sagte in einem Interview einmal, er hätte mit der Fotografie begonnen, um schöne Frauen kennenzulernen, aber eine »wunderschöne Revolution« gefunden; und die habe nun mal ihre Stars. Außerhalb Kubas kannte man hauptsächlich Fidel Castro, aber es gab natürlich auch die lokalen Berühmtheiten, etwa die Revolutionsführer, die Kommandanten, die auch die Regierung stellten, und allen voran mit am bekanntesten – und mächtigsten – war Ernesto Che Guevara. Er führte das Industrieministerium und die Landesbank und war damit betraut, die kubanische Wirtschaft zu verstaatlichen.

Am Tag nach der Explosion also marschierten Guevara, Castro, dessen Bruder, Sartre und de Beauvoir die Straße an den Docks entlang, hielten sich an den Händen und wurden dabei fotografiert. An einer Bühne machten sie dann halt und sprachen zur versammelten Menschenmenge.

Korda war ein fantastischer Fotograf mit einem in der Werbefotografie geschärften Blick. Er machte einige Fotos von der Bühne, als er ganz unerwartet Guevara vor die Kamera bekam. Mit dem geschulten Reflex eines geübten Fotografen löste er unverzüglich aus.

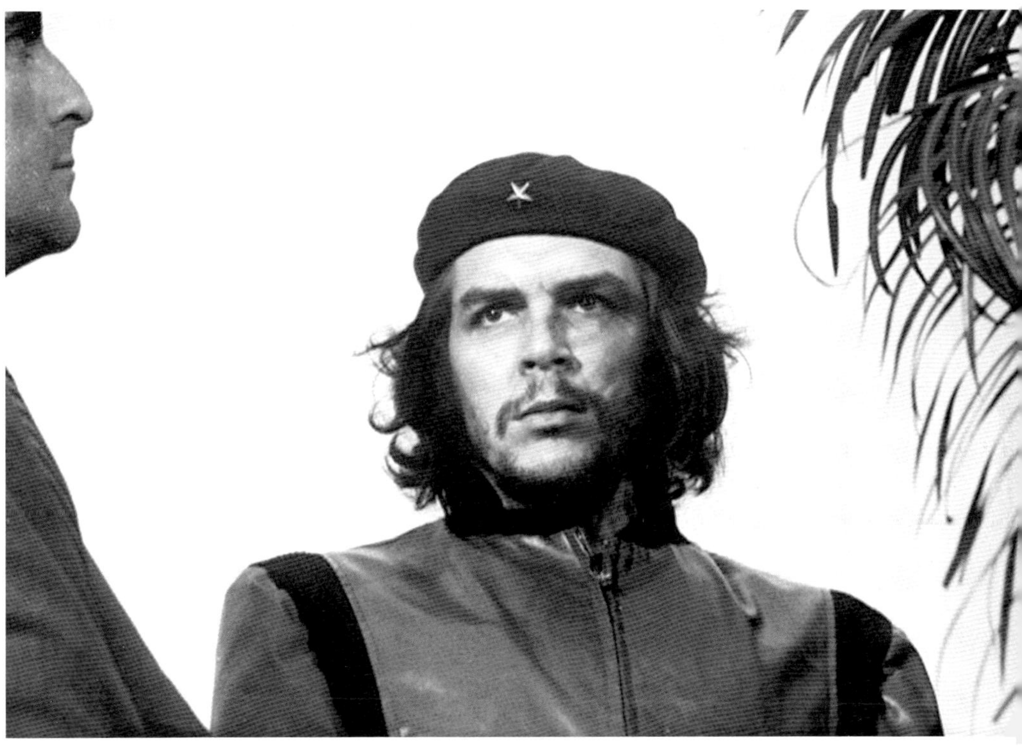

Che Guevara, 1960 (Quelle: Wikipedia)

Korda sagte später, ihn hätte ein Schauer durchfahren und er sei auf der Stelle erstarrt. Viel wurde seitdem in dieses Bild hineingelesen: dass Guevara über die Gegenwart hinaus die Erlösung der unterdrückten Völker sehen würde, mit unbeirrbarem Blick – ein Bilderbuch-Revolutionär. Das Bild definierte die öffentliche Wahrnehmung Guevaras wie kein anderes, machte ihn zu einer Ikone und zum bekanntesten Gesicht der Kubanischen Revolution (nicht zur Freude Castros). Die Ikonografie ist archetypisch: Im Bild vereinen sich Macht, Energie, Entschlossenheit und kombinieren sich zu nichts weniger als dem Antlitz einer Helden- oder gar Erlösergestalt.

Nun, ganz so weit war es noch nicht, nachdem Korda den Auslöser gedrückt hatte. Das Foto war einigermaßen unscharf und auf der Kundgebung gab es noch andere, prominentere Gesichter. Dennoch wurde das Bild in der lokalen Presse verwendet. Dass es aber einen Siegeszug um die ganze Welt antreten würde, war zu diesem Zeitpunkt nicht einmal im Ansatz absehbar.

»Guerrillero Heroico«, wie Korda sein Bild genannt hatte, zeigte damals schlicht und ergreifend einen Minister auf Kuba, der zugegebenermaßen charismatischer war als seine Kollegen und vielleicht auch einen etwas ungewöhnlicheren Lebenslauf vorweisen konnte – aber so spannend war er für die Öffentlichkeit auch wieder nicht.

Aber um wen handelte es ich bei diesem Mann eigentlich?

»Che« war eigentlich nur sein Spitzname. Er stammte aus Argentinien, hieß Ernesto Guevara und hatte als Sohn einer bürgerlichen, gut gestellten Familie aus dem argentinischen Rosario Medizin studiert. Nach dem Abschluss hat er sich relativ früh der Kubanischen Revolution unter Leitung Fidel Castros angeschlossen.

Che Guevara war von Anfang an dafür bekannt, sehr meinungsstark zu sein. Er hatte eine konkrete Vorstellung davon, wie die Dinge zu sein hätten, und diese verfolgte er mit aller Energie. Es wird ihm ungewöhnlich viel Charisma nachgesagt. Die Leute hätten an seinen Lippen gehangen und seien ihm praktisch blind gefolgt. Da mag es auch eine Rolle gespielt haben, dass viele der Soldaten in seinen Kampfgruppen wohl sehr jung waren, oder wenn man es deutlicher formulieren will: Kindersoldaten.

Guevara war berühmt dafür, todesmutig immer in erster Reihe zu kämpfen. Glaubt man den Beschreibungen seiner Anhänger, muss er wohl schon mit zehn Jahren bereits anspruchsvolle Literatur gelesen und sein Umfeld mit intellektueller Brillanz beeindruckt haben.

Es gibt aber auch kritischere Berichte. Guevara war für seine Launigkeit und Gnadenlosigkeit berüchtigt und hatte viel Blut an den Händen. In Kuba exekutierte er Verräter zum Teil selbst. Nach der Revolution war er für Prozesse gegen Handlanger des Battista-Regimes zuständig. Meist endeten diese mit Todesurteilen und es war Guevaras Aufgabe, diese Exekutionen anzuordnen.

In seinen Texten schreibt Guevara, dass er von der Notwendigkeit eines dritten Weltkriegs überzeugt sei. Ein weiterer Weltenbrand sei unbedingt notwendig, um die sozialistische Revolution weltweit voranzutreiben. Da verwundert es auch nicht, dass er Russland besuchte, um dort einen Blumenkranz am Grab Stalins niederzulegen.

Er vertrat die Theorie, dass es nur sehr wenige Menschen brauche, um ein Land in eine erfolgreiche (was immer das heißen sollte) Revolution zu stürzen. Also legte er 1965 seine Ämter auf Kuba nieder und setzte sich ab, um im Kongo die dortige Revolution voranzutreiben.

Das Problem war allerdings, dass Che Guevara zu jenem Zeitpunkt bereits so bekannt war wie ein bunter Hund und ihn die Geheimdienste der Welt genau im Visier hatten. Deswegen konnte er im Kongo kaum – anders als geplant – an vorderster Front kämpfen, sondern musste sich im Hintergrund halten. Aus dem Revoluzzer war eine Art Revolutions-Consultant geworden. Über die im Vergleich zur Kubanischen Revolution deutlich unorganisiertere Bewegung im Kongo findet sich in seinen Tagebüchern manch abfällige oder rassistische Bemerkung.

Doch Guevara zog bald weiter, um seine Version des sozialistischen Heilsversprechens mit Waffengewalt umzusetzen. Von ihm ist der Satz überliefert, dass es nicht nur ein, sondern viele Vietnams bräuchte, um über die Weltrevolution bzw. einen dritten Weltkrieg zu einer sozialistischen Weltordnung zu gelangen. So soll er auch die Stationierung der russischen Atomwaffen auf Kuba sehr begrüßt haben, um mit deren Hilfe den Krieg in die USA zu tragen. Dass sich diese Pläne letztlich zerschlugen, soll ihn rasend gemacht haben.

Als auch in Bolivien die Genossen eine Revolution anstreben, werben sie Guevara als ihren Anführer an. Es soll seine letzte Etappe werden. Er wird gefasst und am 9. Oktober 1967, einen Tag nach seiner Festnahme, erschossen. Das Foto seines Leichnams geht um die Welt, und nicht von ungefähr greift die Presse zu Jesus-Vergleichen. Um Fingerabdrücke zu erstellen, werden Che Guevara die Hände amputiert und eingewickelt in Tageszeitung an die CIA verschickt – wie eine Siegestrophäe.

Was blieb, ist der Mythos. Guevara wurde zum Symbol des linksrevolutionären Kampfes weltweit.

Aber zurück zum Foto Kordas. Als die Revolution in Bolivien Fahrt aufzunehmen schien, begab sich der kommunistische italienische Verleger Giangiacomo Feltrinelli auf die Suche nach einem guten Bild von Che Guevara in der Hoffnung, Geld mit dem Konterfei des berühmten Revolutionärs zu verdienen.

Bei seiner Suche stößt er auf Kordas Aufnahme. Korda ist der Sache, nicht aber dem Kommerz verpflichtet und so schließt er keinen Vertrag über Bildrechte ab, sondern übergibt das Foto einfach ohne weitere Formalien.

Kaum dass bekannt wird, dass Guevara hingerichtet worden ist, beginnt Feltrinelli die Aufnahme zu vermarkten. Er schneidet sie zu und dreht sie, sodass Che Guevara unzweifelhaft im Mittelpunkt steht. Als Fidel Castro seinerseits in dem Versuch, seinen Waffenbruder zu ehren und als Held der Revolution darzustellen, dieselbe Aufnahme nutzt, wird das Foto »Guerrillero Heroico« zum globalen Symbolbild.

So sieht man kurz nach Guevaras Tod die Aufnahme Kordas überall: auf Demonstrationen, auf T-Shirts, auf Magazinen, auf Plakatwänden, als Graffiti. Sie ist schlicht allgegenwärtig.

Feltrinelli wurde mit diesem Bild reich, Korda dagegen erhielt keine Lizenzeinnahmen. Er nahm es allerdings mit sozialistischer Gelassenheit. Allein die Tatsache, dass Guevara vor allerlei kommerzielle Karren gespannt wurde, gefiel ihm nicht immer. So behauptete etwa Daimler Benz, revolutionäre Technik einzusetzen, und machte Guevara zum Gesicht einer Werbekampagne.

Kordas Foto ist zu einem festen Bestandteil unserer Popkultur geworden. Wobei Leute, die das Konterfei Guevaras durch die Gegend tragen, längst nicht mehr wissen, wofür dieser Mann kämpfte, wofür er stand und welche Ideen er vertrat. 2019 kam es beispielsweise zum Eklat, als der Fanclub des Fußballvereins Eintracht Frankfurt Guevara-Flaggen im Stadion schwenkte (laut UEFA eine »politisch motivierte Provokation«). Und immer noch gibt es in jeder größeren Stadt irgendwo ein Guevara-Graffito und sein Konterfei findet sich nach wie vor auf jeder Demonstration linker Aktivisten.

Dass Kordas Guevara-Porträt nicht nur zu einem linksrevolutionären Logo geriet und sich auf ganz Kuba findet, sondern sich gleichzeitig auch zu einer Ikone des kapitalistischen Westens entwickelte, mit der sich jeder vom Punk bis zum Nazi schmückt (ohne dass eines der Ziele erreicht wurde, für die Guevara gekämpft hatte), hat seine ganz besondere, postmoderne Ironie. Am Ende überlagern die Bilder immer die Realität …

23 Der Junge mit der Handgranate

Ich finde es immer wieder faszinierend: Kaum jemand kennt Fotografinnen und Fotografen namentlich, aber alle werden von ihren Arbeiten beeinflusst. In diesem Kapitel geht es um eine Fotografin aus den Sechzigern, die im wesentlichen nur Foto-Nerds bekannt ist. Aber so unterschiedliche Werke wie Stanley Kubricks »Shining« oder die US-Zeichentrickserie »Die Simpsons« würden ohne ihre Arbeit anders aussehen!

Die Kindheit der Fotografin Diane Arbus fiel in die Zeit der Weltwirtschaftskrise, doch ihr Start ins Leben war ein privilegierter. Ihre Eltern, die Nemerovs, besaßen ein Kaufhaus in der edlen Fifth Avenue und gehörten der New Yorker Upper Class an. Ihre Tochter Diane wurde von Kindermädchen aufgezogen, besuchte Privatschulen und blieb weitgehend von den schweren Folgen der Weltwirtschaftskrise verschont.

Mit 13 lernt sie Allan Arbus kennen, der fünf Jahre älter ist. Arbus hat die Schule hingeschmissen und arbeitet in der Werbeabteilung des Kaufhauses ihres Vaters. Die beiden heiraten mit 18 und es dauert nicht lange, und sie eröffnen ein gemeinsames Fotostudio – eine Leidenschaft, die ihr Mann mit in die Beziehung bringt. Er zeigte ihr, wie man mit einer Kamera umgeht, wie man Film entwickelt, und es dauerte nicht lange und die beiden etablieren sich als Fashionfotografen in New York. Zehn Jahre lang betreiben sie dort gemeinsam ein Studio.

Obwohl das Studio erfolgreich war und die beiden auch gut zusammenarbeiteten, war schnell klar, dass Arbus etwas anderes wollte, als für den Rest ihres Lebens Studiofotografin zu sein. Wenn sie also nicht gerade damit beschäftigt war, Kleidung an Models zu pinnen, Konzepte für Werbekampagnen auszuarbeiten oder Familien im Studio zu porträtieren, lief sie mit ihrer Nikon-Kamera durch die Stadt und fotografierte, was ihr so vor die Linse kam.

Eines Tages kommt sie mit einer frisch belichteten Rolle Film nach Hause und bittet ihren Mann, diese bevorzugt zu entwickeln. Die Negative nummeriert sie auf der Klarsichthülle durch, was sie bis zum Ende ihres Lebens so halten wird. Sie ist Mitte 30 und dies der Moment, in dem sie beschließt, eine andere Fotografin zu werden, Künstlerin zu sein und nicht Auftragsfotografin. Es ist der Beginn von etwas Neuem.

Zunächst läuft Arbus durch die Stadt und fotografiert, was so in der Stadt zu sehen ist. Sie macht die klassischen Streetfotos, die viele von uns machen: Friseure durch die Glasscheibe hindurch, Familienszenen im Park, sie streift mit ihrer Kamera durch die Straßen und alles, was ihr ins Auge fällt, wird fotografiert. Sie entwickelt sich in eine andere Richtung als ihr Ehemann. Sie wird künstlerischer. Sie wünscht sich mehr Freiheit, mehr Unabhängigkeit.

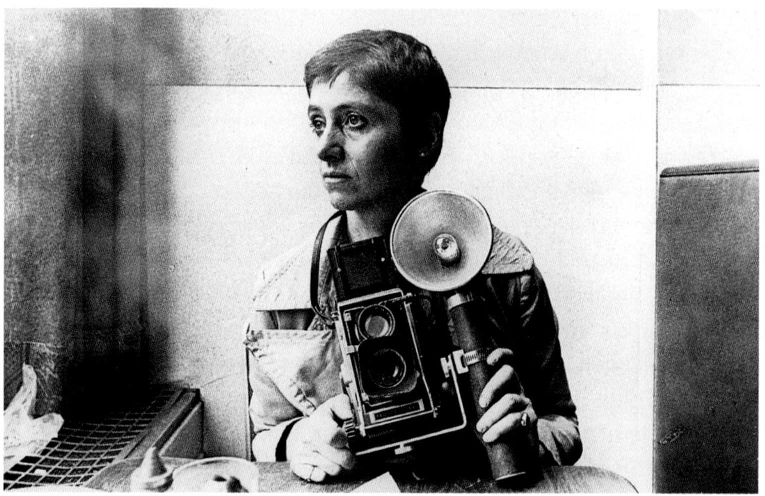

Die Fotografin Diane Arbus posiert für ein seltenes Porträt im Automaten an der Sixth Avenue zwischen der 41. und 42. Straße in New York (ca. 1968). (Quelle: Getty Images)

Es sind die 1960er-Jahre, die Arbuses leben ein sehr offenes Beziehungsmodell und ihr Ehemann unterstützt Diane Arbus in ihrem Wunsch, unabhängiger zu werden. Er hilft ihr bei der Suche nach einem anderen Studio in New York und beim anschließenden Umzug. Um die Kinder kümmern sie sich gemeinsam. War die Kindheit von Arbus im Wesentlichen durch die Distanz zu ihren Eltern geprägt, ist es den Eheleuten Arbus nun umso wichtiger, den eigenen Kindern nah zu sein. Er kommt oft vorbei, sie verbringen viel Zeit zusammen und so gehen rund elf Jahre ins Land, bevor sich das

Paar auch ganz offiziell scheiden lässt, getrieben von einer neuen Partnerin Allans, die nicht ganz so polyamourös eingestellt ist wie die beiden.

Um diese Zeit lässt sich eine Veränderung bei Diane Arbus feststellen. Irgendwann entdeckt sie, dass sie Fremde ansprechen mit ihnen arbeiten, sie posieren lassen kann. Und aus der Schnappschussfotografie, die ihre frühen Arbeiten als unabhängige Fotografin prägt, werden plötzlich Aufnahmen, die zwar manchmal noch Schnappschusscharakter haben, bei denen die Fotografierten aber ganz eindeutig wissen, dass sie fotografiert werden. Sie sind präsent. Sie schauen oft in die Kamera.

Und Arbus' Stil ist für die damalige Zeit ungewöhnlich, ja wahrscheinlich sogar schockierend. Sie pfeift auf etablierte gestalterische Regeln. Ihre Fotos sind selten kompositorische Meisterwerke. die Drittelregel, Bildebenen, Linien, ach was: Hauptsache, das Motiv ist stark genug! Dafür sucht sie gezielt Menschen, die selten fotografiert werden. Menschen mit körperlichen Beeinträchtigungen. Menschen mit mentalen Beeinträchtigungen. Nudisten. Groß- und Kleinwüchsige. Oder Mitglieder der New Yorker Unterwelt. Und auch Subkulturen wie zum Beispiel die nach und nach aufkeimende Travestiebewegung. Arbus hat keine Scheu vor diesen Menschen, setzt sie in Szene und fotografiert sie. Sie versucht, Fotos zu machen, denen man ansieht, dass die Fotografin den Menschen, die sie porträtiert, nähergekommen ist, dass sie etwas über die Menschen weiß und dies dem Betrachtenden zeigen kann.

Arbus ist der Meinung, dass unser Äußeres nicht uns gehört. Unser Äußeres spreche eine Sprache, die unsere Umwelt entziffern dürfe. Und so ist sie auch nicht zimperlich, wenn sie die Leute fotografiert. Wenn es nötig ist, lügt sie auch, um an ein Foto zu kommen. »Nein, nein, das sind nur Kopfporträts, die ich hier mache«, sagt sie und fotografiert in Wirklichkeit die berühmte Feministin und Philosophin Ti-Grace Atkinson oben ohne. Eine andere Unwahrheit war: »Nein, nein, die Bilder werden nie veröffentlicht.«

Aus heutiger Sicht ist Diane Arbus ethisch gesehen tatsächlich auf sehr glattem Eis unterwegs. Gleichzeitig schafft sie es aber auch, mit ihren Fotos, besonders denen von benachteiligten Menschen, eine Bildsprache zu etablieren, die es vorher so nicht gegeben hat. Sie definiert Schönheit in der Fotografie völlig neu. Ihre Models besitzen eine Würde und Schönheit, die von innen strahlt. Sie selbst sagt: »Viele von uns verbringen ihre Lebenszeit damit, sich vor Traumata zu schützen. Wir verstecken uns vor Schmerz. Wir laufen weg von dem Unglück.« Die Menschen, die Arbus fotografiert, wurden oft schon mit ihren Traumata geboren. »Eigentlich«, sagt sie, »sind das die wahren Aristokraten; die Menschen, die das schon gemeistert haben, was viele von uns auf Teufel komm raus vermeiden wollen.«

Diane Arbus hat das Glück, relativ früh in der Kunstszene New Yorks aufzufallen. 1959, im Rahmen einer Ausstellung, lernt sie den Art Director

Marvin Israel kennen. Er ist ein Jahr jünger als sie, selbst Maler und verheiratet. Die beiden werden trotzdem ein Paar – eine Beziehung, die bis zu Arbus' Tod halten wird. Israels Frau scheint nichts dagegen zu haben. Es ist die Zeit der sexuellen Revolution. In New Yorker Künstlerkreisen sieht man vieles nicht mehr so eng.

Über Israel lernt sie unter anderem auch Fotografen wie Richard Avedon kennen, und es sind diese Einflüsse, die ihre Arbeit immer einprägsamer werden lassen. Sie arbeitet an verschiedenen Serien und macht in der Zeit mehrere Fotos, die bis heute Wiedererkennungswert haben. Früh fängt sie zum Beispiel an, sich für Zwillinge und Drillinge zu interessieren. Und eines ihrer berühmtesten Bilder zeigt Zwillingsmädchen, die Händchen haltend nebeneinanderstehen, direkt in die Kamera schauen und trotz dieser symmetrischen Pose und dem ähnlichen Äußeren einfach sehr, sehr unterschiedlich aussehen. Stanley Kubrick, der Diane Arbus auch persönlich kannte, wird dieses Bild später in »The Shining« zitieren, wenn dem durch die endlosen Gänge fahrenden Danny die sich an den Händen haltenden Zwillingsmädchen begegnen.

Ein anderes bekanntes Bild von ihr trägt den Titel »Jewish Giant«. Eigentlich ist es ein Familienfoto. Ein Sohn besucht seine Eltern, nur dass der Sohn derart riesig ist, dass seine Eltern im Größenvergleich wie Zwerge wirken und er sich nur gebeugt im Wohnzimmer aufhalten kann. Alle in diesem Bild stehen, was es noch dramatischer aussehen lässt. Der Sohn heißt Eddie Carmel und leidet an Gigantismus, einer Wachstumsstörung.

Was an diesem Bild ganz besonders auffällt (und es deshalb für unsere heutigen Augen gar nicht mehr besonders wirkt), ist, wie verhältnismäßig schlampig das Bild eigentlich gemacht wurde. Wir wissen, dass sich alle der Fotografin im Raum bewusst waren. Vermutlich hat Arbus zuvor gefragt und die Erlaubnis bekommen, ein Foto der Familie zu machen. Sie hätte also alle Zeit der Welt gehabt, sich Gedanken über die Komposition zu machen oder das Licht zu planen. Und doch blitzt sie in den Raum hinein. Die Tatsache, dass das Foto fast schon schnappschussartig wirkt, eine monströse Vignette die Bildränder verdunkelt und das Foto zum Teil überblitzt ist, muss man tatsächlich als Absicht interpretieren. Das war kein kurzer, spontaner Schnappschuss und Arbus wusste nach jahrzehntelanger fotografischer Arbeit sehr wohl, was sie tat.

Und so muteten die Bilder, die Arbus schoss, der damaligen Gesellschaft nicht nur Fotomotive zu, die so noch nie zu sehen gewesen waren, sie markierten auch den Start einer völlig neuen Ästhetik. Und beides sind Effekte, die von da an oft und gerne kopiert wurden: diese absichtliche Schlampigkeit im Bildaufbau, die wir heute als »Candid«- oder »Schnappschussfotografie« interpretieren. Und die Wahl ungewöhnlicher Models, die heute viel regelmäßiger erfolgt, als es damals üblich war.

Ich habe mir vor Kurzem einen Bildband mit Auszügen aus dem Lebenswerk des berühmten amerikanischen Fotografen Howard Schatz gekauft. Eine seiner langjährigen Fotoserien porträtiert die Kink-, Gay und Pride-Szene in San Francisco, Menschen also, die gerade deswegen, weil sie anders aussehen, eine ganz besondere Faszination ausstrahlen. Und da gibt es durchaus Parallelen zum Werk von Diane Arbus, die Fotos von Travestiekünstlern und Nudisten gemacht hat.

Aber selbst wenn Arbus einfach »nur« Streetfotos machte, war ihr Auge für die ungewöhnliche Situation oder das ungewöhnliche Motiv wirklich bemerkenswert. Und das bringt uns zu ihrem vielleicht berühmtesten Foto, dem Bild, das alle paar Jahre wieder Schlagzeilen macht, wenn ein Originaldruck für mal 500.000, mal 700.000 Dollar weiterverkauft wird. Es zeigt einen Jungen im Central Park in New York, ungefähr sieben Jahre alt. Er schaut uns an, mit weit und leicht irre aufgerissenen Augen und einem zur Grimasse verzogenen Gesicht. Man weiß nicht so genau: Macht sich der Junge vielleicht ein bisschen lustig und albert für die Kamera herum? Oder ist da etwas Irres in dem Blick, vielleicht auch etwas Traurigkeit? Einer seiner Hosenträger ist heruntergerutscht. Vielleicht ist er ja auch herumgelaufen. Seine linke Hand scheint etwas Unsichtbares festzuhalten. Sie ist zu einer offenen Klaue verkrampft. Und in seiner rechten Hand hält er eine Spielzeuggranate.

Es ist ein bemerkenswertes und zugleich verstörendes Foto. In dem Bild findet sich keine erkennbare Symmetrie, man vermutet fast, Diane Arbus hat das Bild im Vorbeigehen geschossen. Spontan eben. Das Foto jedenfalls ist bemerkenswert – Arbus macht es mitten hinein in die tobende Kontroverse rund um den Vietnamkrieg.

Das Bild zeigt den New Yorker Jungen Colin Wood. Der wird später erzählen, dass er sich eigentlich nicht mehr daran erinnern kann, wie Diane Arbus dieses Foto von ihm gemacht hat. Er hat allerdings eindeutig gewusst, dass er fotografiert wird, denn es existiert der komplette Kontaktabzug, also die Reihe von Fotos, die vor und kurz nach diesem Bild entstanden sind. Und daran kann man sehen, dass Colin mit Diane Arbus wie ein typischer Siebenjähriger, sagen wir mal, »zusammengearbeitet« hat. Am Anfang ist er anscheinend noch etwas verlegen. Da kommt eine junge Frau auf ihn zu und fragt, ob sie ihn fotografieren darf, und er posiert ein bisschen und albert für die Kamera herum. Er probiert sich aus, läuft herum und Arbus positioniert sich in verschiedenen Winkeln zu ihm. Irgendwann macht er dann eben diese Grimasse: die Spielzeuggranate in der einen Hand, dieser irre Gesichtsausdruck, die zur Klaue geformte andere Hand – und in diesem kleinen Augenblick drückt Arbus den Auslöser.

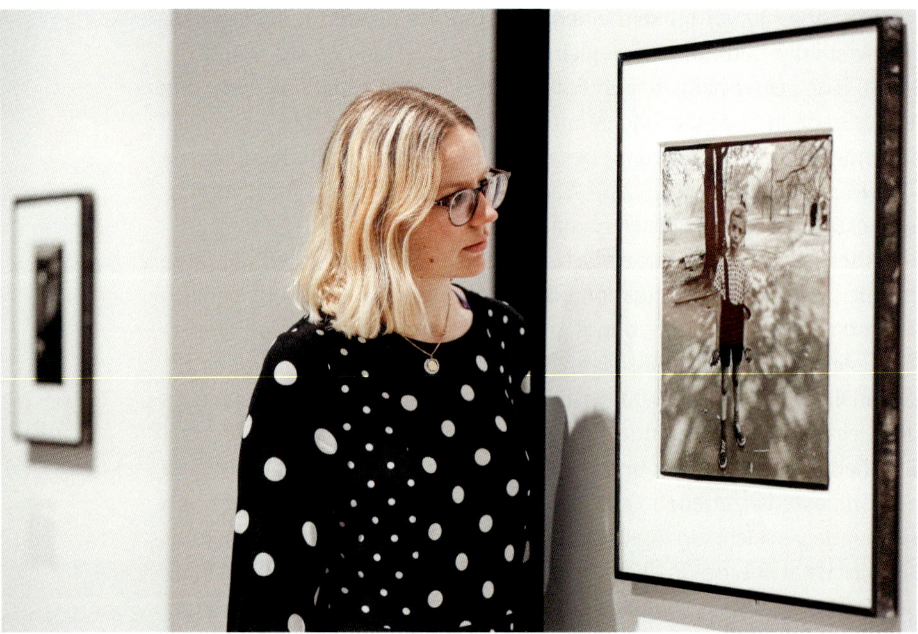

Auf einer Ausstellung der Hayward Gallery in London 2019 betrachtet eine Mitarbeiterin Diane Arbus' Bild »Child with a toy hand grenade in Central Park« von 1962. (Quelle: Alamy)

Das Foto wird zu einer Ikone der amerikanischen Antikriegsbewegung. Aber auch die Anarchisten drucken es gerne auf ihre Plakate. In Matt Groening, einem 17-jährigen Teenager aus Portland, Oregon, steckt etwas von beidem. Er demonstriert zu der Zeit. Vielleicht hat er sogar schon mal ein Plakat mit dem Bild des Jungen und der Spielzeughandgranate selbst herumgetragen – gesehen hat er es auf jeden Fall. Groening sagt jedenfalls später, die Figur des Bart Simpson basiere auf dem, was er damals in diesem Jungen mit der Granate gesehen habe: eine gewisse Aufmüpfigkeit und Herkunft. Und so inspirierte der junge Colin Wood, der im Alter von sieben Jahren mit einer Spielzeughandgranate von Diane Arbus fotografiert wurde, eine der ikonischsten Figuren der modernen Popkultur.

Colin Wood erinnert sich, dass seine Kindheit zu jener Zeit eher weniger spaßig war. Sein Vater befand sich mal wieder in Scheidung und der junge Colin lief einigermaßen unbetreut in New York herum. Nicht, dass er verwahrlost gewesen wäre – sein Vater war ein erfolgreicher Tennisspieler, öfters in den Top Ten der Weltrangliste, aber eben auch mehr mit sich selbst als mit seinem Sohn beschäftigt.

Vater Wood war nicht gerade begeistert davon, dass sein Sohn sich plötzlich auf einem Foto der Antikriegsbewegung wiederfand, und Colin erinnert sich auch daran, dass Schulkameraden das Bild gefunden hatten und es in der Schule aushingen. Alles Ereignisse, auf die er gut hätte verzichten können. Trotzdem habe ihn das Foto nicht weiter beeinflusst, sagt er.

Nach der vierten und letzten Scheidung seines Vaters und dem erfolgreichen Schulabschluss von Colin gründen die beiden gemeinsam ein Unternehmen. Sie bauen Tennisplätze überall auf der Welt. Und sie sind erfolgreich. Nicht ganz der Lebenslauf, den man sich von einem Jungen erwartet, dessen Foto für eine Weile in einer Ausstellung über unterprivilegierte Amerikaner zu sehen ist und auf Antikriegsdemonstrationen herumgetragen wird.

Aber irgendwie auch nicht ganz ungewöhnlich für ein Foto von Diane Arbus. Sie ließ sich von diesem Moment überraschen. Wen interessiert da schon der Rest? Parallel arbeitet sie weiter an ihrer fotografischen Karriere. Sie erhält relativ schnell Aufträge bei großen Magazinen. Die zeigen sich zu der Zeit durchaus experimentierfreudig und so darf sie Fotostrecken gestalten, die eher ungewöhnlich sind.

Mit jedem neuen Auftrag öffnen sich weitere Türen, so zu Magazinen wie »The Esquire«, »Harper's Bazaar«, aber auch zu Kunden wie der »New York Times«, »Sports Illustrated« und der »Herold Tribune«. Diane Arbus ist sehr gefragt und kommt herum. Schnell hat sie einen Ruf als Fotografin, deren Bilder eher exzentrisch wirken. Selbst wenn sie bekannte Persönlichkeiten oder Mitglieder der High Society fotografiert, sind ihre Fotos ungewöhnlich. Magazine reagieren darauf und so werden bestimmte Aufträge gar nicht mehr an sie herangetragen. Klassische Politikerfotos? Na ja, das ist ja nicht wirklich etwas für die Arbus.

Parallel zu ihren Auftragsarbeiten bemüht sich Arbus auch immer um Unterstützung für freie Arbeiten. Es gibt verschiedene Institutionen, die Stipendien für besonders interessante Projekte vergeben, so zum Beispiel die Guggenheim Foundation. Darüber ergeben sich für Arbus auch verschiedene Reportageaufträge, die mal privat, mal öffentlich finanziert werden. Als sich die Magazinbranche allerdings im Umbruch befindet, gehen auch ihre Aufträge zurück und sie beginnt zu lehren und bei Ausstellungen mitzuwirken.

Während dieser ganzen Zeit leidet Arbus unter massiven depressiven Schüben. Schon ihre Mutter kämpfte mit dieser Krankheit und bei Arbus treten besonders nach einer Hepatitiserkrankung 1966 immer wiederkehrende, zum Teil heftige Schübe auf. Zwar hatte sie sich Hilfe gesucht und ist in Behandlung, aber im Juli 1971 legt sie ihren Terminkalender auf die Treppe und schreibt in ihr Notizbuch »Letztes Abendmahl«, bevor sie Schlafmittel nimmt und sich die Pulsadern auftrennt. Ihr letztes Negativ trägt die Nummer 7459.

Seither wird ihre Arbeit wieder und wieder neu entdeckt. 1972, also ein Jahr nach ihrem Tod, ist sie die erste amerikanische Fotografin überhaupt, die auf der Biennale in Venedig ausgestellt wird. Eine Monografie über sie geht um die Welt, das Museum of Modern Art macht eine Diane-Arbus-Retrospektive und einige ihrer fotografischen Ideen prägen bis heute die Fotografie.

Erde, Mond und Sterne

24

Als Louis Daguerre die nach ihm benannte Daguerreotypie der Akademie der Wissenschaften präsentierte (siehe Seite 2), war er bereits mehrere Jahre damit beschäftigt gewesen, das Verfahren zur verfeinern, und blickte auf viele Experimente hinter sich. Man kann wohl sagen, dass er so ziemlich alles zu fotografieren versucht hatte, was er mit seinen eigenen Augen hatte sehen können. Der Mond ist das zweithellste Objekt in unserem Himmel und natürlich hatte er versucht, auch davon Aufnahmen zu machen.

Dabei stellte er allerdings etwas fest, was auch heutige Fotografen immer wieder feststellen: Schöne Aufnahmen vom Mond sind gar nicht so einfach. Zum einen ist es sehr leicht, die Helligkeit des Mondes zu unterschätzen und dann statt einer Kraterlandschaft einen weißen Fleck festzuhalten. Zum anderen ist der Mond auch wirklich klein, sodass Besitzer von Teleskopen im Vorteil sind. Teleskope waren damals allerdings schwer zu bekommen. Astronomen schliffen sich ihre eigenen optischen Linsen und bauten ihre Gerätschaften oft selbst. Die ersten Daguerreotypisten waren aber nicht notwendigerweise Astronomen. Daguerre selbst war Maler und Geschäftsmann, er hatte sein Geld mit Dioramen, also großen begehbaren Bildillusionen, gemacht. Dazu hatte es zwar handwerkliches Geschick gebraucht, und offensichtlich war er auch ein begabter Mechaniker und Chemiker, aber die Astronomie und das Schleifen von Linsen gehörte nicht zu seinen Kernkompetenzen. So klappte das mit der Aufnahme des Mondes auch nicht. Wir besitzen die Aufnahme nicht mehr, aber Zeitgenossen berichten davon, dass es ein verwackelter heller Fleck war und mehr nicht.

Die älteste noch erhaltene Aufnahme unseres Trabanten stammt aus New York. Ein Mann namens Henry Draper machte dieses Bild und es ist heute zwar noch erhalten, aber in einem wirklich traurigen Zustand. Allerdings muss der Detailgrad beim unbeschädigten Bild sehr beeindruckend gewesen sein. Die schönsten noch erhaltenen Aufnahmen aus der Zeit stammen aus dem Jahr 1850 und wurden von John Whipple angefertigt. Sie zeigen den Mond in seiner ganzen Schönheit und einem atemberaubenden Detailreichtum – wofür sich die Daguerreotypie mit ihrer rekordverdächtigen Auflösung hervorragend eignete. Was uns diese Aufnahme auch zeigt, ist, dass Astronomen von den aufkommenden fotografischen Verfahren von Anfang an fasziniert sind. Sogar die Bezeichnung »Fotografie« stammt aus der Feder eines der berühmtesten Astronomen der Geschichte: John Herschel.

Von Anfang an also fotografierten wir den Himmel und immer wieder aufs Neue den Mond. Von den ersten wirklich scharfen Aufnahmen, die Daguerreotypisten angefertigt hatten, wurden dann auch Mondkarten und wissenschaftliche Papiere gefertigt. Mit diesen Karten arbeitete man sogar noch in den 1960er-Jahren in Vorbereitung auf die Mondlandung!

Man stelle sich nur vor, wie das damals gewesen sein muss. Da ist man Teil des Mondprogramms bei der NASA und muss entscheiden, wo auf dem Mond man landen möchte. Aber die zur Verfügung stehenden Materialien sind alle von der Erde aus aufgenommen und teils 100 Jahre alt. Also muss Abhilfe geschaffen werden – Vorhang auf für die sogenannten »Lunar-Orbiter«-Missionen: fünf Satelliten, die 1966 und 1967 nacheinander zum Mond geschickt werden, immer mit dem Auftrag, den Mond zu umkreisen und dabei Aufnahmen der Oberfläche zu machen.

Jede Einzelne dieser Missionen kostete ein Vermögen und es war nicht vorgesehen, dass diese Satelliten wieder auf die Erde zurückkehrten. Stattdessen umkreisten sie den Mond in immer engeren Bahnen und stürzten irgendwann ab. Während ihrer Umkreisungen machten sie Aufnahmen von der Oberfläche, und zwar – es sind die 1960er-Jahre – auf Film. Der musste also noch an Bord der Raumsonde entwickelt werden. Kodak hatte zu dem Zweck ein eigenes Verfahren erarbeitet und eine Apparatur konstruiert, die nicht nur Film entwickeln, sondern die fertigen Bilder abscannen und zurück an die Erde funken konnte.

Auf der Erde speicherte man die Daten auf Band. Um außerdem das eigentliche Bildmaterial zur Verfügung zu haben, wurde der Vorgang umgekehrt und das Material mithilfe einer Belichtungsapparatur auf handelsüblichem 35-mm-Film belichtet. Der musste dann natürlich auch noch mal entwickelt werden und man erhielt so die einzelnen Bildausschnitte, die man dann aneinanderklebte.

Noch nie hatte ein menschliches Objekt so nah an der Mondoberfläche fotografiert, deswegen war der Detailgrad unübertroffen. Außerdem kannte die Menschheit den Mond bis dahin nur von vorne, seine Rückseite war uns völlig unbekannt. Obwohl die zusammengestückelten Aufnahmen Streifen hatten und wirklich nicht besonders beeindruckend aussahen, wurde ein Bild aus der Reihe dieser Aufnahmen sofort weltberühmt: Ein

Blick aus der Mondumlaufbahn, die Oberfläche unseres Trabanten wölbt sich von unten ins Bild und ein Fingerbreit über der Horizontlinie zeigt sich unsere Erde.

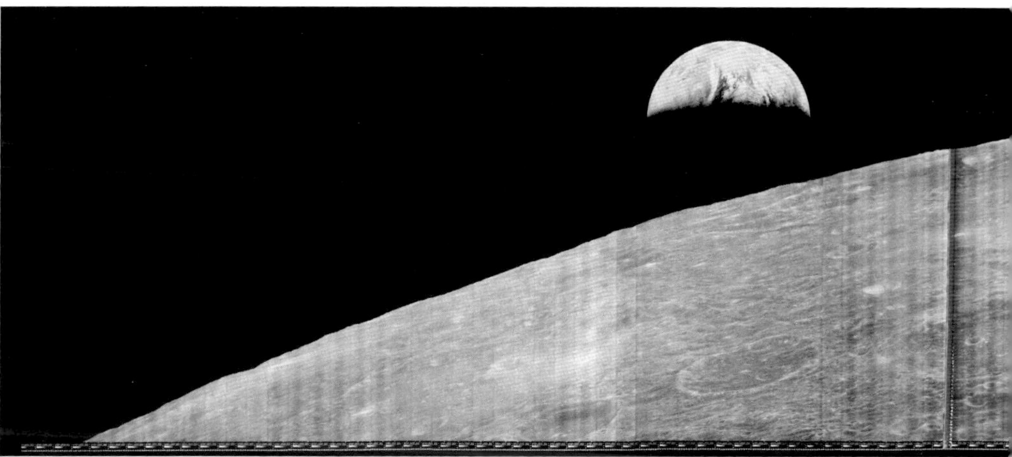

Earth Rise (Erdaufgang), fotografiert von der Lunar Orbiter 1 mit Streifenartefakten vor der Restaurierung, 1966 (Bild: © NASA, Quelle: Wikipedia)

Dieses Bild wurde so berühmt, dass sogar Briefmarken damit herausgegeben wurden. Noch nie hatten wir unseren eigenen Planeten aus dem Weltall gesehen. Es war die erste einer Reihe von Aufnahmen, die uns unseren Platz im Universum zeigten.

Zum Zeitpunkt der Aufnahme wärmten sich die Beatles gerade für ein Konzert auf, in Vietnam wurde gekämpft und der Menschheit wurde bewusst, dass es langsam ernst wird: Der Mensch wird wirklich versuchen, auf dem Mond zu landen. Die USA und die Sowjetunion liefern sich ein Wettrennen: Die Sowjetunion hat den ersten Satelliten und den ersten Menschen ins All gebracht – für die USA gilt es nun keine Zeit mehr zu verlieren. Man beginnt mit dem Bau der »Saturn V«, der bis dato größten je gebauten Rakete, die drei Menschen zum Mond bringen soll.

Hatte die NASA anfangs noch keinen Gedanken daran verschwendet, ihren Astronauten Kameras mitzugeben, gehörte es zur Zeit von »Apollo 8« bereits zum Standard-Training der Astronauten, Kameras im Weltraum richtig zu bedienen.

Man hatte sich für Hasselblad als Partner entschieden und es gab eigens für das US-Raumfahrtprogramm modifizierte Kameras sowie Farb- und Schwarz-Weiß-Filme, damit die Crew von »Apollo 8« Aufnahmen der Landestelle und der Mondoberfläche machen konnte.

Die ersten Missionen sind noch keine Landungen, sondern Mond-Umkreisungen. So auch die Mission mit dem Namen »Apollo 8«. Drei Astronauten befinden sich an Bord. Während der vierten von zehn geplanten Mondumkreisungen blickt der Astronaut Bill Anders aus dem Fenster und lässt sich schnell die Hasselblad-Kamera mit dem Farbfilm reichen. Er macht eine Aufnahme der Erde, und wie schon die erste von der Lunar-Orbiter-Sonde kennen wir sie unter dem identischen Namen »Earthrise«. Es wird eine der berühmtesten Aufnahmen aus dem US-Raumfahrtprogramm überhaupt.

Der Anblick der Erde, wie sie am Horizont des Mondes aufgeht, wird nicht nur sofort zur Ikone, sondern auch von vielen als Geburtsstunde der Umweltbewegung bezeichnet. Das Bild zeigt, wie klein und verwundbar unsere Heimat im Vergleich zur unendlichen Weite des Alls wirklich ist.

Das Apollo-Programm sollte noch mehrere erfolgreiche Missionen auf den Mond folgen lassen. Zwölf Menschen betraten den Mond und hatten stets auch Kameras dabei. Es ist die »Apollo 17«-Mission, bei der ein weiteres berühmtes Bild unseres Heimatplaneten entsteht, betitelt mit »Blue Marble«. Auch diese Aufnahme hat wahrscheinlich jeder von uns schon gesehen. Sie zeigt die Erde in Großaufnahme, schwebend im All – ein Bild, bei dem Astronauten immer gerne darauf hinweisen, wie dünn die Atmosphäre im Vergleich zum Rest des Planeten ist und wie zerbrechlich die Erde wirkt. »Apollo 17« sollte die vorerst letzte Mondlandemission sein.

Zurück also zur Erde und zu den Aufzeichnungen der Bildmaterialien der Lunar-Orbiter-Missionen. Die Rohdaten befanden sich auf riesigen Bändern, die von schrankgroßen Abspielgeräten ausgelesen werden mussten. Als das »Apollo«-Programm beendet wurde, brauchte diese Geräte und die Bänder niemand mehr und so beschloss die NASA, das Material einzulagern.

Über 1500 Bänder, 20 Jahre lang bei Spezialisten in Maryland eingelagert – so etwas kostet eine Menge Geld. Und meistens gibt es darüber spezielle Verträge, die irgendwann einmal enden – so auch hier.

Als die Bänder wieder zurück zur NASA gingen, stand die Frage im Raum: Was nun tun damit? Im Jet Propulsion Laboratory wurde die Archivarin Nancy Evans damit betraut, genau diese Frage zu beantworten. Man schrieb das Jahr 1986 und eigentlich wusste niemand mehr genau, wie die Daten auf den Bändern abgespeichert waren, und die Geräte hatten auch schon so ihre Probleme. Evans hätte also auch beschließen können, alles entsorgen zu lassen, aber das konnte sie einfach nicht mit ihrem Gewissen vereinbaren.

Ihr kam ein Zufall zur Hilfe, denn während Evans sich den Kopf um den künftigen Verbleib der historischen Daten zerbrach, entdeckte die NASA, dass sie die Originalaufnahmen, also die Bilder, die die Techniker zusammengeklebt und benutzt hatten, um die Mondlandung zu planen, nicht mehr auffindbar waren. Und so beschloss man, die Bänder erst einmal weiter einzulagern – immerhin etwas.

Weil die zum Abspielen notwendigen Geräte aber fehlten, war an eine Auswertung dieser Daten nicht zu denken. Evans begann, sich nach solchen Geräten auf dem Gebrauchtmarkt umzuschauen. Die waren extrem selten, denn die NASA – wie sollte es auch anders sein – hatte natürlich nicht handelsübliche Formate und Geräte benutzt, sondern eigens angefertigte Systeme.

Evans ließ sich aber nicht entmutigen und machte sich trotzdem auf die Suche. Sie war schon keine Archivarin mehr, als sie die ersten Bandmaschinen erwarb und in ihrer privaten Garage einlagerte. Sie hatte zwischenzeitlich einen anderen Lebensweg eingeschlagen, kümmerte sich um die Tiere auf ihrem Pferdehof, hatte ein Buch zum Thema »Veterinärakupunktur« veröffentlicht und ihre NASA-Vergangenheit praktisch hinter sich gelassen. Die Bandmaschinen waren ihre einzige noch existierende Verbindung zu ihrem früheren Job als Archivarin.

Bis sich 2007 Dennis Wingo bei ihr meldet. Der betreibt die Firma Skycorp, und ist seit seinem Studium besessen davon, die verschollenen »Apollo«-Aufnahmen zu finden und wiederherzustellen. Die Bänder hat er, aber was die Geräte angeht, so hat er nur einen vagen Hinweis darauf, dass die frühere Archivarin Nancy Evans vielleicht einzelne Teile besitzen könne. Als er Nancy findet, muss sich das wie ein Jackpot angefühlt haben. Denn nun hat er Bänder *und* Geräte – und damit ist ein großer Schritt in Richtung Restauration dieser Daten getan.

Jetzt mussten freilich die Formate noch verstanden und die Geräte zum Laufen gebracht werden, aber all das traute sich der selbst ernannte »Techno-Archäologe« zu, sofern er noch Sponsoren fände. Denn eines war ihm von Anfang an klar: Die Qualität der Aufnahmen, die die Öffentlichkeit von der »Apollo«-Mission kannte, war weit hinter den Möglichkeiten geblieben, die die Lunar-Orbiter-Kameras eigentlich produzieren konnten.

Könnte man das Material mit modernen Mitteln noch mal analysieren, würde sich wesentlich bessere Ergebnisse erzielen lassen, so seine Hoffnung. Belege dafür gab es noch keine, und es erwies sich auch nicht als einfach, finanzielle Unterstützung zu finden. Immerhin zeigte die NASA guten Willen und so half man Wingo dabei, einen Platz für das Projekt zu finden. Gegenüber vom NASA-Gelände hatte gerade ein »McDonald's« seine Pforten geschlossen, und so wurde dem frisch gegründeten Projekt angeboten, alle Gerätschaften und Bänder dorthin zu bringen. Das Team war begeistert, die neue Basis wurde in »McMoon« umgetauft und nach einigen Renovierungsarbeiten war der Ort vorbereitet, um dem neu gegründeten Projekt ein Zuhause zu bieten. Finanziert wurde erst einmal aus eigener Tasche und aus Spenden, die Finanzen waren also knapp und der Erfolgsdruck hoch. Und wieder kam der glückliche Zufall zu Hilfe, denn unter den ersten Bildern, die das Team unter die Lupe nahm, war auch die berühmte Aufnahme des Erdaufgangs.

Zwischen der Aufnahme, die 1967 der Weltöffentlichkeit gezeigt worden war und da schon Begeisterung auslöste, und der Aufnahme, die die Technik von 2008 produzieren konnte, lagen Welten. Wingo lieferte ein so überzeugendes Ergebnis, dass das Team den Auftrag und die Mittel bekam, auch die restlichen Bilder zu bearbeiten.

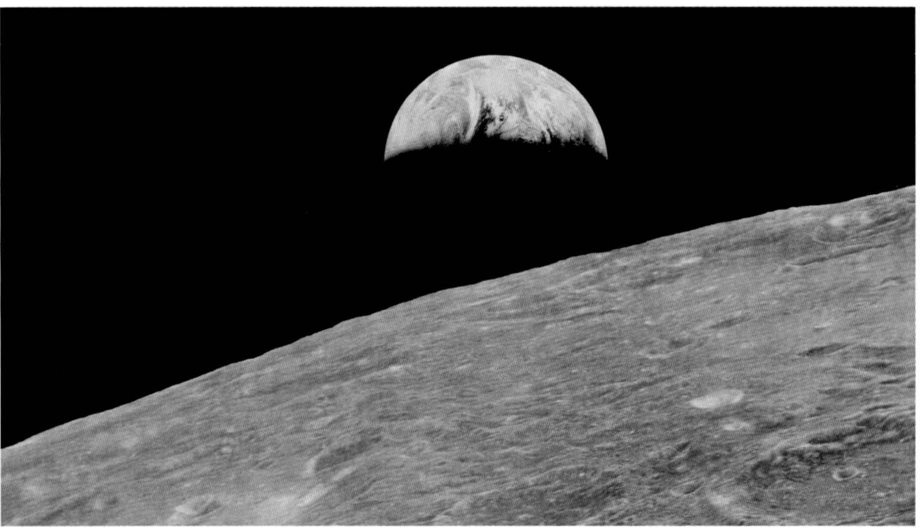

Erdaufgang (vom Lunar Orbiter Image Recovery Project restaurierte Version)
(Bild: © NASA Ames Research Center, Quelle: Science Photo)

Das »Lunar Orbiter Image Recovery Project«, wie es sich nennt, operiert bis heute aus »McMoon« heraus. Die grobe Erfassung aller Bilddaten war 2014 abgeschlossen, diese sind jetzt im sogenannten »NASA Planetary Data System« für die Forschungsöffentlichkeit verfügbar. Die Bilder genügen sogar heutigen Qualitätsansprüchen, selbst moderne Digitalkameras haben keine höhere Auflösung und manchmal sogar einen schlechteren Dynamikumfang.

25 Kim Phuc – das »Napalm Girl«

Je länger ich mich mit der Geschichte der Fotografie beschäftige, desto öfter kommt die Frage auf, ob Fotografien wirklich die Welt verändern können. Erzählt ein Bild tatsächlich mehr als tausend Worte, wie das Sprichwort uns glauben machen will? Gilt das nicht mindestens für die berühmte Aufnahme, die Nick Út am 8. Juni 1972 gemacht hat und die als »Napalm Girl« in das kollektive Gedächtnis der Menschheit eingegangen ist?

Eigentlich heißt das Bild »The Terror of War«. Es ist Bild Nr. 7 auf einer von mehreren Filmrollen, die Nick Út an diesem Tag mit Aufnahmen füllte. Der gebürtige Vietnamese arbeitete als Reporter für »Associated Press«. Sein Handwerk hatte ihm einer seiner Brüder beigebracht. Út stammt aus einer großen Familie und dieser Bruder war das siebte Kind – deswegen ist Út auch bis heute davon überzeugt, dass es kein Zufall gewesen sein kann, dass ausgerechnet das siebte Bild eine derartige Bedeutung erlangen sollte.

Úts Bruder war der erste Fotojournalist der Familie gewesen und hatte kurz zuvor im Einsatz sein Leben verloren. Weil Út die Fotografie von ihm gelernt hatte und durch ihn ebenfalls zu »Associated Press« gekommen war, bat die Familie den damaligen Bildredakteur bei AP Vietnam, Út auf die Stelle seines verstorbenen Bruders zu setzen.

Und so wurde Út vom Büroassistenten zum Kriegsreporter befördert.

»The Terror of War« zeigt eine Szene aus einem Krieg, von dem wir vermutlich allgemein eher sehr verzerrte und wenig konkrete Vorstellungen haben, der aber trotzdem über Dokumentationen, Filme und auch Musik zu einem festen Bestandteil unseres popkulturellen Gedächtnisses geworden ist.

Die Aufnahme, die Nick Út mit »The Terror of War« betitelte, kennen die meisten als »Napalm Girl«. Dieses Bild wird als ikonisch bezeichnet, weil es eine der bekanntesten Fotografien der Welt ist und nicht nur einen enor-

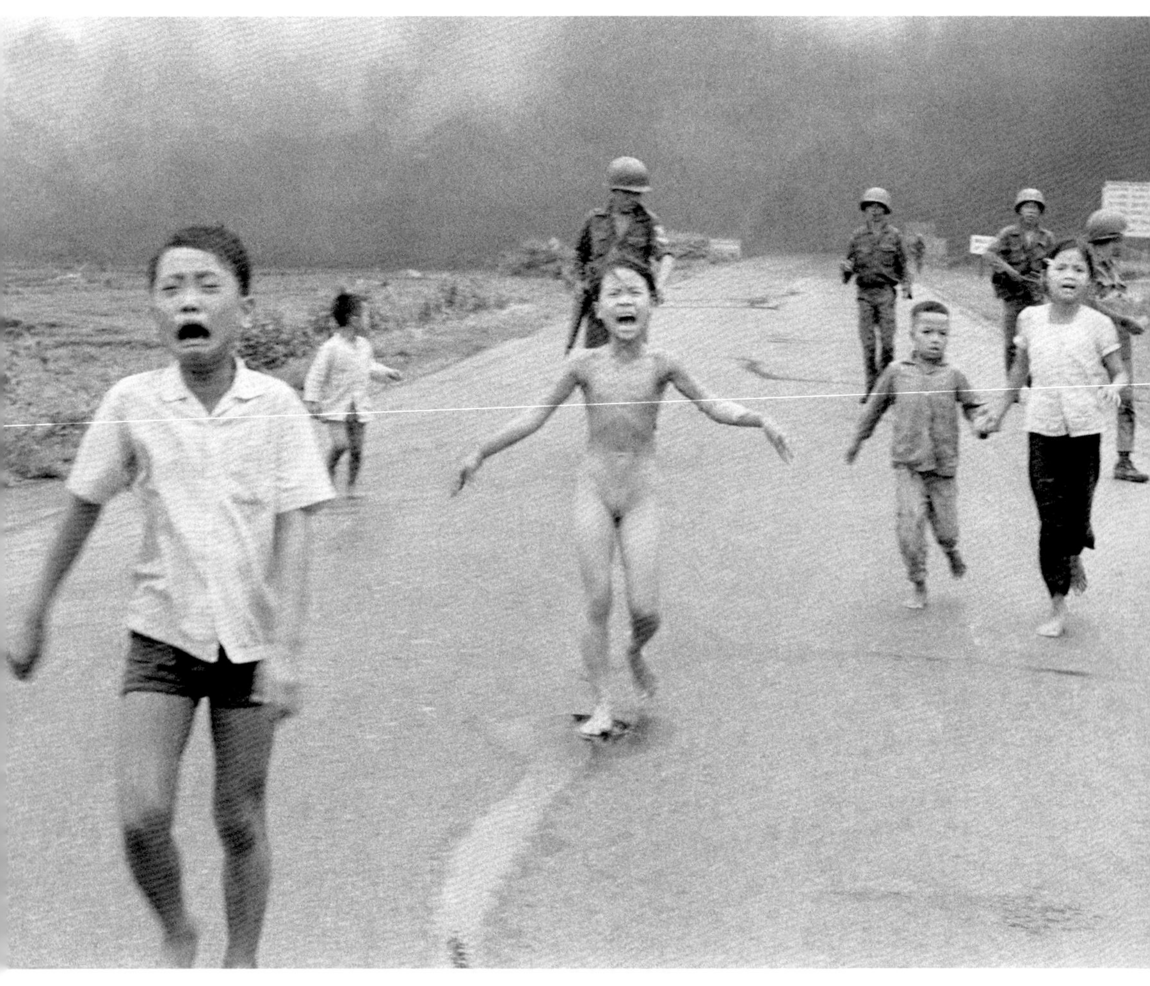

Südvietnamesische Streitkräfte hinter verängstigten Kindern, darunter die neunjährige Thị Kim Phúc (Mitte), die nach einem Napalm-Angriff aus der Luft auf mutmaßliche Verstecke der Vietkong die Route 1 bei Trang Bang hinunterläuft. (Quelle: Picture Alliance)

men Wiedererkennungswert besitzt, sondern angeblich sogar den Verlauf des Krieges beeinflusst haben soll!

Die Aufnahme zeigt insgesamt neun Menschen, fünf davon sind Kinder. Im Zentrum sieht man besonders eindrücklich ein Mädchen, das sich alle Kleidung vom Leib gerissen hat und schreiend auf den Fotografen (und damit gewissermaßen auf uns als Betrachtende) zuläuft. Es ist das damals neunjährige Mädchen Phan Thị Kim Phúc. Sie war bei einem Napalm-Angriff getroffen worden, wodurch ihre Kleidung in Flammen aufging. 65 Prozent ihrer Haut waren verbrannt. Konkret sehen wir das nicht auf dem Bild, aber wir können es ahnen.

Durch den Rauch im Hintergrund und die vier männlichen Gestalten in militärischer Kleidung können wir uns außerdem erschließen, dass diese Szene in einem Krieg aufgenommen wurde. Der Junge vorne links im Bild schreit noch viel eindrücklicher als das Mädchen. Man sieht im Gesicht existenzielle Angst und Schmerz und das Gesicht erinnert an das berühmte Gemälde »Der Schrei« von Edvard Munch. Wir schauen uns diese Kinder an und können gar nicht anders, als mit ihnen mitzufühlen. Wir sehen diese Angst und den Schmerz und wollen helfen.

Nick Út weiß später, als er die fertig entwickelten Filme aus dem Labor entgegennimmt, sofort, was für eine einzigartige Aufnahme ihm gelungen ist. Auch sein Bildredakteur in Saigon lässt dieses Bild direkt an die AP-Firmenzentrale schicken und als mögliche Titelseitenaufnahme markieren. Was viele aber nicht wissen: Das Bild ist nicht mehr so, wie Út es aufgenommen hat. Die Reporter, die an der Seite mit den Kindern mitlaufen, sowie die Großmutter, die einen sterbenden Säugling auf dem Arm hält, lenken vom Hauptmotiv des Mädchens in der Mitte ab und so entscheidet man sich für einen Zuschnitt.

Die Komposition ist in dieser zugeschnittenen Fassung viel eindrücklicher und so wirkmächtig, dass fast alle führenden großen Zeitungen und Magazine diese Aufnahme für die Berichterstattung über den Stand im Vietnamkrieg benutzen. Die Darstellung ist allerdings so drastisch, dass in manchen Ländern für die Veröffentlichung Sondergenehmigungen beantragt werden müssen.

Es ist ja ein nackter Mensch darauf abgebildet. Deswegen entscheidet man sich auch zu einer weiteren Retusche. Es gab einen Schatten, den man mit Schamhaar hätte verwechseln können. Dass er aus dem Bild herausgebleicht wurde, sagt viel über die damalige Toleranz in Bezug auf Gewalt und Nacktheit.

1973 gewinnt Nick Út für dieses Foto den Pulitzerpreis. Es ist das Pressefoto des Jahres – und eigentlich ist jedem von uns auch völlig klar, warum: Das Bild zeigt Kinder unter Schmerzen und Angst. Eltern schauen sich dieses Bild an und stellen sich ihre eigenen Kinder in solch furchtbaren

Situationen vor. Das Mädchen ist außerdem nackt und sieht vollkommen hilflos aus. In der Fotografie gibt es zwei Elemente, auf die wir Menschen vorhersagbar anspringen: Nacktheit und Menschen in Gefahr oder unter Schmerzen. Dieses Foto kombiniert beides.

Út macht mehrere Aufnahmen von Thị Kim Phúc, kümmert sich dann aber relativ schnell um sie. Er gibt ihr Wasser, kühlt ihren Körper, hilft den Kindern in einen Lieferwagen von »Associated Press« und begleitet das Mädchen ins Krankenhaus. Dort soll er seinen Status als Reporter von »Associated Press« genutzt haben, um schnelle Hilfe zu organisieren. Das Mädchen sei berühmt, da die Bilder um die Welt gehen werden, sagt er den Ärzten.

Am nächsten Tag war das Bild dann auch tatsächlich in der Weltpresse und interessierte Menschen wussten damals sehr wohl, was gerade der Stand im Vietnamkrieg war, daher kam das Bild mit verhältnismäßig wenig Kontext aus. Heute fehlt dieser Kontext und deswegen glauben viele Menschen, diese Aufnahme zeige einen Angriff der Amerikaner auf Vietnamesen.

Ebenso glauben viele, dieses Bild hätte für das Aufflammen der Friedensbewegung und das Ende des Vietnamkriegs gesorgt oder wenigstens dazu beigetragen. Beides stimmt nicht. Als 1972 diese Aufnahme in Südvietnam entsteht, sind die Amerikaner längst auf dem Rückzug aus Vietnam. Aus dem Vietnamkrieg, in dem die Amerikaner Kriegspartei waren, wird nun ein Krieg, in dem Süd- gegen Nordvietnamesen kämpfen. Genauso einen Angriff sehen wir auf diesem Foto. Die südvietnamesischen Piloten hatten eine außerhalb des Dorfes gelegene Befestigungsmauer angegriffen. Die Familie des Mädchens und die Kinder hatten sich zu diesem Zeitpunkt auf der dortigen Straße aufgehalten. Und genau diese Angriffe waren der Grund, weshalb ganze zwölf Reporter auf dieser Straße standen. Man hatte mit diesem Angriff gerechnet, und weder die Wahl der Waffen noch der Ort ihres Einsatzes waren eine Überraschung.

Kriegsreporter arbeiten erstaunlich oft in Gruppen und nehmen häufig an einer Art organisierter Fotoreise an die Front teil. Aber in den Bildern sehen wir das sehr selten. Kriegsreporter sind gut darin, ihre Kollegen aus den Ausschnitten herauszuhalten. So auch in diesem Fall. Schließlich würde die Fotografie eine völlig andere Geschichte erzählen, wenn man neben den Opfern und dem Angriff auch noch lauter Männer mit Kameras im Anschlag herumstehen sähe, die fotografieren, statt den Betroffenen zu helfen, alles im Dienste des Journalismus und der Berichterstattung – eine Vorstellung, bei der man zynisch werden kann.

Ein Bild sagt mehr als tausend Worte. Fotografen versuchen aber trotz allem immer noch zu selektieren, welche Worte das sind. »Wir haben da mit zwölf Presseleuten gestanden und Elend fotografiert« gehört nicht zu den Worten, die man hier transportieren wollte.

Der Mythos, das Bild zeige einen amerikanischen Angriff, hält sich besonders in den USA sehr hartnäckig. Er ist so fest verankert, dass es in den Neunzigern zu einer tränenreichen Entschuldigung eines amerikanischen Angriffspiloten vor laufender Kamera kam, der sich genau daran zu erinnern glaubte, wie er diesen Angriff geflogen hatte. Vor lauter Schuldgefühlen hatte der Mann zum Glauben gefunden und war jetzt als Missionar unterwegs, ließ aber keinen Zweifel an seiner Schuld. Dabei sprechen die Fakten eigentlich für sich: Die Amerikaner waren zu dem Zeitpunkt schon auf dem Rückzug und solche Angriffe wurden daher auch nicht von amerikanischen Piloten geflogen. Das Bild hat also auch nicht für den Rückzug und das Ende des Krieges gesorgt, wie viele darüber hinaus vermuten.

Wenn überhaupt, war dieses Foto in erster Linie ein Propagandaerfolg für die kommunistischen Nordvietnamesen. Die sahen es als Beweis für die Unmenschlichkeit der Südvietnamesen. Hatten die nicht sogar ihre eigenen Kinder und Frauen angegriffen, nur um eine verhältnismäßig unwichtige Stellung der Nordvietnamesen zu bombardieren? In den USA war das Bild Wasser auf die Mühlen einer sowieso schon heiß laufenden PR-Maschinerie. Die Amerikaner waren ein Jahr später komplett aus Vietnam verschwunden, der Krieg ging aber mit voller Wucht weiter. Wenn überhaupt, dann trug das Bild dazu bei, dass sich die Amerikaner weigerten, den Südvietnamesen auch nur die kleinste Hilfestellung zu geben. »The Terror of War« hatte eindeutig Eindruck gemacht und beeinflusste daher vielleicht auch Entscheidungen, die für den Krieg von Bedeutung waren. Ob es sich dabei aber immer gute Entscheidungen handelte und ob es die waren, die wir dem Foto heute zuschreiben, ist schwer zu beurteilen.

Das Mädchen im Bild, Phan Thị Kim Phúc, wusste selbst erst mal gar nichts von der Aufnahme oder davon, dass sie weltweit in Zeitungen abgedruckt worden ist. Als sie 14 Monate später das Bild von ihrem Vater gezeigt bekommt, findet sie es furchtbar. In Interviews erzählt sie, dass sie das Bild bis heute eigentlich gar nicht anschauen mag. Es zeigt den schlimmsten Moment ihres Lebens, und weil in ihrer Kultur viel Wert auf die Würde und züchtiges Verhüllen besonders des weiblichen Körpers gelegt wird, ist es ihr höchst unangenehm, dass sie die einzige nackte Person auf der Aufnahme ist.

Sie erinnert sich, dass diese vier Bomben fielen und das Feuer ihr die Kleidung vom Leib brannte. Sie machte sich als das kleine Mädchen, das sie damals war, Sorgen, ob sie jetzt nicht für ihr gesamtes Leben hässlich sein würde. Mit dem Blick der Erwachsenen erkennt sie in dem Bild heute aber auch die Macht, die es entwickelt hat.

Inzwischen hat sie geheiratet und ist nach Kanada ausgewandert. Nick Út lebt in den USA. Die beiden haben sich seither viele Male getroffen. Phan Thị Kim Phúc weiß natürlich, dass ihr dieses Bild Aufmerksamkeit verleiht und als Ikone gegen Krieg und für Frieden steht. Es gibt trotzdem unzählige Interviews mit ihr, in denen sie sich wünscht, Nick Út hätte dieses Bild nie gemacht … und dass es nie in unser aller Gedächtnis eingegangen wäre.

Sie ist für ihr Leben durch diesen einen Moment definiert. Wir lassen ihr keine Wahl. Dieses Bild gehört inzwischen irgendwie uns. Doch die Aufnahme wird fast immer ohne die dazugehörige Geschichte geteilt. Viele glauben, diese Geschichte ja sowieso zu kennen. Also maßen wir uns an, zu entscheiden, ob wir dieses Bild – etwa anlässlich seines Jahrestages – online weiter teilen dürfen, wie viel Kontext wir dranhängen und wie viel Energie wir aufwenden, um uns selbst zu informieren. Irgendwie ist es ja Zeitgeschichte.

Also teilen wir Kriegsbilder, von denen wir nicht wissen, was sie zeigen, wer da abgebildet ist und in welchem Jahr es war. Wir schreiben Bildern eine Macht zu, die sie nicht einmal besaßen, als die Ereignisse noch ganz frisch in unser aller Gedächtnis waren. Ich möchte so gerne glauben, dass solche Fotos mächtig sind, Kriege verhindern können, Menschen zur Vernunft bringen. Wenn ich dann dieses Bild oder ähnlich wirkmächtige Bilder aus jüngerer Vergangenheit betrachte, bleibt aber immer der fade Beigeschmack, dass sich die Ereignisse trotzdem kaum ändern. Es ist nur ein zusätzliches Foto in der Welt, von dem wir uns herausnehmen, es einfach zu teilen, egal ob die abgebildeten Menschen dem jemals zugestimmt haben.

Ein Bild sagt mehr als tausend Worte. Wir vergessen immer wieder, dass wir als Betrachter die tausend Worte auswählen, die wir hören wollen.

Sharbat Gula – das »Afghan Girl«

26

Afghanistan, irgendwann Anfang der Achtziger: Die kleine Sharbat Gula schaut in den Himmel. Sie hört Helikopter auf ihr Dorf zufliegen. Es sind sowjetische Militärhubschrauber, die direkt einen Angriff eröffnen, der das Dorf komplett überrascht. Gulas Eltern kommen dabei ums Leben. Der Rest ihrer Familie befindet sich ab jetzt zusammen mit Sharbat Gula auf der Flucht.

Zu Fuß über die verschneiten Berge Pakistans schaffen sie es zu einem Flüchtlingscamp an der pakistanisch-afghanischen Grenze. Und das ist der Ort, wo eines der ikonischsten Fotos des 20. Jahrhunderts geschossen werden wird – von Steve McCurry, der zu der Zeit, als Gula vor den Angriffen der Sowjets fliehen muss, schon über 30 Jahre alt ist und als etablierter Reportagefotograf arbeitet.

Eigentlich wollte McCurry mal Filmemacher werden, studierte dann aber darstellende Künste. Durch einen Nebenjob bei einem Zeitungsverlag kam er schließlich zur Fotografie.

McCurry hatte damals noch nicht viel von der Welt gesehen und wollte ein bisschen herumkommen. So entschloss er sich zu einer Reise nach Indien. Seine Bilder kamen an und ließen sich für gutes Geld verkaufen. Mal waren seine Kunden journalistische Medien wie Zeitungen, mal ging es eher um die Bebilderung von Reisemagazinen. Er bereiste die ganze Region und so verschlug es ihn auch irgendwann nach Pakistan. Dort hörte er dann zum ersten Mal vom Krieg in Afghanistan.

Er freundete sich mit afghanischen Rebellen an und überzeugte sie davon, ihn als Afghane verkleidet in von Rebellen kontrolliertes Gebiet zu schmuggeln. Im Westen wusste man zu der Zeit wenig über den Konflikt in Afghanistan. Das Geschehen war weit weg, die dortigen Menschen hatten für die westliche Öffentlichkeit kein Gesicht. McCurry zeigte sich erschüttert, aber er war als Fotograf gekommen – und er hatte Filme und Kameras dabei. Er beendete diese erste Afghanistan-Reise mit unzähligen belichteten Filmen, die er eingenäht in Unterwäsche und Turban außer Landes schmuggelte.

Es waren diese Fotos, die seine Karriere erst so richtig ins Rollen brachten. Renommierte Zeitungen wie die »New York Times« und das »Time Magazine« veröffentlichten seine Bilder und er gewann 1980 die Robert-Capa-Goldmedaille, ein Preis, der für herausragende Fotoreportage vergeben wird.

Ganz im Stil dieses ersten Erfolgs geht es für McCurry weiter. Er bleibt nicht nur in der Region, sondern begleitet mit seiner Kamera die Menschen auch bei den bewaffneten Konflikten im Mittleren Osten, in Indien. Als sich Iran und Irak im Krieg befinden, ist McCurry dabei. Der Bürgerkrieg in Kambodscha, der in Libanon, der Golfkrieg oder der Afghanische Bürgerkrieg – McCurry ist dabei, dokumentiert, porträtiert.

Sieht man sich sein Werk an, stellt man zwei Dinge fest: Erstens geht es McCurry nie in erster Linie um die Situation an sich. Er stellt immer die Menschen in den Mittelpunkt seiner Fotos. Der Großteil seiner Bilder, insbesondere die erfolgreichen, sind Porträts. Manchmal macht er Gruppenporträts, manche haben ein wenig zusätzlichen Kontext, viele davon zeigen natürlich auch die Umgebung, aber es geht immer ausschließlich um die Menschen.

Die zweite Eigenart der Arbeit von McCurry ist seine offensichtliche Meisterschaft im Einsatz von Farbe. McCurry hat nicht nur ein Auge für die besonderen Gesichter, die besonderen Szenen, die herausstechenden Situationen, er geht außerdem mit Farbe so virtuos um, dass seine Bilder einen ganz eigenen Look aufweisen. Bei seinen besten Fotos sieht es fast so aus, als wären in dem Bild eigentlich nur noch zwei bis drei Farben vorhanden, und die passen dann perfekt zueinander.

McCurry wird gelegentlich vorgeworfen, dass seine Fotografien sehr stereotype Szenen zeigen. Die Menschen aus Indien in McCurrys Bildern sehen wirklich so aus, wie sich westliche Menschen Leute aus diesem Land nun mal vorstellen: sonnengegerbte, dunkle Haut, bunte Turbane, erdfarben. Trotzdem ist seine Arbeit nicht darauf begrenzt. Immer wieder fotografiert er zum Beispiel auch einfach nur Landschaften und Tiere.

Aber es sind die Porträts, für die er berühmt ist, und unter diesen gibt ein Bild, das ihn wahrscheinlich wie kein anderes in seinem mehrere Hunderttausend Fotografien umfassenden Portfolio definiert: das von Sharbat Gula. 1984 fotografiert McCurry im Auftrag von »National Geographic« Fotos in den endlosen Zeltstädten pakistanischer Flüchtlingscamps. Er kommt hier an einer Mädchenschule vorbei, also an einem etwas größeren Zelt, in dem Mädchen unterrichtet werden. Eines davon ist Sharbat Gula, und weil gerade Pause ist, tollt sie mit ihren Freundinnen herum. McCurry fallen die durchdringenden Augen Sharbat Gulas auf und er bittet die Lehrerin, ihm dabei zu helfen, sie zu fotografieren. Die Lehrerin ist ebenfalls eine Kriegsversehrte, ihr fehlt ein Bein und sie kann nur mit Krücken laufen. Sie und die Betreiber der Zeltstadt sehen in McCurry eine Chance, die Weltöffentlichkeit auf die Zustände vor Ort aufmerksam zu machen. Also verspricht die Lehrerin, ihm zu helfen.

Wegen ihrer faszinierenden Augen hat McCurry es eigentlich nur auf Sharbat Gula abgesehen, aber er möchte natürlich auch, dass sie sich vor seiner Kamera wohlfühlt. Es ist ungewöhnlich, als ein westlicher Mann überhaupt in so einer Umgebung unterwegs sein zu dürfen, ganz zu schweigen davon, hier ausgerechnet ein Mädchen zu fotografieren. Also hält sich McCurry eine Weile lang in dem Zelt auf und fotografiert verschiedene Kinder der Klasse. In einem Interview später sagt er, er wollte eine Situation schaffen, in der sich alle Beteiligten wohlfühlen und in der sich das Mädchen, das ihm aufgefallen war, fast schon ausgeschlossen fühlte, wenn sie nicht auch fotografiert würde.

Schließlich kommt Sharbat Gula an die Reihe. Sie reagiert ablehnend. Sie ist schon in der Pubertät und für afghanische Mädchen in diesem Lebensalter geziemt es sich nicht mehr, ihr Gesicht vor Männern zu zeigen, ganz besonders nicht vor westlichen Männern – und so hält sie einen Schal vor ihr Gesicht. McCurry macht etwa acht bis zehn verschiedene Aufnahmen und positioniert Sharbat Gula an unterschiedlichen Stellen im Zelt. Die Lehrerin hilft ihm beim Übersetzen und Posieren des Mädchens. In den meisten dieser Bilder sieht sie mehr oder weniger unbeholfen aus. Sie ist erkennbar unsicher. Aber es gibt zwei Aufnahmen, in denen sie plötzlich sehr konzentriert in die Kamera blickt. In einem dieser beiden Fotos hält sie den Schal vor den Mund, in dem anderen blickt sie seitlich direkt in die Kamera. Diese letzte Aufnahme ist das Bild, das wir heute alle kennen. Sie zeigt Sharbat Gula, wie sie vor der grünen Plane ihres Schulzelts steht und mit ihren eindringlich grünen Augen ernst in die Kamera schaut.

McCurry reist wieder ab, die Filme werden dem Büro zur Entwicklung übergeben. Wenige Tage später sitzt er mit seinem Redakteur bei »National Geographic« zusammen, um Bilder für die Artikelstrecke zum Thema auszuwählen. Schnell sind sich die beiden einig: Sharbat Gulas Porträt ist das stärkste der Serie, vielleicht sogar das Coverbild der Ausgabe? Es ist ein eindrucksvolles Bild, der Blick sehr durchdringend. Vielleicht, so die Sorge, konfrontiere das Porträt die Leser von »National Geographic« zu sehr? Vielleicht doch lieber die Aufnahme mit dem Schal?

Das ist der Moment, in dem McCurry Stellung bezieht. Normalerweise ist es nicht Sache des Fotografen, die Bilder für die Heftausgabe festzulegen, aber in diesem Fall ist er felsenfest davon überzeugt, dass das komplette Gesicht zu sehen sein muss. Nach der Erstauswahl hat der Bildeditor

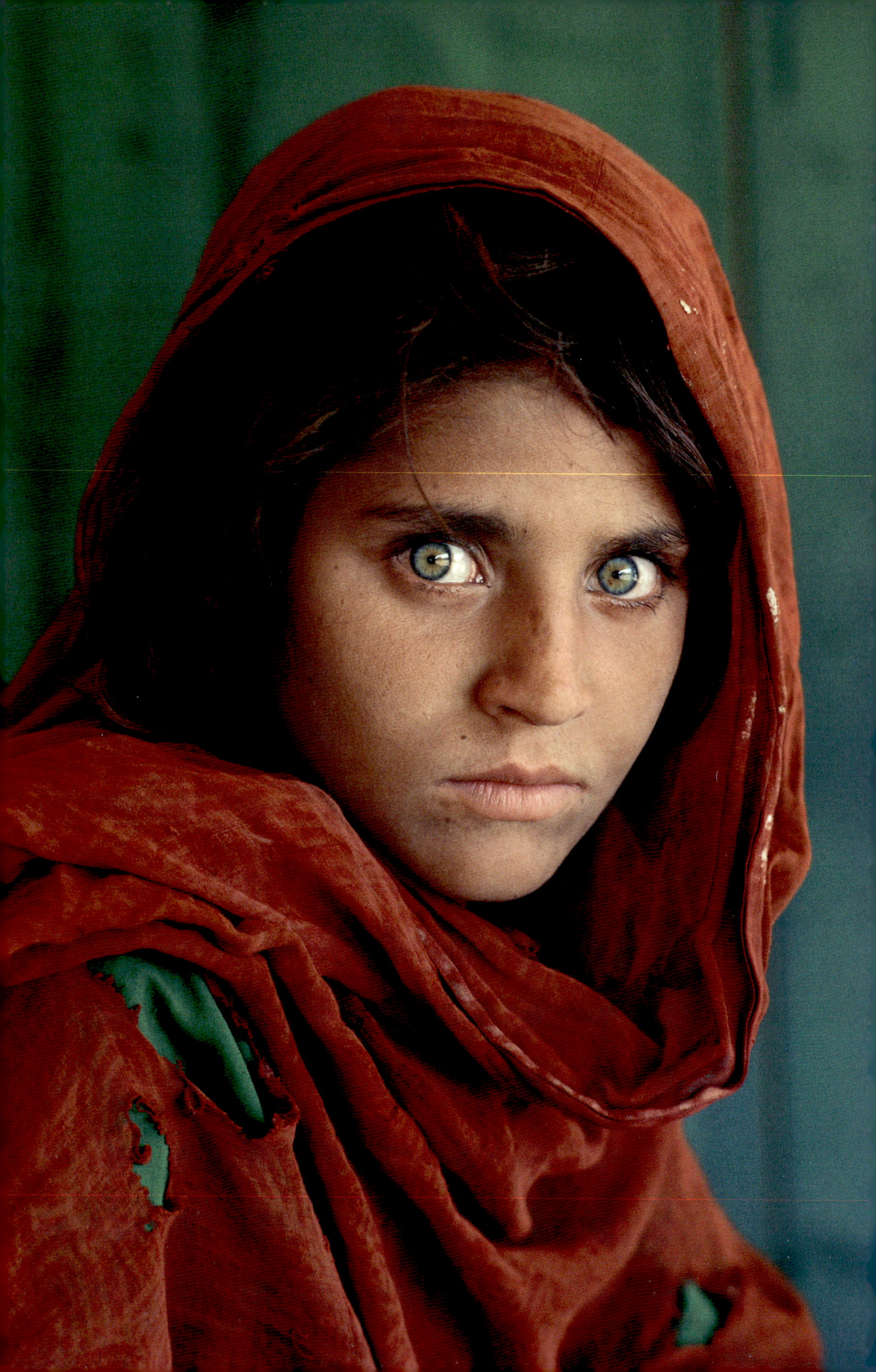

das letzte Wort, und McCurry besteht darauf, dass diesem beide Fotos vorgelegt werden. Der wiederum stimmt McCurry nach einem kurzen Blick auf die Aufnahmen zu und entscheidet, dass das Foto, das wir heute als »Afghan Girl« kennen, im Juni 1985 auf das Cover von »National Geographic« kommt.

Bis heute ist diese Aufnahme das erfolgreichste Coverbild von »National Geographic«. Reproduktionen gibt es schon nach kurzer Zeit auf der ganzen Welt. Außerdem ist es das einzige Coverbild, das vom Magazin in seiner Geschichte dreimal als Titelbild verwendet wurde.

Viel wurde darüber geschrieben, warum dieses Bild eine derartig intensive Wirkung entfaltet. Es ist auffällig, wie McCurry die Farben reduziert hat. Im Grunde ist die Fotografie eine Mischung aus Braun- und Grüntönen. Sharbat Gulas Überwurf ist löchrig und weist Brandflecken von ihrer Flucht auf. Oft wurde behauptet, dieses Bild hätte den Menschen weltweit die Situation der Flüchtlinge vor Augen geführt. Es ist schwer zu sagen, ob das stimmt, denn es ist weniger ein aufrüttelndes als vielmehr ein sehr ästhetisches Porträt. Ja, der Überwurf hat Löcher. Ja, das Mädchen ist leicht dreckig im Gesicht. Trotzdem deutet nichts an diesem Bild auf das Elend hin, das in diesem Flüchtlingscamp herrschte. Ja, sie blickt ernst in die Kamera, aber trotzdem ist dieses Bild zunächst eines: eine wirklich schöne Aufnahme, in der man sich verlieren kann.

McCurry muss schnell klar gewesen sein, was für ein Ausnahmefoto ihm gelungen war. Regelmäßig wird er dazu interviewt. Immer wieder wird er gefragt, wer dieses Mädchen ist. Hätte er gewusst, welchen Wirbel diese Aufnahme erzeugen würde, so hätte er sich zumindest den Namen geben lassen. So aber war er aus dem Flüchtlingscamp abgereist, ohne zu wissen, wie das Mädchen hieß, wie alt es wirklich war, welche Geschichte es hinter sich hatte. Er wusste nicht mehr, als dass es eines der vielen Flüchtlingsmädchen ohne Eltern gewesen war.

Also beginnt er in den Neunzigern nach diesem Mädchen zu suchen – er möchte den Namen herausfinden und ihr weiteres Schicksal erfahren. Das wiederum ist wirklich schwierig in einer Kultur, in der Frauen sich normalerweise vollverschleiert zeigen oder gar nicht in die Öffentlichkeit gehen, vom Fehlen einer offiziellen, über Papiere oder Einwohnermelderegister gesicherten Identität ganz abgesehen. Das ist auch der Grund, warum McCurry zunächst scheitert.

Dazu muss man auch verstehen, dass diese Aufnahme, so ikonisch sie sein mag, eigentlich nur in unserem eigenen Kulturkreis verbreitet ist. Zwar gibt es Menschen in Afghanistan und in Pakistan, die diese Aufnahme kennen, aber nur im westlichen Kulturkreis ist sie derart berühmt geworden,

◂ *Sharbat Gula, 1984 (© Steve McCurry/Magnum Photos/Agentur Focus)*

dass sie buchstäblich jedes Kind kennt. In Afghanistan und Pakistan hingegen kann man sein Leben leben, ohne diesem Bild je begegnet zu sein.

Als sich nach den Anschlägen vom 11. September 2001 die Bush-Administration für Rechte von Frauen in Afghanistan stark macht, wird dieses Bild ein weiteres Mal zum Symbol für die Knechtung und Unterdrückung der afghanischen Frauen. 2002 erklärt sich »National Geographic« bereit, eine weitere Expedition auszustatten und systematisch nach Sharbat Gula zu suchen. Diesmal soll es nicht Steve McCurrys private Initiative, sondern ein offizieller Rechercheauftrag sein. Das Ganze wird von einem Kamerateam begleitet und soll in einer Dokumentation münden.

Und man ist erfolgreich: Nach einigen falschen Fährten findet das Team schließlich Sharbat Gula. Sie ist inzwischen 30 Jahre alt. Und nach vorsichtiger Vermittlung durch Einheimische darf McCurry sie ein weiteres Mal fotografieren – das zweite Foto, das bis dahin überhaupt je von ihr gemacht worden ist. Den durchdringenden Blick hat sie immer noch.

Nachdem Sharbat Gula irgendwann zwischen ihrem 13. und 16. Lebensjahr geheiratet hatte, war sie 1992 in das Dorf zurückgekehrt, aus dem sie als kleines Mädchen geflohen war. Sie bekam fünf Kinder, eines davon starb noch als Baby, und drei davon sind Mädchen. Im Interview sagt Gula dem »National Geographic«-Team, dass sie wirklich hoffe, ihren Kindern eine Ausbildung ermöglichen zu können.

2012 stirbt ihr Mann. Zu dem Zeitpunkt ist sie wieder nach Pakistan zurückgekehrt und bekommt hier 2015 und 2016 Probleme mit den Behörden, weil sich ihre Papiere als teilweise gefälscht herausstellen. Sharbat Gula wird festgenommen, aber ihre Berühmtheit ist ihr nun eine Hilfe. Amnesty International protestiert medienwirksam und öffentlich und so entscheidet sich der damalige Präsident Afghanistans, Aschraf Ghani, Sharbat Gula nach Kabul einzuladen und dort ganz offiziell nicht nur einzubürgern, sondern auch zu ehren. Man teilt ihr in der Hauptstadt eine 280 m^2 große Residenz zu und die Regierung verspricht, sie finanziell zu unterstützen.

Ab jetzt hält das Team von »National Geographic« dauerhaft Verbindung zu Sharbat Gula. Auf ihren Namen wird ein Fond angelegt, um afghanische Kinder zu unterstützen, und sie reist auf Rechnung des Magazins als Pilgerin nach Mekka. Auch die Kosten medizinischer Behandlungen übernimmt »National Geographic«.

Als sich die Amerikaner 2021 aus Afghanistan zurückziehen, wird auch für Sharbat Gula die Lage schwierig. Mehrere Länder beteiligen sich an Evakuierungsflügen. Sie bekommt für sich und ihre Familie einen Platz in einer italienischen Maschine und wird nach Rom ausgeflogen. Wieder geht ihr Foto um die Welt, wieder steht sie sinnbildlich für das Leiden afghanischer Frauen.

27 Die Erfindung des Fotohandys

Mein erstes Handy war ein Telefon von Motorola, und das konnte genau eine Sache, nämlich telefonieren, und das noch nicht mal besonders gut. Damit ließ sich nicht im Internet surfen, es konnte nicht navigieren … und fotografieren schon gar nicht. Damals, im Jahr 1995, vermisste das auch noch niemand.

Man fotografierte analog. Der Höhepunkt der Filmfotografie war noch nicht erreicht – das würde erst 2000 der Fall sein. Und das, was wir heute »das Internet« nennen, war gerade mal zwei, vielleicht drei Jahre alt. Es gab noch kein Google, ganz zu schweigen von Facebook oder Instagram.

Ich verbrachte zu der Zeit jede freie Minute an meinem Computer, um mir die Programmiersprache Turbo Pascal der Firma Borland beizubringen.

Ich erwähne das hier aus zwei Gründen: Zum einen wurde die Firma Borland 1982 von Philippe Kahn, der Hauptfigur dieses Kapitels, gegründet. Und zum anderen will ich unterstreichen, dass ich erstens ein alter Sack und zweitens ein totaler Nerd bin. Ich sympathisiere also mit Philippe Kahn. Hätte ich damals von ihm gewusst, er wäre einer meiner Helden gewesen.

Im Grunde war Philippe Kahn ein Vollblut-Nerd, der verstanden hatte, wie man technologische Entwicklungen zu Geld macht. Außerdem war er ein Bastler. 1997, das Jahr, in dem unsere Geschichte verortet ist, hatte er mit seinen Ideen bereits sein zweites Multimillionen-Dollar-Unternehmen gegründet. Nicht schlecht.

Es ist der 11. Juni 1997. Philippe und seine hochschwangere Frau sind zu Hause und warten auf das Einsetzen der Wehen. Die Tasche fürs Krankenhaus ist gepackt, unter anderem befindet sich darin natürlich eine Kamera. Weil er nun mal ein Tech-Entrepreneur aus dem Silicon Valley ist, handelt es sich dabei auch nicht um irgendeine Kamera, sondern um das heißeste Stück Digitaltechnik, das man damals sein Eigen nennen konnte: eine Casio QV-10.

Das ist jene Kamera, die die Digitalkamerarevolution gestartet hat, die erste auch für Konsumenten erschwingliche Digitalkamera. 800 Dollar war etwa der Kaufpreis für eine 320 x 240-Punkte-Auflösung, also etwa ein viertel Megapixel. Zum Vergleich: Meine Handykamera hier hat 64 Megapixel, das sind 256-mal so viel.

Als die Wehen einsetzen, greift er also diese Tasche nebst Kamera, und weil man ja nie so genau wissen kann, wie lange der Aufenthalt im Krankenhaus dauern wird, hat er auch noch seine Arbeitstasche mit seinem Laptop dabei.

Er arbeitete zu jener Zeit an einem kleinen Projekt, mit dem er den Versand großer Dateien vereinfachen wollte. Statt etwal Bilder als E-Mail-Anhängsel herumzuschicken, wollte er an einer zentralen Stelle das Bild ablegen und nur einen Link darauf per E-Mail verschicken. Muss ich erwähnen, dass auch Laptops damals weder besonders üblich noch besonders klein waren?

Kahn greift sich also Tasche, Telefon, Laptop und steigt mit seiner Frau ins Auto, um schnellstmöglich ins Krankenhaus zu fahren. Weil er sich nicht an die Höchstgeschwindigkeit hält, wird er unterwegs aufgehalten, und weil der Polizist ihm nicht glaubt, dass er auf dem Weg zur Entbindungsstation ist, bekommt er einen Strafzettel.

Wer selbst schon mal in der Situation war, weiß es vielleicht: In den allermeisten Fällen vergeht zwischen den ersten Wehen und der Geburt einiges an Zeit. Zeit, die es totzuschlagen gilt. Ein Glück, dass er seine Sachen dabeihat. Vielleicht, so der Gedanke, könnte er ja irgendwie eine Verbindung zu dem Computer bei ihm zu Hause in der Küche herstellen und von da aus dann ein paar Testdateien verschicken.

Heutzutage hat man WiFi im Krankenhaus und Handys haben eigene Datentarife. Philippe Kahn und seine Frau hatten ein Handy, eine Kamera und einen Laptop, aber keinerlei Verbindungen zwischen den Geräten. Laptop und Handy konnte er miteinander verbinden. Aber für Kamera und Laptop oder gar Kamera und Handy hatte er kein passendes Kabel.

Woran erkennt man, dass man mit einem Vollblut-Nerd verheiratet ist? Genau. Wenn er unmittelbar vor der Geburt des eigenen Kindes darüber nachdenkt, ein eigenes Kabel zu bauen. Und woran erkennt man, dass die Frau dieselbe Art von Nerd ist? Genau. Wenn sie, während sie im Krankenhaus auf die nächsten Wehen wartet, sagt, dass es im Auto doch einen Lötkolben und passende Kabel geben müsse.

Philippe Kahn läuft also zu seinem Auto, holt sich den Lötkolben, nimmt einen Seitenschneider und schneidet Kabel aus seiner Auto-Stereoanlage heraus. Während seine Frau am Wehenschreiber hängt, bastelt er also ein

Verbindungskabel, um Handy, Laptop und Kamera so miteinander zu verbinden, dass er ein Foto aufnehmen, es nach Hause an seinen Computer und von dort direkt per E-Mail an Freunde und Familie schicken kann.

Als seine Frau Sonja zur Entbindung gefahren wird, ist alles bereit. Im Kreißsaal hat Philippe Laptop, Kamera, Handy und diverse Kabel zur Hand, um das große Ereignis zu dokumentieren. Später in Interviews wird er von der kindlichen Freude des Doktors erzählen, der von der Apparatur so fasziniert war, dass man ihn daran erinnern musste, dass es da noch eine Entbindung gab, um die er sich zu kümmern hatte.

Die Tochter der Kahns, Sofia, kommt am 11. Juni 1997 in Santa Cruz in Kalifornien auf die Welt und der stolze Vater macht ein Foto von ihr. 15 Minuten später geht dieses Foto an ca. 2000 Freunde und Familienmitglieder.

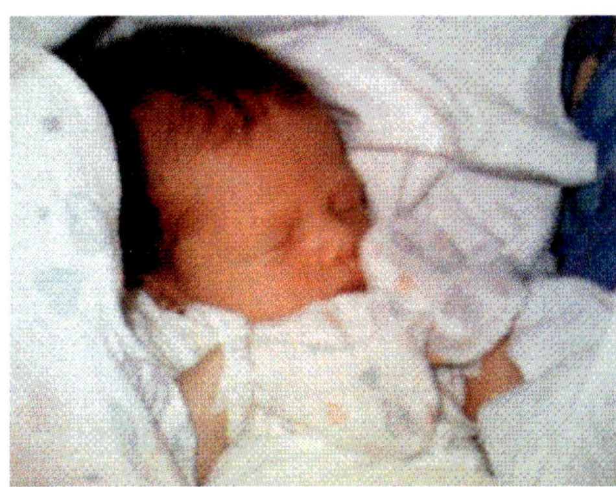

Sofia Kahn, 1997 (Quelle: Wikipedia)

Seine Frau ist Südkoreanerin, er stammt aus Frankreich, zusammen leben sie in den USA. Die E-Mail mit dem Foto Sofias geht also buchstäblich um die ganze Welt.

Die Reaktionen lassen nicht lange auf sich warten. Neben den zu erwartenden Glückwünschen kommen dann allerdings auch sehr schnell Hunderte Rückfragen. Denn die Leute sehen, dass die Bilder anscheinend nur 15 Minuten alt sind, als sie bei ihnen ankommen, und fragen sich, wie er das denn bitte geschafft habe. Zu jener Zeit musste man ja normalerweise sein Foto mit der Digitalkamera machen, diese dann irgendwann an den Computer anschließen, die Bilder übertragen, die übertragenen Bilder in eine E-Mail packen und die E-Mail versenden. 15 Minuten – das ist nun praktisch Echtzeit. Und als Kahn sieht, was dieser kleine Hack für eine Resonanz auslöst, geht ihm ein Licht auf.

Interessanterweise ist trotzdem nicht Philippe Kahn derjenige, der die ersten wirklich kommerziell verfügbaren Fotokameras auf den Markt bringt. Das schreiben sich mindestens drei, wenn nicht sogar vier verschiedene Firmen auf die Fahnen, die alle ein bis zwei Jahre später von sich behaupten werden, in irgendeiner Art und Weise die Ersten gewesen zu sein.

Die Idee hingegen führten Kahn und seine Frau zur nächsten Gründung: einem Multimedia-Messaging-Unternehmen, das dann später von Verisign gekauft werden sollte.

Bis heute beschäftigt sich dieses Powerpaar damit, Technologie zu entwickeln. Über 230 Patente werden Phillipe Khan zugeschrieben, und das Spektrum reicht von Hardware-Basteleien bis hin zu Technologien im Bereich »Künstlicher Intelligenz«. Habe ich schon erwähnt, dass die beiden bereits mit Borland (Khan gründete die Firma, seine Frau war CEO) ihre Fußspuren in der Geschichte der IT hinterlassen hatten?

Aber es ist zugegebenermaßen besonders spektakulär, die Wartezeit bis zur Entbindung des eigenen Babys damit zu überbrücken, ein Kameratelefon zu macgyvern und dann mit einem Babyschnappschuss in die Geschichte der Fotografie einzugehen. Das ist auch der Grund, warum das »Time Magazine« völlig zu Recht das Bild von Baby Sofia Kahn in der Liste der 100 einflussreichsten Fotografien aller Zeiten führt.

Der berühmteste Eisberg der Welt

28

Ralph Clevenger ist der Fotograf, der den bekanntesten Eisberg der Welt fotografierte. Eigentlich wollte er Zoologe werden, verlor sein Herz dann aber an die Fotografie und studierte deswegen ein weiteres Mal am Brooks Institut of Photography, wo er später dann auch über 30 Jahre lang zum Lehrkörper zählte.

Er schrieb Lehrbücher und produzierte Fotos für verschiedenste Magazine und Veröffentlichungen.

Aber keine seiner Arbeiten war so erfolgreich wie dieses eine Eisbergfoto aus dem Jahr 1998. Wer »Eisberg« oder »Spitze des Eisbergs« in die Google-Bildersuche tippt, wird ohne Zweifel das ikonischste aller ikonischen Eisbergfotos vor sich sehen. Es ist ein Bild, das man von unzähligen Kampagnen kennt und das bis heute regelmäßig genutzt und kopiert wird.

Das Besondere an diesem Bild ist nicht, dass es noch analog fotografiert wurde. Auch nicht diese knallige Farbe oder dass wir beim Kauf des Stockfotos die Wahl zwischen Eisberg links, rechts und Mitte haben. Nein, das Besondere an diesem Bild ist, dass es diesen Eisberg so nie gegeben hat. Den kann man so nämlich gar nicht fotografieren, auch nicht mit modernen Mitteln.

Eisberge, so wissen wir, verbergen den Großteil ihrer Masse unter Wasser, und so haben wir dieses Bild vor Augen, wenn wir an Eisberge denken. Aber fotografieren kann man einen Eisberg so nicht. Das Wasser ist einfach nicht klar genug, um einen Eisberg in seiner Gänze derart klar festhalten zu können. Das war auch Ralph Clevenger bewusst, als er die Idee zum Bild hatte. Jedenfalls wusste er, welchen Bildeindruck er erzeugen wollte, und die einzige Aufgabe bestand nun darin, die richtigen Bestandteile zusammenzufügen.

Der Himmel und das Wasser stammen aus Kalifornien, die Spitze des Eisbergs fotografierte er in der Antarktis und der Teil unter Wasser war zwar

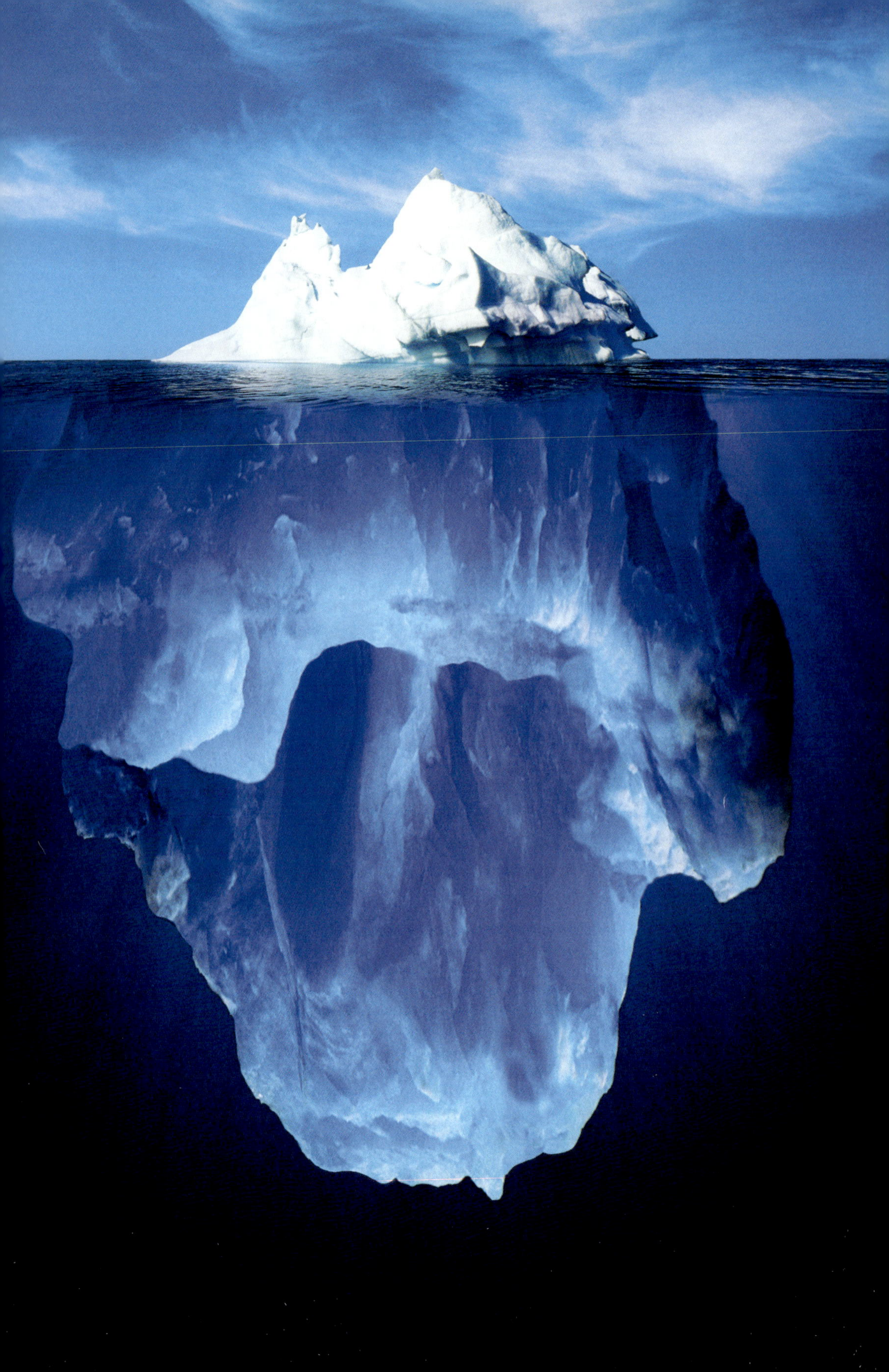

wirklich ein Eisberg, allerdings keiner unter Wasser, sondern eine Eisbergspitze über Wasser, aufgenommen in Alaska.

Clevenger erzählt in Interviews, dass der auch wirklich so authentisch blau gestrahlt hätte, was ihm die Arbeit in Photoshop erheblich leichter gemacht hat (das muss damals die Version 2 oder 3 gewesen sein).

Die verschiedenen Teile wurden also auf Diafilm fotografiert und danach digitalisiert. Anschließend schritt Clevenger zur Bearbeitung. Das Bild war über 18 Megabyte groß, eine für damalige Verhältnisse geradezu monströse Datenmenge. Erzeugt wurde das Bild in drei Varianten: hochkant mit Eisberg mittig, im Querformat mit Eisberg mittig und im Querformat mit Eisberg links. So konnte man dieses Foto ideal mit Text kombinieren, als Titelbild oder als Magazin-Spread verwenden – denn von Anfang an war klar, dass dieses Bild als Stockfoto verkauft werden würde.

Von Tag eins an gab es Käufer für dieses Bild, denn es hatte eine ganz besondere Eigenschaft: Es war nicht nur originell, sondern man konnte es auch als Metapher für alles Mögliche verwenden. Und so fanden sich Käufer quer durch alle Bereiche von SAP bis »National Geographic«. Bis heute wird dieses Foto immer und immer wieder in Werbekampagnen verwendet.

Über 1 Mio. Euro hat dieses eine Bild bis heute eingespielt – und ist damit eines der erfolgreichsten Stockfotos aller Zeiten.

◂ *(Bild: © Ralph A. Clevenger/CORBIS, Quelle: Tandemstock)*

29 Das erfolgreichste Foto der Welt

Es gibt jede Menge Maßstäbe, an denen man den Erfolg von Fotografie festmachen kann – etwa erzielte Einnahmen oder Wiedererkennungswert. Für dieses Kapitel soll es nun um die Größe des Publikums gehen – also darum, wie viele Menschen ein Foto gesehen haben und es wiedererkennen.

Wer sich mit ikonischen Fotografien auseinandersetzt, dem wird auffallen, dass es oft vom kulturellen Hintergrund und vom Alter der Betrachtenden abhängt, welche Aufnahmen wir als ikonisch und omnipräsent empfinden. Was heute weltberühmt ist, mag morgen schon wieder in Vergessen geraten sein. Bilder, die in Japan jedes Kind gesehen hat, mögen in Frankreich nur Schulterzucken hervorrufen.

Wenn es also Unterschiede zwischen diesen Bildern gibt, was wird dann wohl das berühmteste Bild aller Zeiten sein – die Aufnahme, auf die sich die größte Zahl der Menschen einigen kann? Die Mondlandung? »Napalm Girl«? Marilyn Monroe auf dem U-Bahn-Schacht? Oder vielleicht ein ganz anderes?

Wenn es um den Wiedererkennungswert geht, dann dürfte es schwerfallen, das Bild des Fotografen Charles O'Rear zu schlagen. Sein Foto mit dem Titel »Bliss« hat fast die Hälfte der Menschheit schon mal gesehen. Hervorzuheben ist dabei, dass O'Rear keine Ahnung hatte, welchen Treffer er landete, als er im Januar 1989 mit seinem Auto durch die hügelige Landschaft Kaliforniens fuhr und kurz anhielt, um von dieser ein Foto zu machen.

Genau genommen war er im Napa Valley unterwegs, einem großen Weinanbaugebiet in Kalifornien. Hier hatten die Bauern seit mehreren Jahren mit einer um sich greifenden Insektenplage zu kämpfen. So erklärte sich auch, dass sich O'Rear an jenem Tag ein eher ungewöhnlicher Anblick bot. Statt eines Meers von Weinstöcken lagen über 50.000 Hektar Feld brach. Und nicht nur das: Man hatte außerdem alle Rankhilfen entfernt,

O'Rear stand also vor einer grünen, hügeligen Graslandschaft. Der kalifornische Winter ist relativ regenreich und es hatte gerade viel geregnet, weswegen das Grün auf den Hügeln intensiv leuchtete.

O'Rear war eigentlich Fotojournalist, kein Landschaftsfotograf. Er hatte sich einen Namen mit Auftragsarbeiten für »National Geographic« und für die »Los Angeles Times« gemacht. Außerdem fotografierte er für große Stock-Agenturen. An jenem Januar war er allerdings privat unterwegs. Er wollte seine in San Francisco lebende Freundin besuchen. Er wusste, dass er durch diese Hügellandschaft kommen würde, und hatte deswegen vorsorglich seine Mittelformatkamera eingepackt, eine Mamiya RZ67. Analoge Mittelformatkameras sind relativ groß, weil die darin verwendeten Filme mindestens das Vierfache an Fläche gegenüber einem klassischen Kleinbildnegativ oder Dia aufweisen – im Falle der RZ67 ist ein Bild 6 × 7 cm groß. Deshalb sind die Bilder in aller Regel detailreicher und schärfer als die aus Kleinbildkameras. Als Film hatte O'Rear den Fuji Velvia eingelegt, einen Diafilm, der bekannt dafür ist, brillante Farben zu haben und sehr scharf zu sein. Und O'Rears Plan war ja, eine grüne Hügellandschaft mit weißen Tupfwolken und kräftig blauem Himmel einzufangen.

O'Rear fotografiert also eine hügelige Wiese, auf der kleine gelbe Blumen als Farbtupfer zu sehen sind. Auf dem Hügel erkennt man die Schatten der über ihn hinwegziehenden, weißen Tupfwolken auf kräftig blauem Himmel. An der Aufnahme erscheint allenfalls auffällig, wie minimalistisch sie ist.

Es gibt kein herausstechendes Motiv außer der Landschaft selbst. Farblich ist die Palette auf Blau, Grün und ein paar gelbe Tupfer reduziert. Das Bild wirkt ausgewogen und hat sehr wenig Spannung. Und genau diese Eigenschaften machen es zum perfekten Standard-Bildschirmhintergrund. Aber das weiß O'Rear noch nicht. Er fährt weiter nach San Francisco, entwickelt das Bild ein paar Wochen später, digitalisiert es und lädt es hoch zu Corbis, der damals größten und etabliertesten Fotoagentur der Welt. Corbis befindet sich zu jener Zeit im Besitz von Bill Gates. Dessen Unternehmen Microsoft ist 1998 bereits damit beschäftigt, die übernächste Betriebssystemversion zu schaffen, während der Start von Windows 2000 kurz bevorsteht. Der Nachfolger, Windows XP, sollte in vielerlei Hinsicht ein Paradigmenwechsel sein.

Manche Bedienelemente waren anders, das Design komplett überarbeitet und man hatte beschlossen, dass zu dem neuen Look selbstverständlich auch neue Standard-Hintergründe gehören sollten. Also war ein Team von Designern auf der Suche nach dem perfekten Bildschirmhintergrund in die Archive von Corbis abgetaucht. Dort fanden sie die Aufnahme, die O'Rear hochgeladen hatte. Corbis vertrat O'Rear für eine ganze Reihe von Aufnahmen und kontaktierte ihn nun mit dem Angebot von Microsoft,

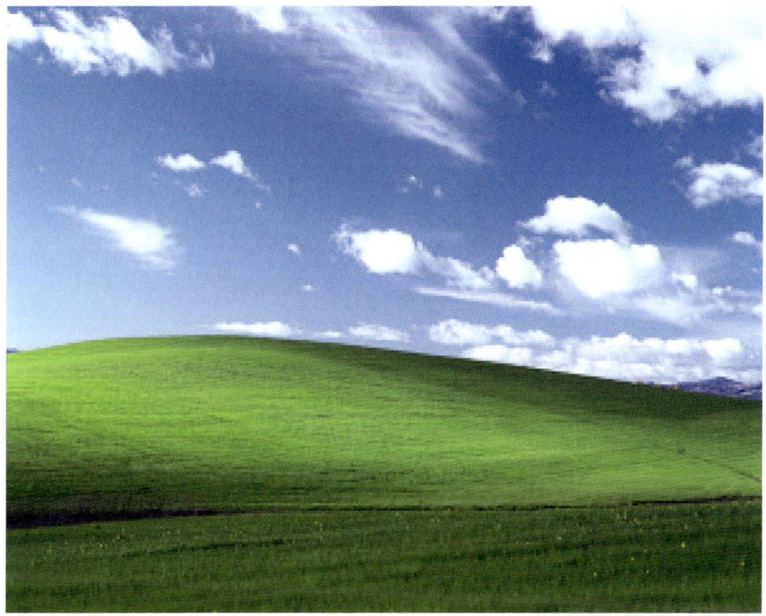

Das Standard-Windows XP-Hintergrundbild »Bliss« (Bild: © Microsoft, Quelle: Wikipedia)

ihm dieses Bild aufzukaufen. Damit waren nicht nur die Nutzungsrechte am Bild, sondern auch die Urheberrechte und vor allem das Negativ gemeint. Microsoft wollte die volle Kontrolle über diese Aufnahme.

Warum gerade dieses Bild, weiß Charles auch nicht genau, aber er vermutet, dass die Designer von Microsoft nach einem Foto gesucht haben, das keine eigene Spannung einbringt, dabei aber ideal der Designsprache des neuen Windows entsprechen: Die Farben des Bildes passen zum in Windows voreingestellten Farbschema.

So kam es zu Preisverhandlungen. Charles hatte zuvor ein NDA (Non-Disclosure Agreement) unterschrieben, durfte also nicht veröffentlichen, welchen Preis Microsoft letztlich gezahlt hatte, aber Marktexperten vermuten, dass dieses Bild wahrscheinlich zu jener Zeit das zweitteuerste, je verkaufte Foto gewesen sein dürfte. Es war jedenfalls so teuer, dass sich FedEx weigerte, die Negative von Kalifornien nach Seattle zum Hauptsitz von Microsoft fliegen zu lassen. Deswegen stieg Charles O'Rear letztlich selbst mit seinen Bildern in den Flieger und machte sich auf den Weg zur Firmenzentrale, um das Negativ höchstpersönlich zu überreichen.

Was für eine Vorstellung! Als jemand, der selbst fotografiert, finde ich: Bilder brauchen ein Publikum. Fotos sind noch mal schöner, wenn andere sie sich anschauen können. Sicherlich, manchmal reicht man selbst als

Publikum. Aber die meisten von uns wollen ihre Fotografien auch anderen zeigen. Meine Fotos sehen ein paar Dutzend, vielleicht mal ein paar Hundert Menschen. O'Rear hingegen flog aus Seattle in dem Wissen zurück, dass sein Bild Millionen Menschen zu Gesicht bekommen würden! Aber wie omnipräsent die Aufnahme tatsächlich werden sollte, war zu dem Zeitpunkt niemandem bewusst. Heute wissen wir: Windows XP sollte ein Rekorderfolg für Microsoft werden – und so wie Windows XP nun bald auf fast jedem PC lief, traf O'Rear nun überall auf sein Bild. So sah er »Bliss« im Weißen Haus wie auch auf Aufnahmen aus dem Kreml.

Jahre später, nach der Markteinführung von Windows XP, wird O'Rear von einer Gruppe Ingenieure aus Seattle angerufen. Einige von ihnen haben gewettet, dass das Bild komplett in Photoshop entstanden sei (und haben die Wette verloren). Aber in der Tat wirkt das Bild bearbeitet. Nun ist bekannt, dass Microsoft die Originalaufnahme leicht zugeschnitten hat. Nichts Dramatisches, nur um das Bildverhältnis anzupassen. Immer wieder mal kann man außerdem von der Behauptung lesen, Microsoft hätte die Sättigung hochgedreht. Tatsächlich weiß man aber inzwischen durch eine Analyse des Originals, dass die Farben tatsächlich so aussahen. Das ist einfach die Farbcharakteristik des eingesetzten Fuji-Velvia-Diafilms: Das Grün war wirklich so grün und das Blau wirklich so blau.

O'Rear lebt immer noch in der Nähe dieses Hügels. Seine damalige Freundin ist inzwischen seine Ehefrau und er beschäftigt sich seit einigen Jahren auch fotografisch mit der Landschaft rund um sein Heim. Elf Bücher sind erschienen, zu denen er Fotografien und Texte beigesteuert hat. Alle beschäftigen sich mit den Weinanbaugebieten von Kalifornien. Keine der Aufnahmen, die man dort sieht, ist so minimalistisch wie das Bild, das Charles an Microsoft verkauft hat. Und natürlich wurden diese nicht von annähernd so vielen Leuten gesehen. Ob das jetzt die Aufnahmen erfolgreicher oder weniger erfolgreich macht, bleibt den Betrachtenden überlassen.

Wie Jennifer Lopez Google inspirierte

30

Ich bin älter als das Internet.

Das ist ein Satz, den ich mal irgendwann zu meinen Kindern sagte – und damit meinen Status als Dinosaurier unverrückbar zementierte. Meine Kinder sind in einer Welt aufgewachsen, in der man ganz selbstverständlich Zugriff auf eine Suchmaschine hat, die nicht nur nach Text, sondern auch nach Bildern und Videos suchen kann. Aber Sie wissen es vielleicht oder ahnen es zumindest: Das war nicht immer so.

Wir schreiben den 23. Februar im Jahr 2000. Die 42. Verleihung der Grammy-Awards steht bevor. Wer dieses Event schon einmal verfolgt hat, weiß: Jede Kategorie dieses Awards hat eigene Laudatoren und Laudatorinnen. Und in diesem Jahr stehen als solche für die Kategorie »Best R&B Album« der Schauspieler David Duchovny und die Sängerin Jennifer Lopez auf der Bühne.

Er sei sich ganz sicher, sagte Duchovny bei seiner Ansprache, dass in diesem Augenblick niemand auf ihn schaue – und damit dürfte er recht gehabt haben. Die damals 31-jährige Jennifer Lopez stand nämlich in einem Hauch von Nichts neben ihm. Ihre Brüste waren gerade so von einem halbdurchsichtigen, grünen Stoff bedeckt, der Ausschnitt ging buchstäblich bis zum Bauchnabel und niemand im Publikum konnte den Blick von ihr abwenden. Dabei hätte sie um ein Haar an diesem Abend etwas ganz anderes getragen.

J.Lo steckte eigentlich mitten in den Dreharbeiten für ihren Film »Wedding Planner« und hatte bis zum Abend vor der Grammy-Verleihung keine Zeit gehabt, sich Gedanken um ihre Garderobe zu machen. Das ist naturgemäß mit viel Aufwand verbunden: Normalerweise kommt ihre Stylistin mit mehreren Optionen zur Auswahl und ein ganzer Stab Mitarbeiter hilft ihr, Kleider anzuprobieren, und nimmt eventuelle Änderungswünsche entgegen. Diesmal fehlt jedoch die Zeit und so hat ihre Stylistin auch nur zwei

Optionen dabei: ein weißes und ein grünes Kleid. Die Stylistin votiert für das weiße Modell, denn das grüne haben zuvor schon die Designerin Donatella Versace und ein Model auf dem Laufsteg getragen – und zur Grammy-Verleihung ziehe man nichts an, was zuvor schon jemand anderes in der Öffentlichkeit vorgeführt habe, so die Stylistin. Als Jennifer aber das grüne Kleid anzieht, ist jedem im Raum sofort klar, wie die Entscheidung ausfallen wird. Zumindest die Männer im Raum sind sich sicher: Dieses Kleid würde J.Lo die Aufmerksamkeit aller Anwesenden bei der Preisverleihung sichern. Die einzige Sorge der Sängerin ist nun, dass das Kleid nicht auf ihren Brüsten halten wird – und deswegen kommt doppelseitiges Klebeband zum Einsatz und fixiert das Kleid direkt neben den Brustwarzen.

J.Lo behauptet bis heute, ihr sei nicht klar gewesen, welche Wirkung dieses Kleid auf die Leute haben würde, bis zu dem Moment, als sie damit den roten Teppich betrat.

Sie gewann an diesem Abend keinen Grammy und war auch erst mal traurig darüber. Immerhin war es eine Veranstaltung der Rekorde: Santana gewann elf Preise. Doch am nächsten Tag interessierte sich die Welt dann nicht für die Grammys oder Santana, sondern nur für J.Lo in diesem grünen Kleid.

Wer die Meldung hörte, versuchte, im Internet Bilder von J.Lo in diesem Kleid zu finden. Die damals noch junge, aber schon etablierte Suchmaschine Google spürte das sofort auf ihren Servern. Gerüchten zufolge war dies eine der wenigen Gelegenheiten, bei denen eine weltweite Suchanfrage die Server von Google in die Knie zwang.

Google bot damals noch keine Möglichkeit, gezielt nach Videos oder Fotos zu suchen, ein Suchergebnis bestand nur aus Links auf Webseiten. Aber weil die Suche nach J.Los Kleid nun mal nur mit einem Bild beantwortet werden konnte, entstand aus diesem einzigartigen Grammy-Moment die Idee, die Google-Bildersuche zu entwickeln. 250 Mio. Fotos konnte man dann bereits 2001 bei der frisch gestarteten Google-Bildersuche finden. Eine verschwindend kleine Zahl, verglichen mit den über 50 Mrd. Bildern, die in der heutigen Google-Bildersuche indiziert sind. Inzwischen kann man nicht nur mit Wörtern nach Bildern suchen, sondern auch nach Vorkommen von Bildern oder ähnlichen Bildern oder nach einer bestimmten Art von Bildern. Und natürlich kann man dort nach wie vor das grüne Dschungel-Kleid von Versace finden.

Ich finde es ja schon interessant, dass die Modefotos, die die Welt letztlich verändern, keine hochprofessionell orchestrierten und liebevoll gestalteten Mode-Shots sind, sondern mehr oder weniger Schnappschüsse, die von Millionen Menschen im Internet geklickt werden. Noch interessanter ist aber, wie visuell unsere Kultur inzwischen geworden ist.

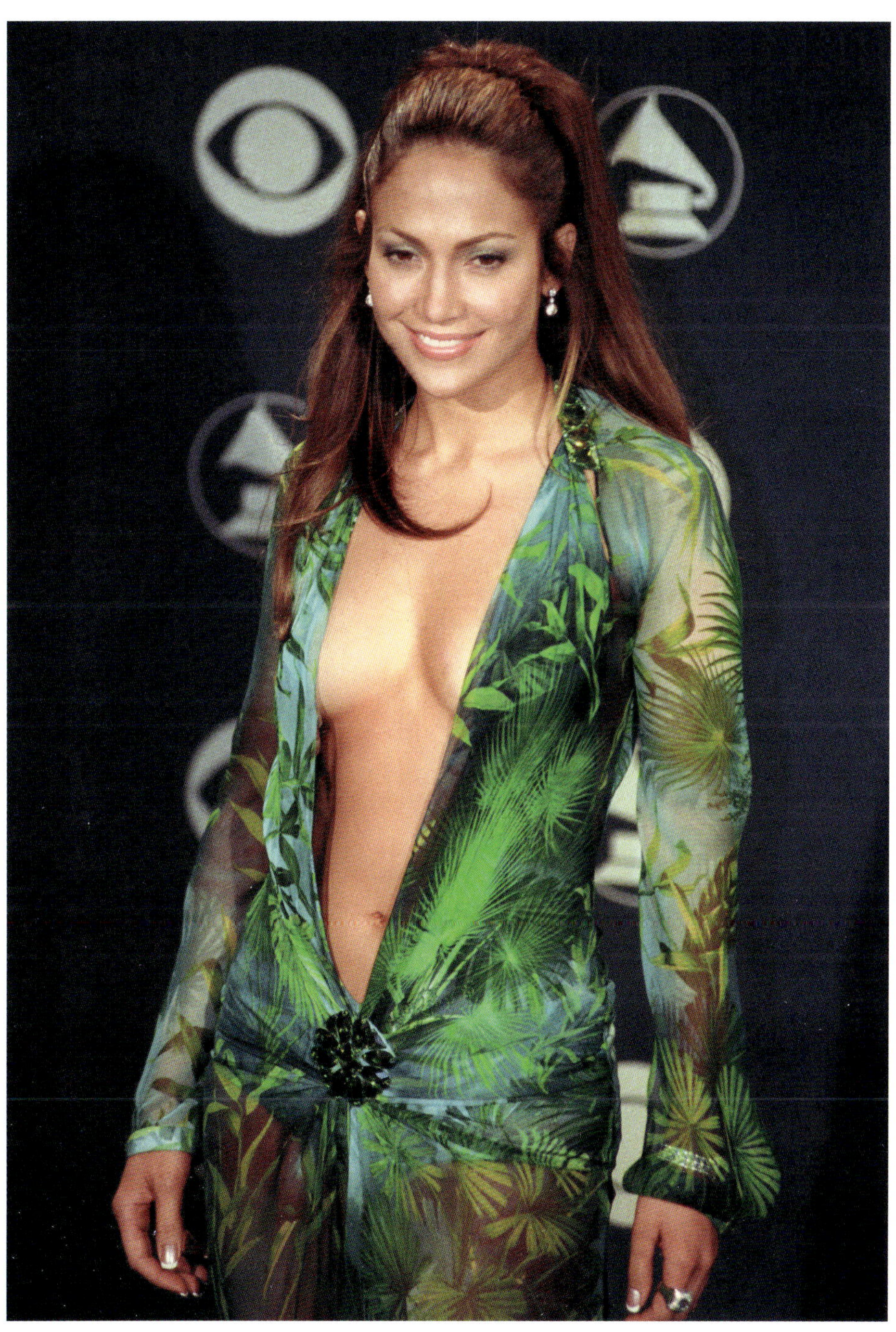

Jennifer Lopez bei der Grammy-Verleihung 2000 (Quelle: Picture Alliance)

In einer Welt ohne Fotografie wäre ein Kleid nie so populär und bekannt geworden. In einer Welt ohne Internet hätte sich niemand außerhalb der Stadt, in der dieses Kleid zu sehen gewesen war, dafür interessiert. In einer Welt mit Internet und Fotografie aber kann der Wunsch der halben Welt, J.Lo in einem Hauch von grünem Nichts zu sehen, dazu führen, dass der weltgrößte Suchmaschinenhersteller ein komplett neues Produkt auf den Markt bringt.

Bildnachweis

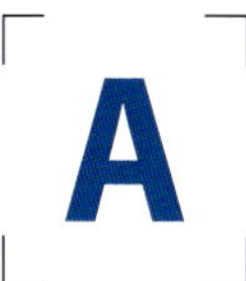

Seite	Bildquelle
2	*https://de.wikipedia.org/wiki/Blick_aus_dem_Arbeitszimmer#/media/Datei:View_from_the_Window_at_Le_Gras,_Joseph_Nicéphore_Niépce.jpg*
4	*https://de.wikipedia.org/wiki/Daguerreotypie#/media/Datei:Boulevard_du_Temple_by_Daguerre.jpg*
9	*https://de.wikipedia.org/wiki/Hippolyte_Bayard#/media/Datei:Bayard,_Hippolyte_1801-1887_-_Selfportrait_as_a_Drowned_man_1840.jpg*
12	*https://de.wikipedia.org/wiki/Anna_Atkins#/media/Datei:Anna_Atkins_1861.jpg*
13	*https://digitalcollections.nypl.org/items/510d47d9-4b58-a3d9-e040-e00a18064a99*
19	*https://upload.wikimedia.org/wikipedia/commons/3/31/Oscar-gustave-rejlander_two_ways_of_life.jpg*
29	*https://en.wikipedia.org/wiki/William_H._Mumler#/media/File:Mumler_(Lincoln).jpg*
37	*https://www.loc.gov/pictures/resource/pga.02353/*
42	*https://upload.wikimedia.org/wikipedia/commons/0/0b/Eadweard_Muybridge-Sallie_Gardner_1878.jpg*
48	*https://upload.wikimedia.org/wikipedia/commons/e/ed/Kuhne_Rabbit_optogram.jpg*
55	*https://upload.wikimedia.org/wikipedia/commons/4/40/Bertillon%2C_Alphonse%2C_fiche_anthropom%C3%A9trique_recto-verso.jpg*
60	*https://de.wikipedia.org/wiki/George_R._Lawrence#/media/Datei:The_giant_camera.jpg*
64/65	*https://en.wikipedia.org/wiki/File:San_Francisco_in_ruin_edit2.jpg*

69 Picture Alliance

74 *https://upload.wikimedia.org/wikipedia/commons/6/62/Lunch_atop_a_Skyscraper.jpg*

79 *https://upload.wikimedia.org/wikipedia/en/5/5e/Hoaxed_photo_of_the_Loch_Ness_monster.jpg*

83 *https://tile.loc.gov/storage-services/master/pnp/fsa/8b29000/8b29500/8b29516u.tif*

86 *https://upload.wikimedia.org/wikipedia/commons/f/f5/Leonard_Nimoy%2C_2011%2C_ST_Con-2_C.jpg*

91 Picture Alliance

96 Picture Alliance

100 *https://de.wikipedia.org/wiki/LZ_129#/media/Datei:Hindenburg_disaster.jpg*

105 Magnum Photo/Agentur Focus

111 *https://upload.wikimedia.org/wikipedia/commons/b/bc/Sir_Winston_Churchill_-_19086236948.jpg*

115 *https://www.icp.org/browse/archive/objects/drum-major-of-the-university-of-michigan-rehearsing-ann-arbor-michigan*

118 Gamma-Rapho-Keystone

123 *https://upload.wikimedia.org/wikipedia/commons/a/a1/Heroico1.jpg*

128 *https://www.gettyimages.de/detail/nachrichtenfoto/photographer-diane-arbus-poses-for-a-rare-portrait-in-nachrichtenfoto/75091886*

132 Alamy

137 *https://planetary.s3.amazonaws.com/web/assets/pictures/20140506_earthrise-new-lg.png*

140 *https://www.science-photo.de/bilder/12947705-Earthrise-from-Lunar-Orbiter-1-1966*

142 Picture Alliance

150 Magnum Photo/Agentur Focus

155 *https://upload.wikimedia.org/wikipedia/commons/8/81/First_camera_phone_picture.gif*

158 Tandemstock

163 *https://en.wikipedia.org/wiki/Bliss_%28image%29#/media/File:Bliss_(Windows_XP).png*

167 Picture Alliance